送孩子去常春藤

20位常春藤妈妈的教育手记

陈屹　张连英　迟昀蜻 等　著

世界图书出版公司

北京·广州·上海·西安

图书在版编目（ＣＩＰ）数据

送孩子去常春藤：20位常春藤妈妈的教育手记/陈屹，张连英，迟昀蟫等著.—北京：世界图书出版公司北京公司，2016.7（2016.12重印）
ISBN 978-7-5100-7596-4

Ⅰ.①送… Ⅱ.①陈…②张…③迟… Ⅲ.①家庭教育 Ⅳ.① G78

中国版本图书馆 CIP 数据核字（2016）第 180124 号

著　　者：陈　屹　张连英　迟昀蟫 等
责任编辑：马红治　侯　静
排版设计：刘敬利

出版发行：世界图书出版公司北京公司
地　　址：北京市东城区朝内大街 137 号
邮　　编：100010
电　　话：010-64038355（发行）　64015580（客服）　64033507（总编室）
网　　址：http://www.wpcbj.com.cn
邮　　箱：wpcbjst@vip.163.com
销　　售：新华书店
印　　刷：大悦印务（北京）有限公司
开　　本：710 mm×1000 mm　1/16
印　　张：18.5
字　　数：270 千
版　　次：2016 年 9 月第 1 版　2016 年 12 月第 3 次印刷
定　　价：48.00 元

序

陈　屹

她们是一群充满个性、激情四射、拥抱生命、感恩奉献的妈妈。

她们的期待里有幸运，幸运里有付出，付出里有成长。

子女是她们的骄傲，而她们自己也是热情、包容、永不言弃的见证人。

去放飞子女远行的翅膀，去守望子女跌宕起伏，甚至与自己背道而驰的身影。

再去无条件地接受子女的不完整，乍然发现子女的宇宙与妈妈们的格格不入。

她们，普通也非普通。

普通是因为她们不过是千万个妈妈中的一群；

非普通是因为她们需要不停息地思索、冶炼与挑战。

能拼妈也是一种荣幸，其实时代一直在抛弃着不再勤奋的妈妈。

谁说她们没有懊悔？谁说她们没有错误？

与其说妈妈们教育着子女，不如说，妈妈们一生都在自我修行。

也许，许多偶然变成必然；

也许，许多坚持变成习惯。

人生是长距离的，也许当空巢降临之际，属于妈妈们自己的生命之旅，才刚刚真正被开启！

目 录

　　陈屹，中国 1977 级大学生，1986 年赴美留学，1988 年起在纽约职场打拼。升为高管十年后，她的短篇小说《初恋》在美国获奖，从此成为海内外主流媒体的自由撰稿人。1999—2005 年，担任《北京青年报》"陈屹视线"的专栏作家。至今已完成了美国名校校长系列、留学教育系列、驻华大使夫人系列、世界商界精英系列、北大中国经济研究中心（现更名为国家发展研究院）EMBA 等数百人物的采访撰稿。曾在中美两国的多所名校进行演讲交流，包括哥伦比亚大学、哈佛大学、西点军校、北京大学、中国人民大学等。作为访谈嘉宾，先后出现在包括中央电视台在内的多个电视台的十几个电视栏目中。已出版《诱惑与困惑：美国教育参考》《美国素质教育参考》《背洋书包的中国孩子》《不是男人的错》《因缘际会——超越 EMBA》等多部著作。在 2009 年网易推出的"中国制造"系列中，作为 1977 年的女性代表，被评为"60 年时代女性"之一。上个世纪 90 年代末以来，潜心美国教育咨询、留学顾问与辅导工作，现为美国《侨报》国际教育中心执行总监。

　　儿子和女儿分别毕业于私立寄宿高中菲利普斯安多佛高中（Phillips Academy Andover）和美国纽约州的迈斯特高中（The Masters School）。儿子就读于杜克大学、女儿就读于芝加哥大学。

美国名校不是梦

　　"为何要上名校？上了名校不一定成功！不上名校照样成功！"
这是一句如此励志的表白，但果真如此吗？

　　本篇文章里，我将从三方面阐述我在守望儿女奔往美国名校之路
中的感悟。

从名校录取的两类申请人说起

　　名校就是名校，这是千万户人家"望子成龙、望女成凤"的育子
情结所在。"上名校不一定成功！不上名校照样成功！"也是许多父
母在纠结、迷茫、挣扎中对自己的安慰。

　　我早在2001年出版的第二本关于美国教育的书——《美国素质教
育大参考》里，我的第一篇文章就是《美国唯有哈佛、耶鲁吗？》。
那时自己的孩子刚刚进入美国小学，美国教育里清新、宽松的氛围，
以及充满人文关爱和公益奉献的精神，给我带来了不同以往的洒脱、
独立思考和批判性思维。随后，我们父母对儿女，就一直在放养着。

　　然而，当儿女进入高中后，曾经坦荡的我，却愈来愈不从容。环
望周边，比起其他亚裔的父母为孩子所付出的努力，我严重意识到自
己的欠缺。当然，说没有为孩子付出，那不真实，然而，比起其他华
裔父母，在我做得不多的事情中，还犯下了许多错误。于是，我充满

了纠结、焦虑、懊恼的情绪。

那时乍然发现自己的过失后，自命清高的我，还是给自己找寻了让自己可以推托的理由。

首先，并非我自己要去偷懒，因为我没有把以奔名校作为养育儿女的目标；另外一方面，我一直认为，儿孙自有儿孙福。无论上名校与否，儿女必须要去为他们自己想要做的事情去付出。只有做自己热爱的事情，他们才有心去奋斗。

当然，最重要的是父母也要有我们自己的世界，儿女终究要"离家出走"，留在家里的还是夫妻二人。如果父母的世界里百分之百都是孩子，一旦孩子的世界里不再需要你百分之百的相伴后，多少父母会迷失在空巢的日子里。

道理归道理，我和老公还是为我们自己用"心"用"力"不够的事实，惭愧不已。遗憾的是，在孩子奔往名校的路上，高中最后两年，父母如果才意识到应该做什么，不仅力不从心，还有许多该为孩子打下的基础已经来不及了。

亲历美国教育的30年里，我自己先后观察和采访了许多与教育相关的名牌大学校长、初高中校长、名校的学生和教师，还有这些育子成才的父母们。具体到什么样的申请者最容易被美国名校录取的主题，我认为，大致有两类学生容易被吸收进这个名校圈子里。

我们把第一类学生称为A类学生，如果把申请名校大学的过程比喻成"下一盘棋"，A类学生一直在大师的精心调教下。这些学生一出场，就代表了专业性、正规性。他们知道如何让自己赢、如何让对方出局、如何让自己再升级等等。A类学生对下这盘棋所需要的每场比赛的规则、每个时段的标准化要求以及如何达到这些标准，可谓烂熟于心。所以，A类学生在申请美国名校时，已经知晓如何按照名校的格局和要求，如何成为一位优秀的"棋手"，如何一出手，就展现出高手的风范。

A类学生的中标比率绝对高，而且在短期学生生涯中，由于他们走了许多捷径，A类学生的表现远远超越其他竞争对手。因此，A类学生的名校录取率，大概在40%或者更高。

我们把第二类学生称为B类学生，相对而言，这类学生的父母都有自己繁忙的工作与生活，他们或者是早已事业有成的父母，或者是还在为生存奔命的父母。然而，这些父母基本是具备一定觉悟的，即使有些父母无法提供孩子所需要生存的条件与氛围，孩子也被安排在一个相对正面的社会环境里长大。

B类学生自推力很强。我们还是拿"一盘棋"来比喻，B类学生没有接受A类学生的那种正统训练，但是，B类学生具备接受自我或者观察对手的优劣势的敏感度。B类学生学习吸收能力也相对强，他们与其他学生接受同样的教育，往往是以个人独特之处打动藤校，或者大胜，或者迅速出局。因此，B类学生申请美国名校，录取率大概只有10%左右。

为何我要如此归类和比较？是的，这里一开篇不是说"上名校的不一定成功，不上名校照样成功"吗？然而，这个结论似乎把道理仅仅说对了一半，而另外一半最关键的内涵，没有说明白，这也是让许多人陷入误区的缘由。被忽视的部分是：什么样的人会成功？什么样的人会失败？

按照我们对A类学生的描述，他们从小到大成长中的关键几步，都是有板有眼被规划出来的。A类学生绝对表现得鹤立鸡群，但是，不要忘记，他们是被"高人"一直引领上来的，如果乍然被引领者松手，他们需要走自己之路时，容易很快迷失。另外，A类学生已经习惯在"沙场"上所向披靡地驰骋，能否承受开始被打败的局面？

无论是 A 类还是 B 类学生，当迈入美国名校的那一刻起，所有被选中的人的优势便全部归零，甚至曾经的一切优越感都被打碎。被选中的所有人，站在同一平台上，重新被洗牌。

A 类学生习惯在被"关照"中成长，其内在的自推力，相对 B 类学生虚弱许多，而一起竞争时，他们再也无法掩饰其真实平庸的一面。A 类学生中的一些人，正是因为不习惯败局，为了避免成为输家，A 类学生变得愈来愈胆怯，愈来愈不敢尝试新的挑战。他们会继续前行，但缺少自我的冶炼。也许大学毕业后，他们还没有发现自己的激情所在，也不知道前行的方向在何方。

因为这样的原因，民众会在社会的各行各业里，看到一些来自名校的学生，后来发展得一塌糊涂。然而，A 类学生中的大多数人还是表现得非常出色，原因是他们往往起点高，借力充分。这个世界，已经不是大鱼吃小鱼的情形，在快鱼吃慢鱼的现状下，A 类学生的优势在于捷足先登。

而 B 类学生，他们的成功本身就是自己奋争出来的，即使大部分 B 类学生没有进入名校行列，或者说，他们自身真实实力丝毫不劣于 A 类学生，只是他们属于没有被美国名校选中的群体。B 类学生因为不按照常理出牌，不按照常规做事，他们当然无法被镶入名校录取的框框里。然而，他们内在的基本素质以及早已形成的自推力、永不言弃的精神和创新，同时，没有名校的光环束缚，他们的包袱反而愈来愈轻，后来的路便愈走愈宽。对于 B 类学生来说，他们早就经历了输了再输，倒下再站起来的经历。请不要忘记，输的黑暗，永远是曙光照射前的必经之路。这也是社会上为何会出现一批又一批没有上过名校，但后来人生非常成功的群体。

我个人观察多年，A 类学生与 B 类学生，并没有对与错、好与坏、优与劣之分。他们各有千秋，都有可能独占鳌头。A 类学生的前劲儿更足，B 类学生的后劲儿更足，但是，无论前劲儿还是后劲儿，无论是"拼爹借力"还是自力更生，重要的还是个人永不言弃的精神。

"上名校也不一定成功，不上名校照样成功"的结论，重点不是名校，而是你本身内在的素质和潜力，最终，是你自己来决定你能走多远。这个世界，没有随随便便的成功，只有认认真真的努力付出。我们唯一能做到的是：睁着眼，但请继续做自己的梦。

我跟先生都已年过半百。从我们彼此一见钟情起，已经度过了三十几个年头。我俩许多地方都不同（比如，我"笨"他"聪明"）。然而，我俩也非常相似：就是各自能在书房里静静地看几天的书；会在挑战自我的难题前，耐得住久久的寂寞。按照我上面的划分，我俩同属于 B 类学生。但是，他是北京大学 1978 级数学系的学生，我是黑龙江大学 1977 级的文科生。大言不惭地说，他是被中国名校选中的那群人。我是初三毕业后，提前两年考入大学，稀里糊涂地匆忙走进不属于我的群体里的丑小鸭。然而，在后来的留学生涯以及各自的事业里，我们具备共同的素质：输了能放下，大赢后也能放下，收拾一下状态，再继续低调地前行。

不知是否该庆幸，这样的基因也转移到我们的一双儿女身上，这里我也把他们归为 B 类学生吧。

下面，我将继续讲述作为母亲，在陪伴孩子成长的路上，得到的感悟，其最重要的核心是：父母的高度，永远决定儿女的起点。

儿女是父母的一面镜子

其实镜子有很多种，有放大镜、显微镜、望远镜，还有哈哈镜，儿女给予父母的是哪面镜子？可谓仁者见仁，智者见智。

为何我说自己儿女属于 B 类学生？简单说，是因为母亲的过失和"放手"，延迟了他们的"春天"。

这么多年来因为写作和采访的缘由，我常常需要说走就走，在世界各地天马行空。所以对儿女任何需要家长陪伴的活动和课程，我都难以兑现承诺，耽误了许多参加孩子成长过程里必要的体育项目训练和社会活动的机会。也正因为这样的原因，儿女的高中四年，我把他们送往了美国寄宿高中。

今天，更多的华裔父母陆续意识到美国著名私立寄宿高中的某些优势。但是，在七八年前，且不说从这样的高中考入名校有多艰难，我们所承担的家庭费用与情感分离的代价有多高，对于我如此前卫的做法，无论是身边的美国父母也好，还是华裔朋友也好，甚至我儿女公立学校里的老师也好，很多都无法接受和认同。

稀里糊涂地，儿子一下子就考入了菲利普斯安多佛高中（Philips Academy Andover），美国最顶尖的寄宿名校之一。也许是这一切来得太容易，送走孩子之后，我继续放养着他们。

一方面我确实大意了，另外一方面，在我的写作生涯中，关于儿女教育部分，我开始不再公开发表任何文章，其目的就是为了给儿女一个相对自由的成长空间，甚至当时身边没有人知晓我的儿子已经"离家"独立求学去了。

面对愈来愈独立，不再需要征询父母任何意见的儿子，我内心也有深深的疑虑，不知自己这样特立独行的选择，是对还是失误？

我曾问儿子，去安多佛寄宿对吗？还是应该留在家乡不错的公立高中读书？他首先问了我一些考试和比赛的名字，我说不知晓。他说："我们学校数学队里同学的父母都知晓，他们从小就送孩子去参加了这些比赛和训练。我是唯一一位从来没有任何这些经历的人。"言外之意，即使在你们身边读书，你们也什么都不知晓。确实，直到他进入私校，我才发现，儿子不仅是属于自己野道上杀出去的，还是属于靠自己去闯荡，自我管理很不错的孩子。

但是，他还是告诉我，正是因为他没有受过这些常规的数学解题训练，他们校数学队训练习题时，虽然他的速度没有队友快，但是他对有些题目的推算，总会与众不同，有些非常规的步骤，常常令人眼睛一亮。

记得小学时，他的数学老师专门电话告诉我：我儿子是她几十年教学生涯里碰到的学生中，那种天赋很强的孩子。她怕公立学校的环境，对他不够挑战，所以，她希望儿子一定去读私校。也是因为这位老师的点拨，我才意识到，原来美国还有开发孩子最大潜力的私立寄宿高中。

这位数学老师曾经见过许多世面，她本人大学毕业后，就做了几位美国明星运动员的儿女的家庭教师，跟着她学生们的球星爸爸妈妈，随着赛季不同，城市不同，走南闯北。是啊，人的圈子不同，视野也不同，如果没有她早年的提醒，也许我儿女的路，我们父母的路，会是另外一条风景线。这些都是后话，没有对与错，更没有什么假如。

因为儿子偶尔的质疑声，我不得不自责起来，觉得由于父母的无知，耽误了孩子。终于有一天，当我见到一位美国名校毕业的数学博士、后来的数学教授后，我内疚的心才稍微得到缓解。他告诉我："其实我不建议孩子都去学习那些奥数。数学需要勤奋，也需要天赋。你应该感到庆幸，至少你儿子的脑袋还没有被玷污（contaminated），脑子里没有那么多提前注入的定式，所以他才会有新意发挥出来。不然，虽然受训的孩子，看题就知晓解题方式，他们有速度，但作为孩子的他们，需要思考，需要发现的乐趣，而这些早已经被剥夺了。"

这些年，无论儿子还是女儿，都是他们一步一步自己走过来的。也许我们稍微指点一下，他们摔的跤会少，然而，我们宁愿让他们去自己去摔。其实每次孩子的挫折，有的我知晓，有的我不知晓。我知晓的，基本算是严重的，尽管有的错误如同晴天霹雳般令人震惊，但是，最终还是要由他们自己站立起来。现在回首，这些一次又一次的打击，也许是为他们未来的人生叠加进去的无形财富，这也就是我对功夫在外的解释。

筑起高楼大厦之前，他们自己给自己奠定着地基。这个过程，不仅是对孩子的磨炼，更是我们父母的修行。是否允许孩子输，让他们输得起，让他们继续再去输，真是父母本身内心的格局和情怀的写照。

记得那年秋季，正在中国旅行的我，收到儿子高中住校后，高中老师发来的第一封来信，信来自他的英文老师。老师告诉我，第一节写作课下来，全班的同学成绩都不好，他问学生："有谁不满意自己的成绩，我可以给你们三次修改的机会。"第一次几乎全部同学都做了修改，第二次人少了，我儿子是少数完成了第三次的修改的学生之一。那时他第三次决定修改，并非因为他的成绩不好，而是他希望自己可以写得更好些。看到这封信，我感动得落泪。儿子确实长大了，也离我太远了，然而我知晓儿子从心底有他的自律和自强的准则，我可以继续放养，继续守望着。

儿子重视学业，但却不随大流。他的学习不是为了去刷高分，而是为了学习其中的内容。10 年级暑假时，我们跟他说，一上 11 年级，就把 SAT Ⅰ 考完，利用暑假好好准备一下。他没有反对，也没有响应。当时他大概的回答是，为了提高 200 分，我要花费多少小时来准备，如果用这么多小时去学习 SAT，我会失去多少小时去做那些有意义的事情的时间。他问我们值得吗？

当时听了他的回绝，我心里很不愉快。心想：你怎么这么多事儿，别人都可以这样去刷分，何况这是暑假，回到学校哪里还有时间？

我们父母也不是那种逼孩子的人，所以我们给儿子一个最基本的要求：每部分800分，三个部分满分2400分的SAT I，我们希望他的考试每门不要低于700分就可以了，这是我们作为父母当时对儿子提出的最低标准。

11年级开学不久，他去考了第一次。我还清楚地记得，那天中午他刚刚走出考场，就打电话给我们说："大概我没有考好。"这一下子，儿子爸爸就火了，话筒这边就开始抱怨："早就告诉你要努力，这个世界上，哪里有不努力的事情。现在最大的问题就是，你主意太大了。别人都可以在那里刷题，怎么你就做不到了……"然后，他突然说，"儿子你还没有吃饭吧，快去吧，想想原因，想清楚了，再打电话回来。"

其实我当时跟孩子爸一样，心里也不舒服。晚上儿子打电话回来，告诉我们，他感觉不好，就是因为看到那些机读卡上需要涂黑的地方，答案不是每行都是A，就是每行都是C，感觉不对。"哦，是这样，算了吧，顶多下次再考一次，反正这是第一次，吸取教训就是了。"儿子爸爸这样说。

没过多久，我突然接到儿子的电话，还是他在白天上课时间打来的，当时我吓一跳，还以为出了什么紧急状况。电话里他用英文说，SAT成绩下来了，他考了2370分。我顿然蒙了，怯怯地说："你可以用中文再把分数重复一遍吗？"听到他用中文再确认后。我说："太好了，太好了。"然后直接打电话给正在开会的老公。"你听清楚了？"这是他第一个反应，这位老爸也蒙了。

孩子成长过程中这样起起伏伏的故事数不胜数。儿子自己会做一些决定，一般我们也会同意。然而，到了大事情上，有时他的决定注定就是不能成功的，但他就是执意坚持，然后会说："这是我的人生，我需要自己决定，即使是错误的。我自己对自己负责。"就是因为他说出后果自负的话，我们就不再介入，无论输赢，他要走过来，终究他需要几次自食苦果的"悲剧"。

但是，父母从自己主观出发给孩子做决定，也会"懊悔"。小学三年级时，儿子在学校乐队里选了小提琴学习，因为属于学校里随便学学，我们根本没有请私人家教。有一次开车路上，我放了一连串的小提琴音乐，听着听着，他说："我想学习小提琴。"我没有问儿子为什么，我马上说，你都这么大了，学小提琴，不会有任何前途。后来，我还让所谓从事音乐专业的朋友告诉他，这个年纪学小提琴没有前途。

大学已经毕业的他，有一天突然问我："妈妈，你当时，为什么没有让我去学习小提琴？"这么多年，他还想着这件事情，确实令人惊讶。同时，我也发现，作为母亲，有时我们自己因为功利心，因为自己的忙碌，甚至自认自己知晓孩子应该如何，不应该如何，就替他们做出决定。不是决定本身正确与错误的问题，而是作为父母，在为儿女做出决定之前，应该与孩子们交流一下，给他们一份尊重，才不至于未来给孩子和父母自己带来遗憾。

因为儿子的寄宿高中太远，所以在女儿择校的过程中，距离是我考虑时最重要的因素。当初女儿考进了几所美国最顶尖的寄宿高中，结果她却选择了唯一一所名气不大，仅仅是因为朋友极力推荐，出于好奇心而去走访的学校。说来也神奇，一进校园，我和女儿就特别喜欢这所高中。当初做出这个选择的时候，周边没有人理解，确实放弃名校有些遗憾，而且增加了女儿未来不确定的因素，可谓我们自己一次具有风险性的选择。

后来的几年里，每个学年结束，我都会问女儿一次："这个选择对吗？"她一直说："不知道，还不能回答。"直到11年级学年结束，我开车接她回家的路上，她说："谢谢你把我送到迈斯特中学（The Masters School），在这里我遇到了我喜欢的老师，喜欢的同学，喜欢做的事情。"

因为他哥哥走在前面，我们父母知晓了，虽然进入了寄宿高中，其实一切才刚刚开始。也是因为哥哥的榜样力量，女儿内心很有定数，她一直都知晓，自己需要努力，但是，她更需要去发现自己，去尝试许多在公立学校里她没有机会参与的活动。我不认为自己的女儿属于出众优秀的那种孩子，我只能说，感谢她在一个适合她的环境，被发现、被栽培得很好。

12年级，也是女儿高中的最后一个学年开学那天，我开车带着她返校，因为那天不需要参加任何开学典礼仪式，仅仅是来为她搬家，况且要开几个小时的长途车，我穿得极其休闲。换句话说，那天我绝对不期待见到任何人，准备快去快回。

"不幸"的是，最不希望发生的事情——发生。

女儿把她宿舍里的家当安排妥当之后，就去学校签字报到了。想想又要与女儿几个星期不见面，我于心不忍，不知不觉，陪她走到校园草坪上的签字报到台前，给了她一个拥抱。正转身决定离别时，校长朝我走来，给了我一个热情的拥抱。然后她滔滔不绝地给我讲述着女儿如何出色，学校为有这样的学生而骄傲。然后，是教导处主任，跟着是她年级的负责老师，不是拥抱就是握手，一阵阵热情的赞美和寒暄。还有一位科学老师迎面过来，兴致勃勃地跟我说，女儿是班上十几位学生里唯一一位女生，太期待她了。他已经听了许多我女儿的故事，他希望见证女儿的能力！

在这个过程中，我一直感到有人在跟踪着我，终于在一个接一个的握手和拥抱后，身后出现一位老师，先是介绍他自己，然后说："你一定是她的妈妈了。哦，我必须告诉你们，你们做得非常好，你女儿真的太棒了……"我当时昏了，不是谦虚，而是我当时刚搬完家，非常狼狈，哪里能应付如此场面？赞美声铺天盖地，我没有记住所有的声音，但是，老师反反复复提到的是：善良，认真，那么优秀，但是又那么谦卑，没有人不喜欢她的。

现在申请升学的过程里，这么强调一个学生如何能影响世界，如何有领导世界的本领，我觉得有些夸张。我的孩子不就是高中生吗？人生刚刚开始，许多问题还在探寻，甚至自己是谁，还在苦闷着。所以，我从不要求孩子们一定要去争什么领袖职位，更没有必要什么都要去抢第一。因为我跟老公的高中时代，都是学业排名第一第二过来的，根本不再把这样的排位当回事儿。当然，学业上那些量化的东西，儿女也不要太差，其他顺其自然。也许正因为这样，儿女对学业上的输赢，心态上很平衡。他们心理素质之强大，远远超越他们的父母，这个令我欣慰。

有一天，女儿的高中老师打电话给我说，知晓你女儿的 PSAT 考试成绩吗？（这个关系到美国优秀生奖项的标准）我说不知晓，老师告诉我，女儿考了全校的第一，而且几乎满分。

兴奋的我给她发了短信祝贺，很晚女儿才回复，淡淡地说：Not a big deal! （妈妈，这个没有什么。）另外一次，因为她要赶往机场临时出国参加活动，所以考 SAT II 的一门功课时，匆匆忙忙，比她预期的差一些。原本我以为她会伤心，而第一句话就是：Mom, that is my bad day. 言外之意，那天我的状态不好，没有什么懊悔的。

我从未意识到他们有什么领导力，因为都是不争不抢的孩子。女儿寄宿在外，常被邀请到不同的美国同学家一起度过周末。然而，这些同学的父母们反而会在电话里感谢我女儿，说她眼里总是有活，还会做饭，很懂事，他们为自己的孩子有我女儿这样的同学做朋友，感到欣慰。意思是说，我女儿是那种带给他们孩子正能量的同学，一起多交往，父母放心。后来，发现这个不爱张扬的她，竟然当了学校里许多社团里的头，后来她还是学校一个运动队的队长，其实也不是因为她的体育实力，而是队友们选举了她。

说到在社团里当头，我一直不知道她怎么突然变得很有领导力？后来终于有一件小事让我明白。

有一次，家里草坪上的橡胶水管裂了，我跟先生也没有去管。然后，有个周末女儿回来参加她童年伙伴的生日聚会。忙碌的两天里，女儿见朋友，再陪朋友的爸妈出去吃饭，然后我们就匆匆送她返校了。周一时，我先生兴奋地告诉我，女儿真不错，也不知道什么时候她把裂的橡胶管子给包了起来。啊？我一阵感动。这小家伙儿，也没有声张，看到了，就完成了。这个让我联想到她不张扬的性格，还有踏踏实实做事情的态度，也许在这一件一件的小事上，她坚持做着，无声地做着，她的善良和真诚，才得到了这么多老师同学的认同。

其实孩子的许多能力也是被逼出来的，但前提是，孩子们必须自己非常想要完成。

刚上 11 年级时，女儿说暑假想去参加一个美国藤校的夏令营。一听要六七周，花费还很贵，我就跟她说不行，时间太长了，而且也不便宜。其实我的言外之意是，平时你已经住校了，暑假还在外面住校？算了。而女儿却记住了"不便宜"，结果她凭实力，自己申请到了一个连机票都免费且竞争激烈的国际科学夏令营。

在培养儿女身上，许多事情都是无心插柳的，但是，做父母的，尽管我们对他们是放养，我们对儿女还是有最基本的要求：做事情一定要尽心尽力，做最好的自己。当然，我们对他们不仅有信心，还对他们给予最大程度上的信赖，包括给远在外面的他们足够的金钱，让他们学会管理钱，学会花钱，又不乱花钱，这也是他们未来生活中需要掌握的重要的部分。

其实儿女上不上名校，能不能上名校，不是最重要的，而认认真真做好自己，尽心尽力，这个过程最重要。把细节一一做到，名校之路，就是一个水到渠成的过程。

父母能为孩子做什么

说父母的作用在哪里之前，我先来分享一个故事。一群冒险队员，走在一个沙漠里，迷路了。就在几乎弹尽粮绝之时，突然在一个队员身上找到了一份地图。排除千辛万苦，大家终于走出沙漠。不久以后，人们发现：这张地图其实是另外一个沙漠的，与他们走出的沙漠完全无关。这个故事说明什么？支持人们走出沙漠的，并非是地图，而是这张地图给予人们的希望。也许父母正是那张地图，给孩子们一种无形的力量。正如许多很有成就的儿女，是因为他们的父母总是在某个时刻，因为自己的智慧和觉悟，直接或者间接地改变了他们儿女的生命轨迹。

回想起来，在儿女的成长过程中，也并非一切都是一帆风顺的。作为父母，我认为最重要的是要完成两个使命，灌输一个概念，迎战两个世界。

1999 年开始，我在《北京青年报》开办"陈屹视线"专栏，有五六年之久。2000 年出版了第一本书《困惑与诱惑：美国教育参考》，并排与《哈佛女孩刘亦婷》摆在王府井图书大厦书架上。第一本书就能畅销，心很虚，赶紧回家继续爬格子，再出版了《背洋书包的中国孩子》《美国素质教育参考》，继续畅销。第四本《因缘际会——超越 EMBA》是经管类的书，第五本《不是男人的错》是关于情感的书。我现在不知晓哈佛女孩在哪里，但是，十几年后，可以自豪地说，我还在继续思索记录，从事这份中美教育的咨询与交流的工作。

如同20年前的经商浪潮，好像所有人都要跟彼此谈做生意。今天，我们父母大谈特谈儿女教育。原本留学机构的咨询费用，由几万涨到三十万甚至五十万人民币。这一切，不是我这里要展开的话题。

我作为一个母亲，是的，我本人也付出了高昂的费用。儿女原本可以在家里附近上相对也是非常好的公立高中，我们却把他们送往远方的寄宿高中，提前四年进入大学形式的学生生涯。不要说金钱的代价，就是父母与儿女情感上失去的许多交流与相伴，也是巨大的付出和牺牲。然而，无论做什么，总会涉及到为什么要这样，以及值得与否的问题。

其实一个好的家庭教育，与金钱没有直接的关系，有钱当然好，没有钱儿女也不一定就不会成才。这在许多早期留学生父母的家庭背景中都有体现。这一部分，我主要讲述，父母通过自我的修炼与提升，用家庭的内力带给儿女的软实力。其实，考取美国名校是硬实力与软实力的结合。人们常常抱怨：孩子这么优秀，为何没有被美国名校录取？其实，以量化的标准来衡量孩子，本身就是误区。

首先，我要谈谈我们父母需要肩负的两个使命——言传身教和播撒种子。

言传身教，大家都很熟悉这个词。然而做起来，并不容易，它就体现在平日里的点点滴滴。

孩子努力读书这件事情，我从来不用操心，因为他们从小的生活里，图书馆和书店，就是他们重要的游乐场之一。平日里，我们家很少看电视，大部分时间，都各自看自己喜欢的书。我本身就是一位作者，写书、买书、看书，这是每天生活中最基本的内容。

再比如做公益，不是孩子天生就有意识要去做的。那么，我就跟孩子做了一个约定，因为我们每年夏天会回到中国旅游，所以我们就跟一所乡村初中联系，做支教和捐书。现在也许愈来愈多的人都开始做了，这个非常好，但是，贵在坚持，所以我希望孩子一定要完成10年的许诺，从初中开始到大学以后，他们一直在做着。

所以言传身教的意义，不言而喻。如果父母整天吃喝玩乐，家里没有读书的文化氛围，怎么祈望儿女去辛苦地努力读书呢？孩子怎么会在没有榜样的情况下，寂寞地自律进取呢？

然后，我们要播撒的种子有三颗。

第一颗是"希望"，也是最重要的种子。让孩子们知晓，希望总会有一天出现，所以今天的困难总会过去，只要你对今天"不言弃"。

女儿小学时，数学一塌糊涂。我就跟她说，你爸爸曾经是省里的数学高考状元，你哥哥是学校的数学尖子，妈妈曾经也是中学里的数理化第一名。你再差，不会比你妈妈差。其实我心里还是很失望。别人家的孩子，三岁时就把乘法口诀表背得滚瓜烂熟。我的女儿，怎么教她，也是不会。既然她已经这么差了，我不应该再去打击她。所以，我就告诉她：妈妈就是相信你的潜力。

结果没等到小学毕业，女儿对数学的悟性就来了。小学毕业前的数学计算比赛，她得了第一名。到了初中，她身边聚集了一批数学学霸。到了高中更是出众，她成了那种被老师和同学公认的"天才"。最后高中毕业时，她获得了每年只给一位最优秀的高中毕业生的数学大奖。上台领奖时，颁奖老师竟然跟大家说："你看她数学这么好，她的理想竟然是要去成为一位物理科学家！"老师无意中的调侃，却迎来台下观众热烈的掌声和笑声。第二天在女儿毕业典礼上，美国通用公司的CEO杰克·韦尔奇跟我打招呼时的第一句话就是，"你就是那位要当物理科学家的孩子的妈妈啊！"

女儿的故事，说明人的成长路程，如同四季，每个人处在不同的地理位置，春天到来的早晚也不同。女儿的春天虽然迟到了，幸运的是，她还是赶上了种植与收获。

第二颗种子是"感恩"。

感恩的意义别提有多么重要了！许多人一生都不顺利，一生都在抱怨，其实就是没有一颗感恩之心。真的，你越感恩，你就会变得越快乐。

儿女们早早就独立生活去了，每次他们回到家里与父母团聚，吃完晚饭吃完后，他们总会说一句："谢谢爸爸妈妈，饭菜非常好吃。"然后站起来说："需要我来整理餐桌吗？"

许多人告诉我，你的孩子很懂事，其实，懂事的意思，就是他们不胡来，会考虑对方的感受，更会拥有感恩之心。他们小的时候，我不记得孩子因为什么抱怨。我说了他们，但是，我记得我当时跟他们说的一句话："这个世界上，谁也不欠谁。别人对你好，千万不要认为是理所当然。"

从幼儿园到高中毕业，每个学年下来，孩子必须要做的一件事情，就是去谢谢每位给他们上课的老师，通过小礼品、感谢信等方式。这些与贿赂无关，这是孩子发自内心的感恩，没有重要的老师和不重要的老师之分，身边的每位帮助过你的人，都要铭记，要谢谢他们。

人只有感恩，方才谦卑。这个世界上，从来没有理所当然的事情。在未来路上，很多人会帮助你，有时无法一一回谢，然而，在我们有能力时，一定不要忘记感恩，同时也去多多帮助其他人。

儿子高中时，获得了《时代周刊》的一个学生领袖大奖，他没有匆忙地去见媒体，而是低调地跟我说：获奖的人都非常棒，我要向他们学习，要更加努力完成我在做的公益活动。当时我感到非常欣慰，在名誉面前，他还算清醒。他不觉得自己被选中是因为自己是最优秀的，而是抱着充满感激的心情，感谢他的高中给予他的教育。

第三颗种子就是"格局"。

走世界的过程，就是小我与大我交融的过程，面对大自然，面对历史悠久的文化与建筑，你会有敬畏感。见多识广后，这些会潜移默化地给你内心带来从容和淡定的状态，也就有了大格局。

暑假里，我很少带孩子去上什么补习班，而是带他们走世界。从他们两岁起，我们几乎年年都回中国。在教育孩子上，我真不如身边其他像我这样留学旅居在美国的华裔父母那么事无巨细，陪孩子看书、辅导、补习、参加活动，为他们策划未来。

以前我并不知晓自己多么不为孩子操心，也不认为陪孩子学习是父母需要做的。因为所有的学业和成绩，是孩子自己的事情，他们要对自己的成绩负责，具体考多少分，这是他们自己努力的结果。

直到有一次接到儿子在周末读的中文学校的老师的电话，说："你应该加强辅导你的儿子，他在班里，中文学得最差。"我说："我确实不想拿自己孩子跟别人家的孩子比，但是，自己对儿子非常满意，他完全是靠自己自学出来的，至少他每周末还能跟我坚持到中文学校来上课，这样就足够了。"也许老师真的不会喜欢我这个母亲的解释，但是，我就是这样认为的。不要要求孩子事事都完美，一定要有主次，周末还能去学校学习中文，已经很棒了。最重要的是坚持，保持孩子这份热情，哪天他们真的想再提高，有了这些基础，很快他们就会如虎添翼。这就是我心中的格局，人要朝远处看。

假期里我会给他们在旅行路上丢几本书看。是的，他们没有去上补习课，一定有学业上的损失，但是，他们也得到了许多别人家孩子体验不到的其他经历。我在中国巡回演讲时，签名售书时，都带着他们在身边。2005年在王府井图书大厦的一个周末，我签名售书时几乎被挤爆的现场，还有2004年在上海图书展签售的火爆场面，他们都看到过。

这些会让他们得到什么？孩子们目睹过他们的妈妈是如何认认真真地走过每一天，如何付出，这些已经走入他们的心田。人要先付出，付出后，还不一定能得到。他们的妈妈付出了许多，而且有了回报。有了成就，更要感恩，并且要再继续，因为人不可能永远都是幸运的。

孩子们去了寄宿高中四年，过早地离开家庭，确实离我们远了。是的，他们上的高中不错。但是上顶尖私立寄宿高中，就离名校的距离更近吗？其实不一定。但是，他们看到了山外有山，楼外有楼，看到每个人都可以成为不同类型的第一时，你的心态会包容和谦卑许多。

看过成功，也品尝过生活中的富足，同时也感受过何谓付出与收获。这对孩子的成长很重要。至于失败和挫折，他们需要继续慢慢体验。而我们这一代父母能做到的，就是给予他们尝试失败的机会与权力，因为他们输得起，非常输得起。

现在，我要谈谈我们父母需要灌输给孩子的一个理念。这个理念，也是多年来鞭策我自己勇往直前的理念。这里不需要什么技巧，更不需要去上什么成功课程。这个道理非常简单—— 这个世界上没有绝对的公平，只有自己先把自己做到双倍的优秀。

没有错，我们需要为赢得公平而呐喊。然而，你自己不付出行动，没有先去把自己打理好，只是去强调公平的话，其实本身就在争取公平的过程里，迷失了自己，荒废了才华。

这辈子许多幸运的事情发生在我生命里，其中最幸运事之一就是，我在这十几年里，采访了数百位世界各行各业最成功和知名的人士。他们为何出众？其实就是比别人愿意多付出几倍甚至几十倍的努力，还有他们血脉中永不言弃的奋争精神。他们中间的许多人都是已经不再需要努力，但依然去努力着的人。

就拿回复邮件这件小事情来说。像北京大学经济学家林毅夫教授，往往都是在当天回复你的邮件。他白天非常忙，那凌晨时，你往往会收到他第一时间的回复。另外一位华尔街知名公司的CEO，也是在第一时间回复你，哪怕只是用几个字告诉你信已经收到。即使是西点军校校长，他也在当天几个小时之内回复你，就算你的邮件，并非那么紧急。而一些你认为最有时间，你正在帮助他们的人，你却迟迟收不到他们的回复，除非再去提醒几次。

我总是认为成功的人一定有他们成功的道理，所以，应该向他们学习。

因此，我给予孩子的理念，是让他们不要在公平与否上去纠结，而是自己先把事情做好，把自己的能力提高，这些是最现实的。为理想奋争，有时需要几代人的努力。所以，有一个强大和平衡的心态，你的格局也就大起来了。

具体说到如何考取美国名校，确实，对于亚裔的孩子来说，他们考入美国名校的概率是低了些。不过话又说回来，千万不要认为自己的孩子考入名校，就是最优秀的那个群体了。我们考取名校的儿女，仅仅是那么多优秀的同代人之间，最幸运的群体。

最后，我来谈谈我们父母要迎战的两个世界。

在孩子从小到大的成长中，与父母的关系也在不断地变化。在这样的变化面前，我们父母该如何做好？当孩子小的时候，父母应该把孩子当成小大人来对待；当孩子长大以后，我们父母要把自己当成小孩来看待。通过这样的心理调适后，父母们会给孩子们继续成长的空间，更给孩子们未来愿意回家承担他们责任的空间。如果能明白这个道理，做这样的父母，我愿意将这样的父母称作懂事的父母。只有父母知道了自己的定位，也就知道自己如何与儿女相处。

我们的儿女，小的时候，他们面对的是家庭与学校的关系，成人后，他们需要面对的是自己与整个世界的关系。而我们的儿女，还面临着中国传统与美国文化的冲突。

以上，就是我眼中的，父母需要完成的两个使命，灌输给孩子的一个概念以及需要迎战的两个世界。

对于何谓教育，在《诱惑与困惑：美国教育参考》里，我写下这样的文字："教育是一种对生命的拥抱，对人性的热爱，对梦想的向往，对一切未知不屈不挠的激情。"如果能在儿女的生命轨迹里，打上感恩、自律、激情、大气，还有那永不言弃的箴言，我们的为人父母之旅，可谓此生无愧！

本篇的文章题目为《美国名校不是梦》，它确实不是梦，而是在我们仰望星空，脚踏实地的每一天中；在每个细小的行为和每一年的进步中。在挫折中崛起，在成就中回归，这是父母和儿女在各自的昨天、今天、明天的生命里的乐章。

我们实在无法预测将来会如何，会考进哪所名校，名校的距离有多远？简言之，名校是我们前行中的目标和动力。其实到了最后，父母的提升，孩子的成长，我们一切的付出，已经远远超越考取名校的意义。

陈苑生，笔名园子。清华大学电子工程系学士，清华大学经济管理学院硕士。1990 年赴美国迈阿密大学，获经济学博士学位。现居住于美国佐治亚州亚特兰大，在威瑞森移动通讯公司从事统计和大数据分析。常年热心公益事务，担任过当地的中文学校教务长，佐治亚州清华校友会会长，市议员竞选团队成员，等等。

女儿肖帆帆就读本地公立高中，擅长画画、拉琴、舞蹈，高中阶段创建"手拉手"活动（Hand in Hand Chinese Culture Program），帮助被美国家庭领养的中国儿童学习中国文化，并在其后至今的 8 年时间里在校内外一直坚持参与此类活动。儿子肖大圣就读本地私立高中，爱好乒乓球、篮球等体育运动和辩论，常年参与美国童子军活动，达到鹰级（Eagle Scout），担任过童子军小队长、中队长、大队长，地区童子军露营大会总指挥，世界童子军大会组委会委员等各级职位。姐弟二人分别于 2010 年和 2012 年进入哈佛大学就读。

做最好的自己，让哈佛去挑吧

育儿理念——做事重于考试

很多进哈佛的华裔孩子，都是 SAT 高分甚至满分，在学校里排名数一数二，一大堆 AP 课程全是 5 分，弹琴竞赛的大奖小奖无数的学生，令人佩服。这些孩子的共同特点是既非常聪明又非常勤奋，那份聪明不是每个孩子学得来的，那份勤奋也不是一般父母逼得出的。所以那样的"战绩"对很多孩子来说，即使不吃不睡不玩儿可能也达不到。父母如果拿这些牛娃来鞭策自己的孩子，常常会让孩子自惭形秽、破罐破摔。

我小时候也是一枚学霸，读书考试从没觉得苦就拿了高分，还玩儿了好多别的东西。初三时恰逢中国恢复高考，就一门心思冲向高分，越高越好，把学校里各种光环都戴在了头上。但是一旦离开学校既定的轨道，你会发现要去做大事还需要有锁定目标的眼界和百折不挠的坚毅，即使做一个平凡快乐的普通人也需要为人处世的智慧。念书考试的本事只能决定你在既定的轨道上跑多快，但那更多地是由先天决定的，而品格和个性才是决定你最终可以走多远的关键，而这品格和个性又是仅靠书本和课堂学不来的。

基于这样的理念，我觉得美国名校不唯分数的取人标准很合我意，他们更看重的是，"你是一个什么样的人"。我家孩子并不完全像我

全家福

一样轻轻松松就可以得高分，考第一。与其让孩子花时间不停地追求学校的排名，SAT 的高分，AP 课的数量，不如把注意力放在要做一个什么样的人上，让他们找到自己喜欢的事情去做，从做事中挖掘自己最大的潜力。

完整的事情哪怕只做一件也是有意义的。从选择目标开始，到制订计划、寻找资源、解决问题、克服困难，到最后承受失败的打击或者享受成功的喜悦，在这个过程中，名校所注重的素质，如正直（integrity）、创造力（creativity）、领导力（leadership）、激情（passion）、坚定（determination）等品质都会得到培养和体现。如果通过这件事而提升了自己，又影响了周围的人，这比简单地提高分数和堆积各种课外活动的小时数更有意义。最合算的是，当你这样做事之后，哈佛录取了你，你会欢欣鼓舞；但即使没被哈佛录取，你也不觉着亏了什么。人的一生本来就是做这一件件事情的过程，所以这当中的历练是终身受用的。

女儿有了一群"小妹妹"

女儿9年级时，周末和朋友去一家为被美国家庭领养的中国儿童开办的中文学校教书，离家1小时远的距离，又好玩儿还能挣钱（每小时25美元的时薪是蛮有诱惑力的）。她是个典型的女孩子，很喜欢小小孩。她从小爱画画、手工、跳舞，也学了拉琴和中文。虽然这些都作为培养兴趣来学，她并没有在这些活动中得过啥奖，但是这点本事却淋漓尽致地被她用在了教孩子上，她在这个过程中如鱼得水，得心应手。

后来，因为她所在的那所中文学校地点太远，生源又少，便关门了。女儿在这所学校的一位美国妈妈的积极鼓励下，在家附近自己办了一个"手拉手"活动（Hand in Hand Chinese Culture Program），组织一群和她类似的华裔中学生跟那些被领养的华裔小孩子结成姐妹对，教这些孩子中文、跳舞，以及中国文化。她们每周末有一次课，每月有一次姐妹联谊会，每个夏天还有夏令营。最多的时候她要同时管理五六十个4~6岁的小孩子和几乎同样数目的中学生。在过春节和中秋时，还会有这些孩子的家长一同前来参加活动。

这个项目如同一个小型的中文学校，女儿和她的伙伴们要处理租场地、聘老师、招学生、编教程、做预算、建网页、买用品、回答家长咨询、协调志愿人员等诸多事宜，麻雀虽小，五脏俱全。她跟一群

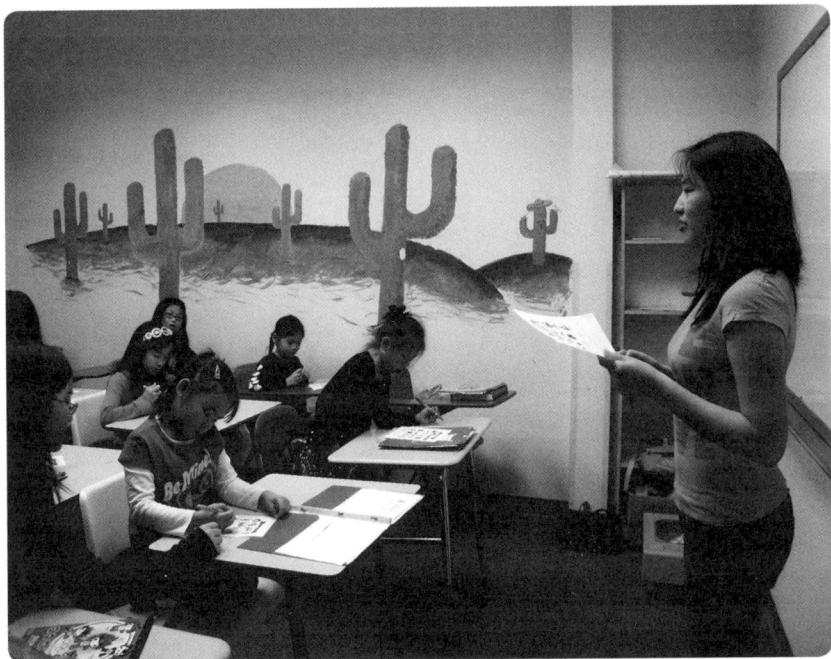

肖帆帆在"手拉手"夏令营教课

伙伴们干得十分投入，乐此不疲。无数玩乐、睡觉和念书的时间都搭进去，但她一点没有抱怨。因为和这些大姐姐小妹妹在一起跳舞、做游戏、做手工、化妆、看电影，对她来说本身就是特好玩儿的事情。搞这些活动当然会遇到各种各样的困难和问题，例如场地不能落实，老师不能来了，户外活动天气突变，来人太多订饭不够，等等，都需要她果断决策，快速解决。在这种应对之中她得到了充分的锻炼。

这个组织被后来的高中生们一届届地延续至今，已经快 8 年了。女儿读大学时每次放假回家都要和小妹妹们聚会，看她们的演出，给她们过生日，把她们叫到家里来夜宿（Sleepover），真的像一家子的大姐姐一样。女儿上大学后，在哈佛的一个帮助中国领养儿童的组织——"中国关爱"（China Care）里一直任职了 4 年。暑假时，她还曾回到中国的孤儿院做义工，也曾帮助波士顿当地的穷困孩子办夏令营。

这些经历让女儿和她的伙伴们从这些美国家庭中学到了爱心、包容、奉献，同时把中国文化带进了这些美国家庭。这些经历也把女儿从一个跟大人讲话会紧张心慌的小女孩，锻炼成落落大方、快乐阳光的"小领导"。而那些被领养的小妹妹在这些大姐姐身上看到了和自己一样的黑头发、黑眼睛、黄皮肤，她们也有了更多的自信。如今，这些小妹妹很多已到了十几岁的青春期，她们还与女儿在社交网站上保持着联系，开始说一些自己的悄悄话和小秘密了。现在的"手拉手"夏令营里，长大了的妹妹又回来作为姐姐帮助更小的妹妹。

儿子是个童子军

女儿小学时和她的美国同学一起参加了女童军（Girl Scout），当时周围的华裔家庭包括我们对童子军了解很少。我只是觉得这样的活动与游泳、弹琴等其他课外活动不同，既不要花很多学费，也不要花很多时间回家练习，就是每周大家聚在一起搞一个主题活动，家长轻松孩子高兴，玩儿的东西也很健康，正好可以弥补我们在学校里找不到的品德教育和生存技巧训练，所以我就想让儿子也去。但是小学初期他一直不肯去，直到五年级。现在看来，在儿子参加的各种活动中童子军对他的成长影响最大。

第一，童子军培养勇敢的品质。

儿子天生很胆小，生在海边城市，脚却不敢踩沙滩。不仅恐沙，还恐水、恐高，并且害怕独自一人和黑暗的环境。在高处观景台他会吓得不敢站直身子；郊游去山洞他从头到尾抓住老师的手不放。直到

肖大圣（中）任全地区童子军露营大会总指挥

小学快毕业了，他还一直不肯夜里自己睡觉。

是童子军改变了他。他参加童子军后，第一次的野营就在山洞里。那天下雨，雨大得洞里好多地方都漏，正好就漏在他的睡袋处。他半夜醒来发现自己睡在水坑里了，也睡不着了，就坐了半夜到天亮。回来后我们对他的经历大表惊奇，使他觉得自己能度过这样的夜晚很了不起。邪门的是，这么多年每月一次的露营几乎总是遇到大风大雨的恶劣天气。有了这样的经历，以后什么样的环境他都可以睡觉。童子军也把周围的登山、滑雪、漂流玩了个够，每一项活动都需要勇敢。

童子军让儿子爱上了户外活动。高中毕业那年他带着两个没露营过的同学跑到他自己也从没去过的大山里露营；大学春假他又鼓动同学从波士顿跑到家附近的阿巴拉契亚国家步道（Appalachian Trial）露营。就是那个曾经胆小恐高的他，偏要去玩儿高空跳伞，任我怎么反对也没能拦住。

第二，童子军推崇服务。

我们童子军的领队人（Scout Master）P先生是个典型的美国白人，对童子军活动非常投入。每星期队里开会他都来，每个月的露营他都去。并且，在他自己儿子高中毕业后的六七年里，他依然如此。他一方面真是喜欢童子军，一方面也觉得有责任要把这一批批孩子带到鹰级（Eagle Scout）。他是美国电话电报公司（AT&T）的一个主管，凭他的才干他可以继续在公司里爬升，但是他没有去追求那些世俗眼里的成功。他开着最普通的福特车，住在最普通的中产阶级社区，最喜欢吃的食品就是热狗，他把自己几乎所有的假期都给了童子军的活动。

队里像P先生这样的家长不是一个两个，而是一批。另一个退休的S先生的儿子也早就长大离开了童子军。他自己弄个货车，一副标准的南方红脖子形象，家里的车库就是个大工作间，哪个孩子要做鹰级项目（Eagle Project），他就用自己的车帮着人家拉沙子拉木头，在他的车库里叮叮当当。据说他以前在公司里也是个CEO级的人物。再说一位妈妈，她和老公都只有低薪的工作，还很不稳定，付房贷都有困难。但她却常年花大量时间在童子军里帮忙，包括跟着全是男生的队伍去露营。由于她的监督帮助，本来一些要放弃完成鹰级项目的孩子都坚持了下来。还有一个律师爸爸M先生有挺重的糖尿病，每次露营都得带着他的针剂和测糖仪，这是和他一起露营过很多次以后我们才发现的，我们感到大为吃惊，而他好像觉得这很平常。后来他又接任了领队人的职务，意味着要承担更重的担子。

从这些人身上我们看到美国社会里真正的普通人，他们过着那种简单快乐、有益他人、不求名利的生活，那么坦然，又那么超然。这样的生活方式和价值观令我们全家敬佩，他们都成为儿子和我们全家的榜样，带动着儿子全身心地投入到童子军的各种社会服务活动中。童子军的每周聚会、每月露营、义务劳动都是儿子自愿参加的，多年来，除了极特殊情况，他都很少缺席。

这些美国人其实从前对中国了解很少，不乏偏见。在他们印象里，中国的东西都是假的烂的，中国的食品都怪怪的。自从儿子入队后，我们经常跟着他们去露营，在篝火旁的聊天里纠正过不少他们的偏见。我们也自告奋勇为他们在野外做中国饭，包括用篝火做虾炒饭，用焖烧锅做红烧肉，被全队人赞不绝口，使得那些偏见在一点点消失。几年下来，P先生对亚裔孩子的接纳和支持使他得了州里的童子军多元化（diversity）大奖。尽管儿子是队里仅有的几个中国孩子之一，他却成了P先生最好的忘年交。

第三，童子军训练担当。

童子军最强调领导才能的培养。它设置很多不同级别不同职责的领导岗位，每六个月更换一次，让所有孩子都有机会在其中担当或大或小的一个。各种活动都是靠孩子们自己组织安排，大人主要是给他们开车。儿子从最低的小队长做起，做到本队的最高职位——团队长（Senior Patrol Leader）。在P先生的提携下，儿子在一年一度的全地区童子军露营大会中担任总指挥。那个周末又遇到雷暴天气和龙卷风警报，600多人的野外活动几次被暴雨打断，儿子经常要在几分钟内做出停止还是前行的决定，肩负重大的责任。

由于他的出色表现，后来他作为童子军个人代表被邀请在分区的募捐活动中演讲，分享自己的体会。又由于这一演讲的成功，他被接连几次请到全地区全州不同场合的大型募捐活动中与体育明星和联邦参议员同台演讲，台下是400多名攥着支票的各个公司和律师所的大小头目。他们一次成功的募捐就得到了30多万美元的捐助。高中毕业那年，儿子又被推荐为2019年即将在美国召开的四年一度的世界童子军大会的9人筹备组成员之一。他把为童子军的服务带到了大学里，一直到今天。

全心的投入不仅使儿子在童子军里从最低的小队长做到全国的职位，而且这种勇敢、服务、担当的意识被深深埋入他的心底，融入到他参加的辩论，打乒乓球，学生纪律委员会等各种日常活动中。儿子打乒乓球得过州级的冠军，可是他意识到打乒乓球的孩子太少了，得了冠军也激动不起来。为了让主流社会更多了解这项运动，他发起并组织了亚特兰大地区的高中乒乓球比赛，每年有四个月时间他和几个伙伴一起忙乎着筹备赛事，他们要联系赛场、裁判、球队，要自己拉商家赞助，定制T恤和奖品，并主持比赛。这个比赛连续举办了四年，每年的赛事能吸引到周围七八个高中的六七十个孩子。尽管儿子自己并没能在辩论或乒乓的比赛中赢到全国大奖，但是只要参与过，他都为那个项目、那个集体留下了深深的痕迹。正如童子军的训言："Leave the place better than you found it."（离开时要比刚来时更好。）

最后的话

儿子的学习相对比较轻松，他未经补习考SAT得了2310分。当时，我也看到周围一些复习了再考，考了四次从2300分考到2400分的中国孩子。儿子说没必要这样做。唯一的用处是有可能得个明星学生（Star Student），但是这称号来了就来了，花好多时间去争取没啥意义，还有更多事情可做。做事重于考试，他有这种心态让我非常欣慰。

高中的孩子已经可以独立做很多事情。钻研一个科学课题，陶醉于喜爱的音乐和运动里，但也并非都是这么严肃的事情，哪怕是精专一种自己喜欢的游戏，在麦当劳打工成为模范雇员（Employee of the Month/Year），做点心做到周围的朋友聚会都来找你下订单，只要适合自己的兴趣特点，全身心投入持之以恒，就会在其中得到成长，就是一个独一无二的你自己。儿子学校里的美国孩子还有去攀登珠穆朗玛峰的，还有给当地议员做竞选助手的。

如果进一步把自己喜爱的事情融入到对他人对社会的帮助之中，那就是完美的人生追求了，也是哈佛和其他美国各大名校想要的学生。但是千万不要去生搬别人的课外活动"经验"，比如在童子军里混一个鹰级头衔（Eagle Scout）或到处做义工达到多少小时，只为放在简历里，而其实却没有用心参与和体验这个过程对人生的改变，这样去做事的意义就大打折扣了。

我们这一代华裔移民大都是经历过国内千军万马过高考独木桥走过来的，现在又拿出千家万户爬名校一根藤的劲头在美国栽培我们的下一代。其实截然不同的是，当年我们在中国的高考确实是独木桥，一根尺子，一个方向，独木桥下冲掉了多少青年追求彼岸的梦想；而今天在美国的长藤却不只一根，它们四通八达，纵横交贯。百花园里每朵花都有她傲然盛开的角落，藤上藤下都可以结出殷实的瓜果。当我们换一个角度，变一下眼光，我们会发现世界天高地广，处处有常春，人生本来就该是这样豪迈的。

迟昀蟒，哈尔滨人。曾在国内某航空公司和微软培训公司工作。全家在 2001 年移民新西兰，2009 年移民美国，现居住于美国新泽西州。从孩子出生到高中阶段，一路陪伴孩子成长；在培养孩子的同时，拿到了两个研究生学位：在新西兰拿到了 MBA，在美国拿到了 MSA。现在正在美国攻读 DM 企业管理博士学位。曾经在美国农业部 USDA 的认证实验室做实验室兼职管理工作，现在是 D&B Group LLC 德本教育联合机构的创始人之一，德本教育的总经理；并致力于国际留学生的寄宿家庭管理和帮助留学生做学业规划。

育有一子一女，女儿现在达特茅斯学院（Dartmouth College）读大一，热衷于保护环境，在大学主修政治和经济双学位，辅修艺术，大学乐队和合唱队成员；儿子在新泽西州一所公立高中读高三，是学校长曲棍球与美式橄榄球校队队员，也是美国红十字会的老兵服务部门新泽西区学生志愿者负责人。

培养孩子全面发展，家长与孩子共同成长

如何帮助孩子融入新环境

2001 年我们家从中国移民新西兰的时候，女儿 4 岁上小学 0 年级（小学预科班），儿子 2 岁在私立的教会幼儿园上学。由于当时年龄小，孩子们对于新的环境的适应比较快；新西兰的奥克兰四季如春，孩子们常年在户外活动，他们更习惯平时手里提着鞋，光着脚走路。新西兰的课程设计生动，老师授课有趣，孩子们每天都很开心地成长着。

2006 年的年底，9 岁多的女儿在新西兰小学 5 年级毕业了。为了庆祝女儿的小学毕业，我当时在美国已经生活了 15 年的双胞胎妹妹邀请女儿到美国去玩。女儿当时真的好勇敢，不到十岁的她自己一个人坐 20 多个小时的飞机去美国，还要在芝加哥等几小时转飞机，好在飞机上下都有服务人员看管她。

女儿被我妹妹安排在美国当地的一所公立小学读三个月的书，来体验美国生活；没想到，美国的教育是"激励"式的，课堂考试多，作业量大，刚刚以优异成绩在新西兰小学毕业的女儿，在美国的公立小学的课堂上却跟不上，各科考试都是 C。

由于我妹妹在美国读的研究生和博士，对于美国的教育体系比较了解，于是就给我女儿在网上找一些数学和英文的练习题每天坚持做，按照她考 GRE 的学习经验，给女儿解析美国的教育考试模式，帮助女

儿建立起来良好的记笔记习惯。女儿对新知识的汲取就像海绵一样。她改掉了自己的旧习惯，一天比一天更能够坐得住，更能够体会学习的快乐。在这样学习两周以后，她的成绩全部都是 A+ 了。她一下子成为了学校的学习明星。校长亲自跟我女儿谈话，将她视为天才，这样就增加了女儿强烈的自信心。

女儿还面临一个挑战就是如何与美国孩子交朋友。我妹妹找来了她的一个美国朋友的上初中的女儿，带着我女儿去跟这些美国孩子一起逛商店。这样一来，女儿才明白了美国孩子都喜欢聊什么，吃穿的文化，以及生活的细节。同时，我妹妹也给我女儿买来好多美国孩子喜欢的衣服，使得她在学校的"知名度"越来越大。女儿就更加有自信了。

我们都以为"以玩为主"的新西兰教育就是天堂式的教育，原来美国的"激励以及开拓"式的教育才更激发孩子的上进心。记得女儿在美国学习生活三个月以后，自己坐飞机回到新西兰。她见到我们就迫不及待地告诉我们：我们家尽快去美国吧，美国的教育真的很先进！

在女儿回到新西兰两个月以后，我带着女儿和儿子先来到了美国。我们鼓励孩子们积极参加学校提供的各种活动。小学 4 年级的儿子在美国的公立小学参加了校内的拼字比赛会（Spelling Bee），对单词的理解掌握是在乐趣中提高的，并且还被学校选为代表，参加了地区电视台举办的单词辩论擂台赛。他不仅上了电视，还获得了地区政府一百美元的奖励。通过激励，孩子们对学习的兴趣更加浓厚了。

为了让孩子们尽快了解美国，以及激发孩子们对未来的憧憬，我们家在刚来美国的前几年的假期，没有去看风景，而是去参观了 30 多所美国著名的私立寄宿中学，20 多所美国的知名大学。通过准备申请学校的资料，以及一次比一次更成功的面试经历，孩子们对自己的优势与不足越来越清楚，对自己的梦想也更执着。虽然女儿得到了几所有名的私立高中的录取通知书以及奖学金，她还是按照自身的需求以及原本的计划，选择了新泽西的公立特殊高中（Union County Vocational Magnet High school）。

在高中期间的转学对孩子来讲是最大的挑战。虽然女儿在特殊高中第一年被选为学生会副主席，并且也结交了许多好友；但是很遗憾，学校没有体育和音乐校队，孩子们放学之后需要坐校车回到自己家参加当地公立高中的这些活动。她觉得这样很不方便，在高二的第二个学期义无反顾地放弃了特殊高中的所有荣誉和成就，转学来到我们当地的公立高中。

我们家当时刚刚搬到新家，女儿在这个小镇没有一个朋友。不过，她通过参加学校网球队、游泳队、数学俱乐部、辩论队、军乐团等，很快就融入了新环境。第二年就被学校选为高中军乐团的指挥，这一位置是我们小镇的荣誉，她打破了"必须从高一就参加军乐团才能担当指挥"这一惯例。她同时还代表学校参加了免费的美国州长夏令营（Governor Camp）。

作为新移民，我们在美国的将近10年里搬了4次家。如果把升学也算上，孩子们每两年就换一所新学校。然而，我们鼓励孩子们参加各种校内的课外活动，包括乐队、体育队、社会义工、兴趣小组，并且出去打工；鼓励他们去开阔眼界、拓展交往朋友的能力、融入新环境的能力，并发现自己的潜能与激情。所以，孩子们在每一次的变迁后都能够迅速地战胜新环境带来的挑战。

领导力的培养：团队精神，契约精神

女儿初二的时候，有一天放学回家跟我说她想参加学校的学生会主席的竞选，但她也知道竞选的难度很大。这所学校是从幼儿园到 8 年级的学校。这里的大部分孩子都是从小一起长大的，大家都很熟悉。同时报名竞选主席的另外 5 个孩子的家长们都在学校的家长部做义工，只有女儿一个亚洲人并且才来这所学校第二年。儿子当时也在这所学校的小学 5 年级上学。

女儿自己设计并绘制竞选海报，还有几个好朋友义务组成她的"竞选团队"。她们列出有可能投票的同学名单，买来好多糖果和小礼物，在上学和放学的时候就在校门口发糖果礼物拉选票。也不知什么时候女儿把自己写好的演讲稿背得很熟，对着她的竞选团队一遍一遍地练习演讲。我们全家都为这个竞选而热血沸腾。当然，儿子也答应姐姐在 5 年级为她拉选票。

竞选那天放学后，儿子先回家告诉我姐姐没有选上；女儿跟她的竞选团队出去散心，很晚才回家。我感觉儿子似乎对姐姐的落选很不安，我询问了竞选过程，他说姐姐在台上很紧张，并且所有同学都认为另外一个美国男孩子（这个男孩子从幼儿园起就在这所学校，妈妈还是学校家长部主席）的竞争力更大，果然那个男孩子当选。

晚上女儿回家了，我感觉到她一下子成熟了许多，而且就如同经历了一场"生死"那样的释然。她告诉我对方就比她多 6 张选票。作为才来这所学校第二年的新生，会有如此接近的选票，老师们都为她骄傲。她告诉我她至少得到了最好的锻炼，这是她人生中第一次上台面对全校 500 名学生和老师演讲，她很紧张，一上台就忘记了讲稿，所以就随机发挥了。她说她一定会在高中继续参与竞选学生会主席。

这时，儿子突然哭了（当时他快 10 岁，就是女儿自己坐飞机第一次来美国的年龄）。他告诉姐姐："对不起，我没有投票给你，而是把票投给了对方。"原来，在投票之前突然有个男同学来找他（应该就是对方的竞选团队的吧），说如果他不选姐姐，他就会得到钱。儿子也觉得对方呼声很高，获胜几率很大，心想"我这一票也不能决定姐姐的成功，不如我得到美元实惠"。

我们都为儿子的举动而震惊。女儿反倒笑了，她说："我们是一个家庭，是一个团队，我的成功也会给你带来许多荣誉。况且，你已经答应了投票给我，你应该对你的许诺负责，这就是你应该遵守的团队精神和契约精神。"我们都看到儿子很后悔自己的行为。

原来，儿子"背叛"姐姐投票给对方，只是为了得到2美元。

经过这件事情以后，孩子们更加团结互助了。女儿也按照她自己的计划，在高一学生会竞选时脱颖而出，获得学生会副主席之席。在高二转学回到本地高中以后，在军乐团指挥的竞选中，她所表现出来的绝对的自信和娴熟的演讲台风，更是力压群雄，使得学校第一次在军乐团指挥这个位置的竞选上，打破了"必须启用从高一就参加军乐团的本地高中生"的规则。

后来，儿子对于团队观念的理解也更加深刻。初中一年级的时候，他在一次比赛中手受伤，有一个多月都是带着绷带上学。然而，他坚持去参加每天的球队训练，虽然他不能训练，但也在场下给队员鼓劲儿，从不缺席，直到手好了回到训练场。无论什么球类，每次训练他几乎都是第一个到场训练的队员；对教练更是言听计从，服从领导，听从指挥，将团队精神发扬光大。儿子在初二就成为了校橄榄球球队的场上核心队员，教练的心腹。

当我们鼓励他在高三转学到新学校的时候，他的第一反应就是"我要效忠我的球队，我不会在新的学校打球"。因为，新学校是我们老镇的邻居，两个学校的球队一直就是"对手"。镇上有个坚持了十多年的传统：两个校队在感恩节上午的时候比赛美式橄榄球。当然，他的老队教练对他这样的"忠诚"大为赞赏，鼓励他在新学校继续打球，并且给新队的教练写了一封高评价的推荐信，新队教练更是对他器重三分。

锻炼孩子的坚韧意志与建立责任心

在新西兰生活的 7 年里，孩子们因为生活的"安逸"而随意发展，喜欢吃高热量快餐食物。8 岁的儿子体重超标，跑步坚持不了 200 米，俯卧撑一个都做不起来，虽然喜欢在户外活动但懒得参加竞技运动。

因为我们来美国的第一年是住在妹妹家，在美国受过良好教育的妹妹和妹夫极力帮助儿子建立起自我意识，利用各种激励手段，满足孩子的小需求，比如买玩具打游戏。从鼓励他做一个俯卧撑，跑步 50 米开始，每天陪着他运动，就这样坚持并且增加强度。两个月以后的儿子可以做 10 个标准的俯卧撑了。

我们还鼓励孩子们去参加了游泳俱乐部，儿子还参加了本地警察局组织的棒球和美式橄榄球运动队。很幸运，儿子一下子就爱上了美式橄榄球运动，一直到现在都是高中球队成员。从高一开始他还参加春季的长曲棍球球队，并且是这两个球队中唯一的中国孩子。他也坚持了在游泳俱乐部 6 年的游泳训练，直到进入高中游泳队才离开了俱乐部。

美式橄榄球是美国高中和大学的热门运动，国家橄榄球联盟（NFL）的超级碗（Super Bowl）是美国人的最爱。橄榄球运动对体能的挑战是很大的：穿着几十斤重的盔甲在烈日炎炎下跑步、投球，以及冲撞；对孩子们的团队合作意识、个人意志力，以及对战术的理解和运用等要求都极高。儿子在这 7 年辛苦的训练过程中，练就了顽强的毅力。

儿子还从高一开始就参加了美国童子军活动。儿子掌握了如何野外救援、求生、支帐篷、搭简易房子、点燃篝火、做饭、系绳子结、攀岩、划水等野外生存技能。童子军在野外露营的地点都是美国童子军注册的国家公园或者指定露营点，那里只有室外公用的洗漱空间。经过多年的野营拉练，儿子变得更有毅力，责任心也更强，并且有野外生存经验和安危意识。

最值得一提的就是儿子因为同时加入军乐团和美式橄榄球队训练而接受的挑战。因为军乐团不仅有自己的各种比赛，还要参加橄榄球赛的活动。橄榄球赛的中间休息时间，就是军乐团的上场表演时间。全校从高一到毕业班的各种秋季体育项目中，只有6个男孩子同时参加体育队和军乐团，儿子是其中一个，当然他也是唯一的中国孩子。我们都为他如此勇敢地接受这样的极限挑战而自豪。我们6个妈妈轮流做晚饭送饭，因为体育队训练是从放学到6点，军乐团接着从6点到9点训练。遇到橄榄球比赛的时候，儿子更是勇于接受挑战，他需要利用自己中场在场下休息的时间，加入军乐团表演萨克斯。

女儿在高中之前也在游泳俱乐部每天坚持训练了5年。她高一开始离开俱乐部参加高中冬季游泳队训练；高一时还被选为秋季网球校队第一双打；从高一到高中毕业坚持了四年的春季长跑；并且高二开始参加秋季的军乐团。到高三被选为高中军乐团的指挥以后，才按照学校要求退出了其他秋季运动。军乐团要求孩子们在8月份的酷暑烈日下就开始排练，背乐谱、记队形、看指挥、听音乐，直到冬季开始的1月份，还要在凛冽的寒风雨雪中训练。女儿作为这个乐队的指挥尤其不容易，要站在一米多高的指挥台上指挥，就是两个胳膊不动也会被晒晕，更何况还要不停地指挥。

女儿在冬季参加学校的长跑和鼓队训练，每天放学先两小时长跑，然后就参加敲鼓排练两小时，周末还有比赛；同时她又是学校高中歌舞剧团现场伴奏乐队的首席长笛，在鼓队训练以后就要加入乐队的排练，经常晚上 10 点才能到家里正式吃晚饭，然后再看书。我曾经劝女儿在 11 年级学习紧张的时候放弃这些活动，没想到女儿告诉我，她不仅觉得参加这些活动很开心，更重要的是她是学校这些项目的负责人，有责任和义务去参加。

音乐和艺术让孩子拥有一技之长

说起音乐和艺术的课外活动，有句话很真实：孩子学音乐和艺术的过程，就是家长花钱孩子花时间的过程。音乐和绘画都是早期开发孩子智力的良好方式，更重要的是让孩子有一技之长。

女儿 3 岁多就开始学钢琴，在来美国的第一年，女儿放弃了在新西兰学习了 6 年的钢琴，选择了长笛。经过每天的刻苦练习，女儿在一年内就拿到了英国皇家的长笛 7 级证书，还获得在卡内基大厅表演的机会。高中时期的女儿作为长笛与短笛手，在新泽西青少年管弦乐团（NJYS）训练 4 年，这个弦乐团在维也纳获得了 2014 年世界青少年管弦乐队比赛第一，同时女儿也被选入新泽西的州立乐团。

女儿在高三暑假参加的耶鲁科学夏令营里有许多来自世界各国的优秀人才，同年被推荐参加的新泽西州长免费夏令营中也都是各个高中的尖子学生，然而女儿精彩的长笛演奏都会在每次的才艺表演中让人记忆深刻。

女儿还坚持学习了 10 多年的绘画。从小学开始，她就参与学校集体活动的设计，她的设计被印刷在高中鼓队比赛以及军乐团去迪士尼表演等活动的 T 恤衫上；她还为一家 SAT 考试培训机构的复习资料封面和卡通人物进行设计。在高中毕业时，她赠送给学校油画《校园记忆》做纪念，并且在当地的新闻上被报道。她还亲自绘制大学的歌唱演出海报。

儿子曾经学习长笛3年，后改为练习高音萨克斯，很荣幸从师美国著名高音萨克斯表演家纳吉（Najee）。纳吉作为回馈社会的慈善之举，免费教授他的弟子音乐，并且他的好多弟子现在都已经以优异的成绩得到大学的奖学金。这些年，儿子参加新泽西青少年爵士乐团的表演，还去教会和老兵医院表演。

培养孩子的推销与管理能力

从小学开始的琳琅满目的募捐活动早早地打开了孩子们的推销意识，这些活动培养了孩子们的谈判技巧和商业头脑。

女儿在高中就参与了美国癌症学会（American Cancer Society）的募捐活动，她是分队队长，领导几十个孩子去募捐。这需要他们决定在什么街区以及商店进行募捐，并且，定时间定地点地去接力募捐。他们从设计到给商店打电话取得募捐资质，到培训同学如何表现、讲话、推销，等等，一路下来就是一个从项目策划到产品推销的过程。

高中军乐团在迪士尼演出需要每个孩子上千元的费用，学校鼓励孩子们去募捐，自己赚钱出去玩：感恩节卖几美元到几十美元的芝士蛋糕，其中一半的收入作为孩子的旅行费。女儿和儿子就利用课后时间，把自己可以想到的亲朋好友列名单，并且在邻居街区走街串巷的敲门。他们一家一家地推销，周末骑自行车跑到稍微远一些的街区（不与同学冲突）销售，最后每个人都得到500美元以上的旅行费用。同时他们还要登记每个人对点心的具体需求，清点现金或者支票的收据，再把钱存到我们的银行账户，由我统一写一张支票交给学校。等到几个月以后感恩节点心到货了，我们还要在学校拿到产品就尽快给客户发放出去。那时候我家的冰箱、冰柜以及我妹妹家的冰柜，都存放着孩子们需要发放的甜点。

上帝的礼物：女儿的耶鲁提前录取被推迟

在女儿被正式录取前，曾经有一段比较难熬的日子。那段时间，身边朋友的孩子，女儿的同学朋友们被提前录取的好消息层出不穷。当时，我在香港，第一次不在女儿身边陪她度过人生中的重要时刻，好在那时老公在美国陪伴女儿。其实，她是和同学一起看网上结果的，我们就是一起分享她的感受而已。

电话中，女儿告诉我她的耶鲁提前录取被推迟（deferred）了，要等正常录取。同时申请耶鲁提前录取的其他 3 名同学中，只有申请音乐和医学双学位的一位同学被成功录取。另一个中国男孩子虽然也是成就一大堆，但也是录取被推迟，还有一个外国孩子被拒绝（rejected）了。

在耶鲁发放录取结果之前，哈佛、哥大、麻省理工和斯坦福等学校都已经发放录取结果，女儿的这些的同学朋友中只有小部分被提前录取了。虽然女儿和我们对这个结果心里已经早有准备，但是我们还是可以感受到女儿的一点遗憾。值得欣慰的是，她在看到录取结果之后，立刻着手准备正常录取，并且把正常录取的学校从原计划的 10 所增加到 15 所，可见她对待挫折的积极心态和处理不容乐观的"严峻形势"时的战术。然后，她就像往常一样，表面上像没事儿似的去参加每周二的排练。

她在邮件中给我写道："I am not sad, only a little embarrassed with

failure this time." 女儿说她不难过，但我们还是感受到她面对失败的尴尬与窘迫。不过，她也写到，她早就知道将在正常录取中申请许多所学校，其中的几所会失败是避免不了的。今天的失败或早或晚都将遇到，这个失败只能提醒我自己更加充分地准备。

对于这个提前录取推迟的结果我其实是非常接受的，因为我们的女儿实在是"非常有个性"。我相信有这个结果对于她的成长是再好不过的"上帝的礼物"，可以磨掉她更多的棱角。

我在知道结果之后，首先做的就是和家人以及我们的升学顾问分析这个"推迟录取"的可能的原因。毕竟，目前的结果说明我们不是最具竞争力的。

最后，我们分析出的可能的原因有如下几点：

其一，轻视考试成绩。因为女儿11年级的假期活动太多，没有参加期末考试，所以学校给她在新学期快开学的时候特例补考，但是女儿没怎么复习就一天连着考了好几科。虽然其他的学科都是A，但是数学（即12年级的AP统计）是88分，是B。我们聘请的私人升学顾问当时就说，因为11年级的成绩里有B，如果女儿能被耶鲁提前录取就只能说明她是非常幸运的。即使女儿在12年纪已经拿到了AP统计的5分满分，依然没有改变结果。可见全A对于亚洲孩子被藤校提前录取的意义重大。看来这次她不走运，但这是好事。

其二，女儿不采纳升学顾问的建议。我们的升学顾问是在美国常春藤大学顾问领域久负盛名的老美，毕业于布朗大学，做这行已经十几年，非常权威。但是，女儿却比较相信她自己。顾问告诉我们，女儿是唯一在他给改完了文书以后，不递交他稿子的学生。女儿认为顾问的文书写得平铺直叙，没有品味，她自己的文章总是幽默诙谐，充满青春气息。但是，我们顾问已经重申了好多遍，女儿的文章不适合申请大学，因为6—7人组成的评审团是背景不同、口味不同的人，如果要大家都喜欢，走中庸之道是上策。

其三，女儿在申请大学时选择兴趣专业为未决定（undecided）。女儿本来喜欢科学，但是经过州长学校（Governor School）之后发现做实验很无聊，所以在大学申请时，专业一栏填写了未决定。虽然我们的顾问一直告诉我们这样也可以，但是他强调说，如果没有专业兴趣，就失去了核心竞争力。女儿的所有课外活动、志愿者活动，以及暑期活动，都是以科学为主的。我已经劝说她可以先选择科学作为敲门砖进入大学，然后再选择自己喜欢的专业也不晚。但是女儿还是坚持自己的决定，填写未决定，因为她不想跟学校撒谎。

其四，女儿所在的高中，去年刚有一个学生被耶鲁提前录取，然后又被麻省理工和斯坦福正常录取，当时她最终放弃耶鲁去了麻省理工。我们小镇的这所学校一届就120—150个孩子，几乎每一两年就有一个学生被耶鲁提前录取，但是因为去年的这个学生选择了麻省理工，大家都猜测耶鲁今年会限制女儿这届的提前录取名额。

我们的分析结果表明，集中力量表明自己的优势，是下一个申请周期的侧重点。女儿也表示，这回正常录取，她会听取顾问的意见，并且将科学作为她未来所学的科目。

在这个提前录取被推迟的事件中，我们发现女儿变得更加成熟，这超出我们的预期。她告诉我们，生活早已经教会她面对失败和挫折，心里受到打击是难免的，因为那毕竟是自己曾经的梦想。但是在失败之后，要看到希望和更多的机会。根据她现在的分析，如果提前录取被推迟是由于第四个原因，她的正常录取也会受到影响，所以她已经调整好心态去迎接任何一所接受自己的学校。所以，这次提前录取被推迟，真的是上帝给的礼物啊。

言归正传，我们做家长的更是要正确理解美国的提前录取方式，被推迟录取或者被拒绝录取，对于孩子都不是天塌下来的事情。毕竟我们知道孩子自己的优势和特长，帮助孩子找到适合自己的学校就是我们的任务。可以申请的学校很多，希望和机会永远摆在我们面前。

上帝给我们关上一扇窗，是因为他已经为我们打开了一道门。鼓励我们的孩子，在失败中发现并挖掘自我的价值。其实，我们家长也是这样啊。

家长与孩子共同成长

世界上永远没有太晚的事情。

我在新西兰生活的 8 年间，因为丈夫经常在国内做事，很多时间都是我自己带两个孩子在新西兰生活，当时儿子 2 岁，女儿 4 岁多。记得当我在新西兰决定要去攻读 MBA 的时候，好多朋友都不理解我为什么要那么辛苦。因为我学的是周末的课程，从早晨 8 点到晚上 5 点，连续两天，我就将孩子托付给一个教会朋友的家庭。他们家 5 个孩子，孩子爸爸是大学教授，经常带着全家在新西兰和欧洲讲学。他们家不在新西兰的时候我就休学照顾我家的两个孩子们。这样断断续续地坚持学了 4 年的 MBA，终于在我家移民美国的前几天，将毕业论文答辩通过。

2009 年，当我们家在美国安顿下来以后，我就开始了 MSA 的学习。这回是网上的课程，非常方便，又节省了通勤的时间，更适合我这样的孩子家长，工作生活都不耽误。别人晚上有时间上网聊天、看电视、看电影，我就在家里夜深人静的时候学习，学习的教材也是在网上，非常经济实用。没想到，我越学越来劲儿，现在我在读企业管理博士了，已经读到第四年了。我争取在儿子高中毕业时，我也能博士毕业。

家长们都希望孩子积极做事，但是不要忘记，家长的言传身教才是最好的教育。记得以前我曾经督促孩子们锻炼身体，练习音乐；经常管教孩子要坚持。孩子们就跟我说过：妈妈，你说游泳对身体好，你怎么不去游？你说吹笛子要练习，你吹一个！后来当他们听说我也在读书，他们就不反问我了。当我督促他们写作业的时候，我就会说：今晚我要熬夜写作业了，你们没事就别打搅我。这样一来，孩子们也乖乖看书去了。

更让我感动的是，在女儿申请大学面试的时候，面试官都在问她为什么会有这么大的动力去参与那么多学习以外的活动？她非常自豪地跟他们谈论起她的妈妈，她告诉面试官们，是看到了妈妈积极的人生态度，才激励了她对未来有如此强烈的信心。

当孩子们都上了大学，好多家长都说家里空巢寂寞，我相信到那时我会让自己更充实的。因为，到那时，我才终于有机会来实现自己的梦想。我希望让我们的藤妈分享走遍世界，将藤妈的育儿经验与理念，带给更多需要"他山之石"来借鉴的父母们。

最后，祝福所有的家长与孩子们一起成长！

　　杜梅，于上世纪 80 年代末赴美攻读研究生。研究生毕业后，一直住在新泽西州，育有一子一女。女儿鲍嘉璐（Karen Bao），于 2016 年 1 月与 22 位应届毕业生一同被选入大学优秀生荣誉学会（Phi Beta Kappa），2016 年 5 月毕业于哥伦比亚大学，荣获哥伦比亚大学最高荣誉毕业生奖（Summa Cum Laude）和环境生物系最优秀毕业生奖。女儿热爱音乐和文学，2012 年 6 月毕业于曼哈顿音乐学院小提琴预科班，在高中的最后一学期，写出了"月球三部曲"（Dove Chronicles Series）的初稿。历经了四年多的努力，该套书的前两本《月球人》（Dove Arising）和《流亡的鸽子》（Dove Exiled）已由企鹅兰登书屋出版发行，其他五种语言的版本也已经陆续发行，第三本也将于 2017 年出版。儿子目前是普林斯顿大学重量划船队和联合国模拟队的队员。

跟随女儿写作的过程和我得到的启示

最近为了准备这篇文章，我整理出女儿 Karen 出版的书，摆放到家里的书架上。每次看到这些不同版本、不同语种的书和磁带，我还是觉得有点恍惚。这些书，竟然出自我眼里的这个小姑娘。我和先生都是学理科的，孩子们也对理工科充满好奇，我一直以为，他们也会沿着理工科的路走下去。可是，一不留神，家里出了个小作者。女儿 Karen 在卧室的地毯上、宿舍的床上、大学的图书馆里，竟然写下了几十万字的故事。书稿修改了无数次，最后，竟然幸运地出版了。这四年多来，我看到了她的辛苦，也曾经小心翼翼地反对过，可是她一直乐此不疲。四年的大学生活，Karen 忙碌地活跃在写书和上学之间。

因为 Karen 的书，我也得到了这次分享女儿成长经历的机会。Karen 走的路，对我们来说，至今还是非常陌生。我利用自己"近水楼台先得月"的优势，常常有机会问问她书中的故事情节，我常常被她的神奇想象所震惊。我刚刚开始了解我眼中的小姑娘作为一个作者的一面，我自己也还在思考和回顾。我想我就用生活中的小故事来尽力分享我在跟随女儿写作的过程中，所得到的一些感受和启示。

我常说，Karen 出书是个意外。尽管出书是个意外，可书中涉及的内容却是我们一家人都非常熟悉的，书中的文字是她多年思考的自然流露。许多她常常在家里谈到的话题——环境问题、人类的未来、挽救海洋生物，都体现在了书里。她书中故事的主角是我们亚裔，拥有东方式的细腻情感，她曾经就谈到过敬佩内向但内心强大的朋友。这些她长久思考和关注的问题，都被她编织到了"月球三部曲"的故事中。在她尽情忘我地写作时，我们从来没有想过或谈到过出书这件事。她的写作欲望，实在是抑制不住。

自从 Karen 的《月球人》精装版于去年 2 月发行后，我参加了几次她的活动。当我坐在台下听她的座谈，我常常被深深地感动。如果 Karen 不是我的女儿，我想我会是她的忠实粉丝。

因为 Karen 的书，我收到了许多家长的分享，知道了我们在美的华人中，有许多才华横溢的孩子，写作都非常出色，也知道了很多家长和我们一样担心写作之路的艰难。我们经历了被动地看着女儿写作的过程，从惊讶、担忧、无奈、守望，一直到现在，学习着去支持她。也许，我们可以与更多的家长一同分享，互相支持，一起学着支持我们的下一代去追梦。真心希望能看到更多我们华人的孩子，拿起笔来，表达他们的声音，写出我们的文化和我们的生活。

跟随女儿写作的过程

四年多前，我和女儿对话的情景还是挺清晰的。Karen 告诉我，她写了一本书，叫《疯狂行为》（*Lunacy*）。我顺嘴说咱们家现在好像是挺疯狂的，当时，我们俩还乐了半天。那是 2012 年的新年刚过，先生过完年就回中国工作了。我那时的工作要常常出差，儿子则刚刚升入镇上的高中。我们正在纠结是不是等到女儿 6 月份高中毕业后，就回到中国去生活，所以说当时家里挺"疯狂"的。笑过之后，Karen 告诉我，《疯狂行为》是她的书名，先这样叫，听着好玩儿。她要写的场景和要写的故事太多，这个名字挺合适的，并且她还在写两本续集。

这一串连珠炮，打得我头晕脑涨。我不知道说什么好。记得一个朋友曾告诉过我，保持和孩子的沟通渠道畅通非常重要，千万别表现得大惊小怪，把孩子分享的乐趣吓没了。所以，虽然我当时挺吃惊的，但也没敢多说什么。只是机械地建议她，还是功课重要，休息重要。

Karen 从小就喜欢表达。无论是跳舞、唱歌、画画、游泳、武术，还是拉琴，都是她喜爱的活动。因为是在先生公司的幼儿园长大，她很幸运地有机会在幼儿园尝试这些活动。让我记忆犹新的是，Karen 和小提琴结缘的场景。Karen 四岁时，我们去逛镇上一年一度的集市。街上有好多孩子们的娱乐场。当我们路过一群小朋友的乐队时，看到好多小朋友一同拉琴。Karen 站在那里看了好久，一直到小提琴演奏结束，她还舍不得离开，一定要这个玩具。从那次逛集市之后，Karen 就迷上了小提琴。她一直以来的愿望就是成为职业小提琴手。12 年级时，她已经如愿地考上了音乐学院，我以为她正踌躇满志地准备在大学里读环境生物和小提琴的双学位。可怎么又写书了？而且已经写了几万字，好像还刹不住车。我知道她一直喜欢写作，也陆续写过五六次小说了，也会和朋友们分享，但就是写着玩儿，好像也都没有完成。可是，这次的写作和以前不同，她不停顿地写了两个多月，整个人完完全全生活在她自己编的故事里了。

当我看到几万字的厚厚的书稿时，听着女儿滔滔不绝地讲述着她的故事时，虽然我听不进去她讲了些什么，可是我清清楚楚地知道，这次我根本无法阻挡她。Karen 完全沉浸在她的故事里。她会为书中的人物高兴、烦恼、流眼泪。我可以感受到她创作时的激情，却理解不了她怎么会把自己融入到了自己编织的故事里。看到她每天恍恍惚惚，我总忍不住想去阻止她，小心翼翼地反对她继续，可又心疼她的投入，真是矛盾。只能反复地提醒她，功课重要，按时休息。

去年，我陪她去接受茹月的采访，第一次知道她当时写作的艰辛，而且许多困境居然是我造成的。例如，我叫她晚上按时关灯休息，可她兴致正高，停不下来，她就只好把灯关上，坐在地上，然后躲在自己的被子里继续写，一直写到深夜甚至凌晨。那时，我早出晚归，回家时，她都关在自己的房间里，我基本上见不到她。见到时，她也是心不在焉，神游到我不懂的地方了。

我们不知道如何面对这个突如其来的变化。因为先生回国工作，我又常出差，自顾不暇，也顾不到她。可这段时间，Karen 自己一步一步地在做许多艰难的选择：她找到了经纪人，暂停了音乐学院的学习，决定按计划开始她主修的环境生态的大学生活，一刻不停地创作和修改。

整整大学的第一年，为了不影响室友，她的写作都是在宿舍的床上。不知道她改了多少遍稿子。她的室友告诉我，每个周末，她一觉醒来，发现 Karen 正生活在月球上。她的室友觉得她像个苦行僧，绝对是"疯狂行为"。

我看着她兴奋地投入到写作中，真是很担心。第一年离家在外，第一年大学生活，本来就是个挑战。况且，这一年的创作，谁也不知道会有什么结果。当时连她的经纪人都不知道，是不是会有出版商感兴趣出版一个 18 岁孩子的作品。所有的朋友、老师，包括她的经纪人，都觉得 Karen 的创作力惊人，但太辛苦了。不过，对 Karen 来讲，她确实是"乐"在其中。现在家里还留了一些她的夹子，封面都是她自己画的。她调侃自己的书名为"疯狂行为"，调侃自己的修改想法是"机密文件"，和编辑的通信都被放在命名为"黑手党手稿"的夹子里。我看得出她有多开心多投入。

Karen 是幸运的，大学第一年的暑假，她竟然有了几个出版社可以选择。最后，她签给了企鹅出版社，并且是三本书的合约，按照合约，她将每年出版一本书，包括精装书，还有录音书，还要准备平装书的附加材料。随着第一本书的出版，各种事情纷至沓来。她要外出参加书展、接受采访、受约撰稿和讲课，完完全全是一个全职工作。我虽然心疼，但也很敬佩孩子，她勇敢、无畏、简单、执着，似乎有着无限的能量。现在，她的第二本书已经出版了，真有点不可思议。

在Karen的访谈中，我听到许多她常常在家里谈到的话题。

首先，是关于环境问题。Karen从小喜欢恐龙，她小小的年龄理解不了为什么恐龙会绝迹。在她8岁时，不知道她在哪里看到了一个说法，说太阳系会在4亿年后毁灭。8岁的她，没有时间的概念，她吓哭了。她从小一直尝试着了解环境有关的问题。3年级开始，一直参加学校的环境俱乐部，每天去各个教室回收纸张。她喜欢读书，阅读了许多大自然的书。我们也坚持和她在每周六一同观看美国公共电视台的大自然节目。爸爸喜欢爬山，我们经常到大自然中"游山玩水"。10岁时，她自己选择了一个生态环境夏令营。在那个夏令营，在泥水和沼泽中，她把自己晒成了个小黑孩儿，也开始了她至今仍坚持不懈地对环境的探索和思考。考大学时，她选择了生态环境科学，一心想为自然环境改善做出自己的努力。

其次，是关于人类的未来。Karen常常担心环境变化带来的后果。如果自然资源真的耗尽，人类会怎么生存？社会环境会是什么样子？在书里，她构想了一个资源有限的月球社会和一个环境被严重破坏了的几百年后的地球。这些，正是她常常和我们说起的担忧，是她多年来思考的产物。

第三，是关于挽救海洋生物。Karen喜欢海洋生物，在她13岁那年的夏天，她选择参加了一个为期三周的海洋夏令营。8年后，她又选择了关于海洋生物的毕业论文题目。去年，她和导师去了一个偏远的太平洋小岛，与世隔绝地做了 4 个星期的海底采样，为的是研究现代世界给海洋生态带来的变化。这些为挽救海洋生物所做的工作，也被编织在她的故事里。

第四，女儿书中的故事主角是亚裔，内向但内心强大。Karen 有几个非常亲近的朋友，常常会来家里玩。她们聪慧、坚强、执着，却也非常内向。常常听 Karen 讲她们的故事。多年来，Karen 总是期待多几个花木兰的故事。她的小说主人公是华人的后代。这是她一直想为自己和朋友们写的故事。

写作对我们来讲是完全陌生的。我们要支持孩子，同时，这也是我自己的学习机会。最近几个月，从最近认识的这些妈妈身上学到许多东西。让孩子走自己的人生路，是直，是弯，只要自己用心走，就会看到独特的景色。我们做父母的，只有支持。

孩子的成长需要一个社区的共同努力

"It Takes a Village." 是约鲁巴的谚语，它的意思是孩子的成长需要一个好的社会环境，需要一个社区的共同的努力。

Karen 出了书，书中描述的是我们关心的问题，主人公又是我们这一代留学生的后代，我也为她感到骄傲。可是 Karen 写书的事，我也完全陌生，我实在没有能力谈如何"教育孩子"，甚至写这篇文章，我也觉得自己有点心虚。我和先生都感恩，我们和孩子们一直生活在一个幸运的"Village"（社区）里，无论是学校、老师、朋友还是邻居，都非常好。孩子出生的时候，我们刚刚从学校出来，远离我们的父母和亲人们。那时候，是朋友的父母帮助我照顾婴儿时期的 Karen；是周围的邻居帮助我照看下午放学的孩子们。当时，我们还觉得自己是临时生活在异国他乡，可幸运的是我们遇到了令人感恩至今的"Village"，也让我们慢慢地安下了家。

我们的两个孩子都是在先生公司的幼儿园长大的。他们人生中的第一句话是跟幼儿园的阿姨学会的，每天和阿姨在一起的时间比和我们在一起的时间多得多。记得 Karen 3 岁时，她最喜爱的老师来自布鲁克林，结果 Karen 就说着一口地地道道的纽约布鲁克林口音的英语。孩子小的时候，我常常有负疚感。现在回过头来看，我非常感激这所幼儿园。我们的两个孩子在那个大家庭长大。他们得到了许许多多幼儿园老师的爱，得到了许许多多小朋友的友谊。没有亲人在身边，但他们并不缺少爱。

在 Karen 就读的公立小学，她幸运地遇到了很多热爱教育的好老师。在她 1 年级时，库克女士看 Karen 学习超前，无聊时常常在自己的手上和腿上画画，但库克女士不但没有责备她，反而给她出了个主意，让她自己带些纸，上课时在旁边随便画。然后，又帮 Karen 用订书器订起来。让她带回家一本"书"。前一阵，Karen 开玩笑说她是小学一年级开始创作的。慢慢地，班里其他孩子也开始自己画"书"。后来，老师们还申请到一笔钱，为每个孩子印了两本书。那是 Karen 的"第一本书"，在她 6 岁的时候。时隔 14 年，她出版了这本《月球人》。在访谈中，她常常提起这位小学一年级的恩师。

我们自己独自生活在美国，思念国内的亲人朋友，但也庆幸周围有与我们一起成长的大家庭。孩子小的时候，我们与周围几个家庭相处非常好，逢年过节，孩子们都在一起；夏天度假，也一起开车去；暑期时，我们轮流值班带孩子；有了困惑，大家常常一起出主意。去年夏天，Karen 回到她从小长大的图书馆做活动，她一同长大的小伙伴，也努力赶来参加她的书会。几个孩子站在一起，个个都比我们大人高。看到这些一起长大的孩子，我非常感动。

我得到的启示

陪伴孩子长大的这 20 年，我庆幸自己又重新经历了两次成长：一次跟随着女儿成长，一次跟随着儿子成长。两个孩子有许多共同的地方，也有着各自的喜好。我好像一直在跟随，却根本跟不上。现在，孩子们生活在大学校园，生活丰富多彩，每每聊天，我总是觉得是孩子们在带着我重新看世界。他们见到的世界比我更广，看得比我也更远。我真的感激和享受做这个跟随者。孩子出生时，我自己一无所知。刚刚学到一点点，他们已经离开了家。我想，这些年，我得到了以下几点的启示。

第一，保护孩子的好奇心。好奇心，是我们与生俱来的。随着我们的成熟，不知不觉中，那份热情渐渐会减少了。与其说父母要激发孩子的好奇心，不如说我们做父母的要保护好孩子的好奇心。孩子小的时候，我似乎可以无忧无虑地享受着孩子的好奇心。可是孩子长大后，尤其是上了高中，来自学校、同学、朋友的影响，会时时挑战孩子们。如何去守住儿时的好奇心，更多地成了我们家长的功课。外面的噪音大，家里的"过滤器"要有效。我想，我们在家里至少可以创造条件让孩子健康自由地追逐和好奇。现在，看到孩子们乐此不疲地做着他们喜欢的事，我想，强烈的好奇心不仅是在校学习的动力，也给他们的生活带来很多快乐。

第二，留给孩子遐想的空间。去年，Karen 在接受 NBC 采访时提到，爸爸小时候每天给她读阿拉丁的故事，我听着挺感动的。两个孩子小的时候，我们每天晚上都会给他们读半小时书。因为白天孩子们在托儿所，晚上我们再忙完家务，我们和孩子们相处的时间太短了。所以我想珍惜这个半小时，让他们"博览群书"。可孩子们却常常盯住一本书，他们常常会连续几天甚至几个星期，每天都选同一本书，让我们天天读。我每每拿一本新书，她就一定找回"阿拉丁"。那时，我已经读得想把书扔了，于是，就换上先生来读。爸爸耐心好，不知读了多少个晚上。直到有一天，两岁多的女儿把书背了下来。她开始给爸爸"读"了。这个习惯到她长大了一直保持着，她经常是喜欢的书会翻来覆去地读。儿子有着完全相同的经历。他喜欢的书读到损坏了，还要再去买一本新的。现在回过头看，那种重复，正是孩子在体会，在自己想象的空间里驰骋。我庆幸，我和先生"轮番上阵"，不断重复，没有堵住孩子的遐想空间。这些自由想象的乐趣，会根深蒂固地留在他们的生活中。

第三，勇于尝试。孩子们的世界，简单、纯真、无畏，让我感动。他们敢于尝试新东西，从中得到许多欣喜和满足。他们没有那么多负担，可谓无知无畏。从他们身上，我自己学到了勇于尝试。说来好笑，我自己两次离开稳定的大公司，和同事们一同创业，居然是受了当时孩子们的激励。其实，有些事，只要尝试了，就是最大的收获。迈过了自己这道坎儿，其中的快乐就会成为孩子自信的源泉。

Karen从来不乏让我吃惊的尝试。去年冬天，为了做毕业论文，她开始学习深水潜水。每每听到她在海底看到的神奇世界，我还是在兴奋之后，浑身紧张得发冷。可是Karen自己陶醉于其中。她所看到的精彩，激发着她从事海洋生态研究的热情，也让她有了创作下一本小说的灵感。她已经急不可待地开始编织着另一个故事了。

第四，不懈坚持。从孩子们的经历中，我得到了这个启示。好奇心、遐想和尝试，可以带给我们短暂的快乐，而长久的自信和快乐，来源于我们要做出选择，并不懈地坚持下去。

Karen 从四岁多就拉小提琴，她每天都要拉琴，她为小提琴起名 Stella，Stella 跟随她去中国，去露营，与她形影不离。这样的坚持，让她无数次成为不同乐队的首席小提琴手。16 年来，给了她无数次为公众表演音乐时的忘我享受。音乐带来的感动和享受，伴随着她的成长。虽然她 3 年前放弃了音乐学院的学习，但练琴过程中的不懈坚持，已经融入了她的生活。

这本《月球人》，从四年多前的初稿，到去年的出版发行，又写又改，她经过了无数个不眠之夜。Karen 写作时，每个字都要力求完美，有时，编辑要砍下大段的故事情节，她要忍痛"割爱"，我都为她心疼。可令我惊讶的是，她流泪，但从来没有一次抱怨过。我想她更大的收获是在这个过程中吧，她的努力、学习、交流和成长。她的坚持本身，可能就是她最大的收获吧。这样的坚持，让我也学到很多。坚持后的快乐，会是孩子继续尝试的动力源泉。

都说"以书会友"，而我是以"Karen 的书"认识了许多新朋友。这些新朋友给了我许多启发。在准备这篇文章的过程中，我遇到了几位一见如故的妈妈。她们睿智、美丽、幽默、勤劳，她们培养了优秀的儿女，自己的生活也美丽精彩。她们的鼓励让我竟然敢于试图用中文开始写这篇小文。这是一本关于"藤校"的书。而藤校，在女儿和儿子口中，谈得最多的是，丰富的学校资源、让人兴奋不已的校园活动，以及他们遇到的那些执着、热情、才华横溢、勤奋努力的同学们。他们与他们的同学们是真心是要为社会付出，并去改变世界的。进入藤校，是孩子们的运气。我觉得，藤校给了孩子们一个平台，给了他们宝贵的经历。但是，藤校只是给了他们一个起点。祝愿我们的孩子走出各自精彩的路。无论路是直的还是弯的，只要用心走，就会看到独特的景色。

龚晓红，笔名子帆。1977 级音乐专业本科生，毕业后于北京师范大学深造，学习音乐教学法。赴美前在师范院校和艺术院校教授音乐。1987年赴美，获小提琴演奏硕士学位。曾任交响乐团第一小提琴、青年交响乐团指挥、公立中学乐队老师和合唱团指挥。1992 年秋，她创办了美国东南区最早的，也是迄今最大的教授简体字的中文学校，历任总校长、理事，任教二十余年。2011 年和 2013 年被国务院侨办授予海外"华文优秀教师"称号、应邀参加海外华文教育杰出人士在北京等地的活动。2015 年创办红帆中文学校。

儿子 Dale，毕业于普林斯顿大学理论数学专业，于库朗数学研究所完成理论数学研究生课程，目前在芝加哥期货交易所（CME）工作。女儿Eileen，现为杜克大学三年级学生，暑假在摩根大通银行总部实习。Eileen目前是杜克大学商务专业女学生联合会（Duke Association for Business Oriented Women）的副主席。

伴随孩子一起拓展视野

从女儿参加危地马拉援外项目谈起

危地马拉援外之行

2014年寒假，刚满19岁的女儿Eileen报名参加了学校组织的暑期"援外"项目。她根据自己的专业和志向，选择了到危地马拉的援外工作，作为该年暑假实习的首选。Eileen很快便被录取了。女儿接到通知时喜出望外，第一时间打电话告诉了我们。在与她分享成功喜悦的同时，我和她爸爸心里隐隐约约产生了种种顾虑：危地马拉的时局、治安、卫生状况、生活环境和医疗条件等，让我们实在放心不下。Eileen非常独立，她从高中第二年起，所有的决定都自己做，包括报考大学时，提前决定（Early Decision，ED）首选杜克大学，都是自己先决定，然后让我们"服从"她的选择（尽管过后我有过抱怨，但也只是徒劳）。这次报名到危地马拉参加援外活动，我们的顾虑主要是这个国家有很多不确定因素，因此我曾试图让她改变主意，但得到的反馈却是："我就是要到最艰苦的地方去。"美国教育卓有成效，尤其是"通识教育"，孩子上大学才一年多，扩大了视野，看问题、做事情都有了自己的角度。

杜克大学的这个援外项目是比尔·盖茨夫人创立和赞助的，尽管已有十几年的历史，但其艰苦的程度不曾减弱。在孩子申请这个援外项目时，学校对此给予了充分的说明，出发前组织机构对参加的学生进行了集训，部署了所有防范的措施，打了各种疫苗，发了多种应急药品……尽管这样，绝大多数的援外学生到了危地马拉还是经历了艰苦的适应期，主要的困难是身体的各种不适反应。有的同学的不适反应严重，引发了其他的疾病，由于当地的医疗条件落后，无法处理，只好立即返美进行治疗。

我女儿Eileen到了危地马拉的第十二天突然给我打电话，出国后那是第一次。她出发前就说好，到了危地马拉由于条件不允许，不便给我们打电话。记得打电话的那天是一个星期五的下午，忘了是紧张还是激动，我的手有些颤抖，当时正在开车，便下意识地将车速放慢。我急切地问："琳琳，怎么啦？"她说领队今天让她给爸爸妈妈打电话。接着听到她轻快地说她刚刚过了适应期：肠胃没事了、烧退了、炎症去了，药也吃完了，身体基本适应了。原来领队和Eileen都懂得"报喜不报忧"的道理。后来才知道，刚到危地马拉艰苦的适应过程是Eileen记事以来最为艰难的经历，为了不让家长担心，领队一直等到过了适应期才准许孩子给家人打电话。

到了危地马拉，他们的工作是帮助当地人学习做生意，开发产品，并做好营销、市场和销售等几个环节。这些需要帮助的小企业都是在"深山老林"里，他们每天必须早晨5点起床，翻山越岭，徒步四五十分钟到达工作地点，下班后再步行回家（住在当地人的家里）。当她从危地马拉回来的时候，她的双脚都是炭褐色的。她们每天来回行走的路全是黑炭和灰土，而且几乎每天都下雨，再加上她们几天就换一个住宿的地方，不仅徒步行走还要带上自己的行李，可以想象当时情况的艰难，也因此在她的双脚留下了深深的"烙印"。回来后她告诉我，虽然穿着运动鞋，但是每天都在跟黑炭和灰土打交道，脚上的颜色"一天更比一天黑"，短时间内是无法洗掉的。由于危地马拉的环境、卫生条件差，蚊虫极度狠毒，据 Eileen 后来说，穿着衣服、裹着毯子都抵挡不住蚊虫的"袭击"，她的身上因此留有数不清的蚊虫叮咬的痕迹。

尽管工作和生活条件都非常艰苦，但是在几次与她的视频谈话中，Eileen 总是说工作很有意思，吃的也都是健康食品（多为豆类和蔬菜）。她从不埋怨，也丝毫没有流露过对生活不便的抱怨，只是在第一次打电话时因为感受强烈而脱口而出："美国实在是太好了，我们真的很幸运！"

两个月过去了，女儿圆满完成了任务，平安回到我们的怀抱。那些天，只要一有机会她总是兴致勃勃地给我们讲那些难忘的经历。虽然她脚上的炭褐色、身上被蚊虫叮过的印迹会随着时间的流逝慢慢淡去，可是那满满的记忆和她那经过磨炼的意志，将伴随她的成长焕发光彩！

高中回顾

暑假又到了，几天前我和先生刚到学校接 Eileen 回家来。Eileen 今年三年级了，回想她这三年的学习历程，我们无不为她感到自豪和骄傲。Eileen 是家里的老二，哥哥 Dale 在她上初中时上的大学。哥哥自幼喜爱音乐和数学，上高中时是佐治亚州高中交响乐团和亚特兰大青年交响乐团的首席小提琴，曾经应著名指挥家郑小瑛的邀请，与厦门爱乐交响乐团合作在厦门举办独奏音乐会，获得过奥林匹克数学竞赛佐治亚州的冠军（他完全靠自学完成了数学经典教材 *The Art of Problem Solving* 的所有练习）。Dale 被普林斯顿、麻省理工学院等多所著名学府录取，由于酷爱数学，他选择了普林斯顿，并毕业于普林斯顿数学系理论数学专业，后来又在库朗数学研究所完成理论数学研究生课程，目前在芝加哥期货交易所（CME）工作。哥哥的整个成长过程对 Eileen 来说是一个榜样，但也自然成为一种无形的压力，我和先生都意识到这点，尽量不让她过早地感受到这种压力。在 Eileen 小学、中学期间，我们注意养成她的一些学习习惯，除了要求她每天要定时练习小提琴以外（她一直在我的指导下学习小提琴），其他的方面都没有硬标准，目的是不让她有太多压力，也让她有自己的空间寻找自己的兴趣与爱好。当然我们还是时常提醒她要努力学习，今后做一个对社会有用的人。Eileen 在初中时期也顺利地考进了佐治亚州中学生交响乐团。我们曾鼓励她：如果喜欢，以后学习音乐，当一名音乐老师也很有意义，能为别人带来愉悦。她也一直以她中学音乐老师 Dr. Bucket 为自己的楷模，至今她仍认为 Dr. Bucket 是她上大学前最为难忘的中学老师。她热衷于许多社区服务的活动，结交了很多朋友，参加聚会和外宿（Sleepover）等活动成了她的家常便饭，就这样，她在非常宽松的氛围中度过了她的中小学学习阶段。

然而，在高中第二个学期有一件事情使她有了很大的转变。她和哥哥一样喜欢数学，参加了学校的数学俱乐部，代表学校参加了几次校外的比赛，并取得了好成绩。但是在后来的一次赛前队员选拔中，负责数学俱乐部的同学突然以 Eileen 没有上过校外的数学补习课为由，要取消她此次比赛的资格。尽管后来学校老师纠正了这种错误的做法，但 Eileen 顿时意识到我们对她的要求远不如身边很多同学的家长对自己孩子要求高，她甚至责怪我和她爸爸为什么老是催促她早点睡觉，而不要求她抓紧时间多学习。她和我谈了学校发生的这件事，我首先表示，我和学校的老师一样认为负责俱乐部的同学的做法是不对的；其次我提出，如果你认为有必要，妈妈可以送你去上校外补习班。然后我向她解释，之所以没有送她去上补习课，是因为哥哥从来没有上过校外的课，哥哥在高中阶段数学方面的成绩和荣誉，完全是个人的兴趣和自学的成果。如果爸爸妈妈把你送去上补习课就是认为你不如哥哥，如果学了以后还不及哥哥好，那就是给你增加压力。我告诉她，每一个人都有自己的长处，你可以根据自己的特点做自己擅长做的事情，设计出自己亮丽的未来。

Eileen 的优点是善良、待人宽容，有很强的亲和力，乐意帮助别人，每一个时期都能交到许多很亲近的朋友。她对待朋友的原则是：只要是我喜欢的好朋友，我就认同他的优点，同时也接受他的缺点。Eileen 的年龄比班级里的同学小了一岁多，她小小年纪就能有这么成熟的交友态度，令我们欣慰，让我们看到她健康成长的一个侧面。她在高中的后面几年学习特别努力，而且，除了每周六参加亚特兰大青年交响乐团的排练演出以外，她几乎把她的课余时间都用来参与社区服务和公益活动，帮助学校和社区做了很多有意义的事情。

大学规划

报考大学时，Eileen 的 ED 选了杜克大学，Early Action（提前行动，EA）选了芝加哥大学，外州州立大学选了加州大学伯克利分校，本州大学选了佐治亚理工大学，结果四所大学全都录取她。她接到杜克大学发来的录取通知时，高兴得又蹦又跳，激动得都哭了，可是我却有些失望，因为这意味着她不能再报考其他的学校。当我责怪她先前没有把杜克大学作为 ED 的想法跟我沟通好时，Eileen 向我们解释了她选择杜克大学作为 ED 是基于什么考虑。她说，每一所大学都有自己的长处，而她很早就喜欢杜克大学，因为许多朋友告诉她，这所大学为学生提供了丰富多彩的校园生活，有各种各样的学生组织，校园文化很宽松，鼓励学生与来自美国乃至世界各地不同背景、不同文化的同学密切接触、交往交流。她说她不喜欢整天做学问以及书斋式的生活。入学后，从她每年暑期回家向我们展示的照片中可以看出，她的交友范围很广泛，白人、黑人、印度裔、东亚裔、拉丁裔，等等，形形色色，包容性极大。通过融入丰富的校园生活，参与各种学生会、俱乐部的活动，以及与背景不同的同学广泛交往，本来就善解人意的她有了更加友善、开放、包容的心态。她一直对我们强调，任何先入为主，以对某一肤色、族群的传统观念或刻板印象为基础对一个人作出判断的做法，都是错误的。她的朋友们也给予她极大的帮助。Eileen 很早就规划好了大学三年级要做的事情。她说，根据朋友们的经验，她三年级秋季学期要挑选较轻松的课程，因为她要花很多的精力和时间为来年暑期实习工作做准备，留足时间来应赴金融机构的面试。后来事实证明，她这样做是对的：三年级上学期，她一个月里去纽约面试就跑了六趟。面试前，她的许多朋友，甚至远在国外参加海外学习项目的同学，都轮流帮她进行模拟面试，每个人花一两个小时的时间帮助她熟悉面试的过程，准备应付各种可能会被问的刁钻问题。她告诉我们，现在她也在帮助下一届的同学准备面试，这是她的义务，也是她决心传承下去、发扬光大的传统。这也将是她这一生中赖以依存、引以为傲的校友网络、友谊纽带。

拓展视野

女儿选择的大学的过程与她在杜克大学的成长过程，同时也是我们家长学习新事物、拓展视野的过程，让我们开始真正认识到美国大学本科教育理念在实践中的效果与意义。美国的教育是开拓引导型的，而非灌输型的。在通识教育的理念指导下，通过引导年轻人接触不同的学科与文化，去学会从不同的视角审视我们的社会与我们的世界，学会理解不同观点、不同做法的理论依据与历史缘由，学会在不同信念、观念、价值观、文化理念的碰撞中处理矛盾，准备走上社会。因此，高水平大学教育所产出的不应该只是专业人才，而是开拓型的心智——具有思辨分析能力、出色的表达沟通能力、广大的社会关怀，以及跨越文化、地域限制的领悟力的社会人才。从这个角度来看，优秀的大学本科教育需要一个多样性的、充满活力的校园。通过与来自不同地区、不同文化、不同社会经济阶层、具有不同观念、不同看法的年轻人的交往，与不同的思想产生碰撞，迸发出新的思想火花。

确实，西方大学本科教育理念也反映在公司企业选择人才的考量上。经过几轮面试之后，Eileen告诉我们，实际上美国的大公司大企业招聘雇员时，考虑的重点完全超越应聘人的专业知识，他们更关心的是你是一个什么样的人。他们重视你的心理素质与应变能力，你的知识面，以及你待人接物时所展现出来的各方面品质。专业训练与知识结构固然重要，但是人的素质、分析问题解决问题以及与人沟通交流的能力更为重要。从二年级开始，Eileen就订阅《华尔街日报》，每天花时间了解美国与世界发生的重大政治、经济、社会生活事件。在准备面试期间，她给家里打了几次电话，与她爸爸讨论一些问题。她提出的问题包括：中国取消一胎化政策对中国经济会产生什么影响？中国人民币"入篮"对中国和周边国家的经济会产生什么影响？当然，这些问题是非常宏观的，并不存在什么绝对正确的答案，但是通过观察应聘人如何回答此类问题可以大致了解他们的知识面，对世界大事的关心程度，分析问题考虑问题的深度与广度以及在不同事件之间建立逻辑关系的能力。让我们惊讶叹服的是，经过仅仅两年多的大学本科通识教育，一个二十岁的年轻人就开始思考与世界大局相关的实际问题。Eileen 说，在准备面试的过程中，她们必须准备回答与其他国家与地区，如俄罗斯、巴西、印度、欧盟等相关的问题，因此，她们需要了解世界各地的基本情况。她们要对世界历史的发展轮廓有一定的概念，而且随时准备将这些知识与现实世界的事件联系起来考虑。很明显，从大学本科的学习阶段开始，美国教育就与社会实际结合，着手让年轻人逐渐学会拥有放眼世界的大格局，习惯于让重大问题刺激、挑战自己的思维，拓宽自己的视野，在真实与想象的情境中锻炼思辨能力，把大学教育对个人的培养与社会功能紧密结合起来。

当然，Eileen 面前还有很长的路要走，还要去经历许多磨练，还要去接触社会上许许多多各式各样的人与事。让我们感到欣慰的是，她很享受她的大学时光。她学会珍惜友情，学会关心社会，学会边玩边学，学会以平常心对待不同的观念与看法。作为她的家长，我们从她的成长经历中也学会了不少东西，了解了美国大学教育的理念与实践，更懂得自信、努力、友善、乐观等素质在孩子们成长过程中所起的重要作用。

目前 Eileen 是杜克大学商务专业女学生联合会（Association for Business Oriented Women）的副主席，负责新会员的培训。今年暑假她在摩根大通银行实习。

郭力，世界图书出版公司北京公司总编辑。北京大学中文系本科、硕士毕业，历任北京外国语大学讲师，北京大学出版社总编助理、学科副总编，是国内出国留学图书、对外汉语图书出版的领军人物。曾出版家庭教育图书《最好的教育是陪伴》（中信出版社）。

独生女儿曾就读于人大附中，于 2005 年被美国著名私立高中迪尔菲尔德中学（Deerfield Academy）全奖录取；并于 2007 年被美国耶鲁大学、普林斯顿大学全奖录取，2011 年毕业于耶鲁大学，2016 年哈佛大学东亚研究硕士毕业。现为多家美国主流媒体特约撰稿人。《纽约时报》专栏作家。

陪伴的艺术

自从女儿上了藤校，我也加入了藤妈的行列。女儿现在已经从藤校毕业了，我比其他孩子还在校的藤妈又多了一些经历和感受。随着孩子的成长，我在不同阶段有不同的体会与感悟。有一位藤妈朋友说，孩子 13 岁之前是教育的关键期，我深有同感。如果把孩子成长的过程分成不同的阶段，我觉得 13 岁之前应该属于少儿期，13 岁到大学毕业应该属于青春期，大学毕业以后属于成年期。家长对不同年龄的孩子教育和陪伴的方式应该有所不同。我把三个阶段的教育理念概括为几个关键词：0 岁到 13 岁是亲密与用心，13 岁至孩子大学毕业的青春期是信任与放手，大学毕业即孩子成年以后是适度与距离。我在孩子成长的不同阶段就是以这样的方式去陪伴孩子的。

亲密与用心

在孩子幼年时，父母与孩子应该是亲密无间的。孩子的幼年、童年是否获得丰盈的母爱和父爱，对孩子的一生都有极大影响。获得充分关爱的孩子，会生发出健康强大的心理能量，能建构出丰富博大的情感世界。对孩子从零岁起就应该给予足够的关注和爱的满足，不是来自于我们上一代的育儿观念传承。记得我们小时候，经常听大人说，婴儿哭是正常的，不要一哭就抱、就哄，这样会惯出毛病来。在我刚做妈妈时，甚至听到过这样的说法，孩子哭是运动，小孩不会动时就是通过哭来运动的。现在看来这种说法十分可笑，但上一代父母就是这样认为的。因此在我们的童年时期，都没有得到来自父母和养育者的足够的关爱。这种爱的缺失是很难弥补的。我很庆幸自己在做母亲之前，就已经感受到传统育儿理念的缺陷。我在准备要孩子的时候，就做好了要亲密陪伴她的准备。为了能够有时间和精力亲自抚养和教育孩子，我在北大研究生毕业时就特地找了不坐班的编辑工作。在孩子零到三岁期间，我投入了大量精力在孩子身上。作为工作狂的我，仅仅是在那几年里，部分牺牲了自己热爱的工作。作为母亲，为了孩子做出阶段性牺牲，我觉得是必要的，也是值得的。

每个孩子都是一个独特的个体，父母的爱与用心，能够发现孩子独特的个性和潜在的天赋。女儿五个月时，我带她到父母家玩，她在床上试图翻身，但很费劲。她一次一次尝试，费了九牛二虎之力，终于翻了过来。我母亲说，你们姊妹从小都没有这股劲头。我从她第一次翻身看到了她倔强的天性。她说话并不是很早，一岁零两个月开始说话，但很快就会说很长的句子，能表达比较复杂的心理。一岁九个月的时候，有一次不记得她做错了什么事，保姆和我都批评了她，让她认错，她红着脸迟迟不语，最后说了一句，"我不好意思"。我从她的语言表达能力发现了她的语言天赋比较高，因此很注意这方面的引导。记得我在大学学习"语言学概论"课的时候，老师讲到孩子在刚会讲话的时候，只会自称自己的名字，不会说"我"，语言能力发展到一定程度，才会说"我""你"。但我注意到，女儿并没有经历过这样一个阶段，开始自称就会说"我"。这与她自己的语言天赋有关，也与我们有意识地引导有关。我跟她对话时，很注意不用"儿语"，尽量用正常规范的语言。我从不用她的名字指代她，也不用妈妈指代我自己，都是称"你""我"。因此，她的语言能力发展也明显比较快。

孩子成长过程中，与什么样的孩子在一起相处，有什么样的老师教育培养，是非常重要的影响因素。我虽然工作很忙，也有时会出差较多。但是对孩子的同学、朋友、老师的情况都密切关注，了如指掌。我的孩子在上世纪80年代出生，是独生子女一代。没有兄弟姐妹的他们很需要小伙伴，我也很有意识地让她多交朋友。同时也很注意小朋友以及家庭对她的正面和负面影响。她有一个同学，父母都是知识分子，经常邀请她去家里玩，这家人喜欢郊游，每当他们去郊游时，就会邀请女儿一起去。我觉得这种亲近大自然的游览有益孩子身心，又有小伙伴，就很鼓励她去。每次郊游回来，女儿也会很兴奋地告诉我今天去了哪里，看到了什么。有一次同学父母带她去香山公园。她告诉我说，同学妈妈没让他们两个孩子买票，从公园门附近的栅栏空隙钻了进去。我听了以后感觉这样的做法对孩子的影响不好，就告诉孩子这样不对。以后如果同学父母再邀请去收费的公园就不要再去了，以防再发生这样的事情。孩子也认为这种不守规则占小便宜的做法不好，也很认同我的态度。

对孩子的事情关注和走心也是建立良好亲子沟通的基础。我女儿是个外向的孩子，学习生活，事无巨细，都喜欢跟我说。同时她也很注意我的反馈。有时候我走神了，她就不高兴，会埋怨说：妈妈又想工作的事情了，不仔细听我说话了。这让我感觉全神贯注地倾听是很重要的。她刚上高中时，因为到了新的环境，很兴奋，每天回来都跟我说她的新同学新朋友新老师。我也很快记住了她说的每一个人。开学一个月左右时，她又讲起同学的趣事，也许是觉得我不够专注，就问我说，妈妈是不是没认真听啊。我说很认真听呢。她于是考问我，那你说说我们班刘钊是谁，卫钊是谁。我马上回答：刘钊是化学特别好的男生，卫钊就是不爱说话体育很棒的帅哥嘛。她显然很满意我的回答，又继续叽叽喳喳说起了她的话题。

信任与放手

如果说孩子在13岁之前的幼年少年时期，需要的是父母亲密的关爱、呵护与言传身教，那么到了13岁以后的青春期，父母的教养方式就应该随之改变了。进入青春期的孩子生理和心理都在发生变化，独立意识增强，追求自我，渴望社会认同。这个时候孩子需要的是父母的信任和放手。在13岁之前，用心的父母都会通过细心的观察、巧妙的引导、无处不在的身教将自己希望传递给孩子的价值观、为人处世的准则、方法传递给孩子。有了这样的基础，在孩子青春期时，应该放手让他去探索世界，认知新事物，追求个人价值的实现。

在女儿上初三的时候，有一次她放学回来跟我说，妈妈，我想周末和几个同学出去郊游，可以吗？我说，当然可以呀。她听了显得挺高兴，过了一会又说：这几个同学有男生有女生。我说，很好呀。跟男生一起出去可以互相帮助，有时在野外遇到一些情况男生可以帮忙。她听了，又犹豫着问：那我们可以在郊外住一夜吗？我马上说：没问题啊。女儿明显松了一口气，高高兴兴去做作业了。过了两天，她回家后有些沮丧地对我说：妈妈，我们那个郊游去不成了。为什么？我诧异地问她。她说，其他家长都不同意。我理解这些家长的顾虑，但是我也有我的看法。孩子已经15岁了，如果我们在之前一直对孩子有很好的教育和引导，让他们懂得自尊自爱，懂得如何与异性相处，如何独立和与他人合作做好一件事情，那么，就应该放心地让他们独自出行，信任他们的能力与自律性。如果孩子到这个年龄，父母仍然顾虑重重，不敢放手，那其实就是对自己给予孩子的教育不信任，也是对自己的不信任。我在一个杂志上看到一位妈妈，自己是从事教育工作的，女儿培养得也很优秀。但是她严格要求女儿不得早恋，不能在外留宿过夜。在女儿结束高考时，和很多同学一起在一家酒店开派对，欢庆毕业，女儿请求妈妈允许她在酒店和同学一起过夜，妈妈却坚决不同意。最后女儿的同学一起跟妈妈请求，担保他们会在一起，不会出任何问题，妈妈仍然不许可，女儿只好万分不情愿地回了家。这个妈妈自己是教育工作者，也还注意对女儿的培养，但在女儿已经要上大学的时候，仍不能放手，对女儿仍然如此不信任，实在令我匪夷所思。

在女儿上中学时，我就已经考虑送她去国外读本科，为此一直很注意锻炼她独立生活、独立做事的能力。她在人大附中读高中时，参加学生会竞选，担任了学生会外联部部长，独立策划组织了很多活动，极大地锻炼了综合能力。高一假期时，我送她到上海新东方参加SAT培训班（当时北京还没有），在SAT班上她从同学那里了解到美国著名私立高中迪尔菲尔德中学（Deerfield Academy）的信息，回京后跟我说了这个学校的情况，我鼓励她试试申请。她上网申请后按照要求寄送了申请材料，又在之后收到学校在香港举行招生说明会的通知。我带她去香港参加了招生说明会，由于我不通英语，她自己独自与招生官交流，成功说服招生官在会后单独对她进行面试。因此顺利被该学校全奖录取。她17岁赴美读书时还从未出过国，但我还是放心地让她独自赴美，没有任何家人送她。很多朋友不理解，说国内上大学很多家长都送到学校，孩子第一次远行，为何不去送？我觉得这是锻炼她独立能力的一次好机会。如果她去学校都不能独自成行，那么将来在美国独自学习生活如何应对？她刚到迪尔菲尔德中学学习时也曾有过孤独、失落，我一直鼓励她积极适应。她在美国过的第一个生日是 18 岁生日，对于怎样度过这个生日她也有不安和忧虑。生日前一天，她曾在人人网日志上写道：难道我的 18 岁生日就要在异国他乡孤独寂寞地度过吗？但她从小外向主动的性格和我们一直注意培养的独立自嗨的能力很快让她振作起来。在生日当天全校同学一起午餐时，她在自己的餐桌上站起来，对同桌的同学说，今天是我的生日，请大家祝我生日快乐吧。于是全桌同学都站起来为她唱了生日歌。餐厅里很多同学也都知道了她当天生日，下午几乎所有遇到她的同学都向她祝贺生日快乐。晚上她去图书馆学习，回来后室友告诉她，有一个男生合唱小组到她窗下弹奏《生日歌》，祝贺她的生日。她虽然没有听到，但还是很感动。她的独立、自嗨，在陌生环境中争取关注和融入的能力，使她较快度过了出国后的心理落差关。如果家长在这个阶段仍然不信任不放手，很可能孩子即使出了国，也仍然不能独立。

适度与距离

孩子大学毕业后，已经是成年人了。如何与成年的孩子相处，是一个值得探讨的问题。我感觉，很多中国的父母，在孩子成年后，仍不能把孩子作为独立的个体看待，过度关注和干预孩子的生活，没有界限感，不注意与孩子保持距离。因此造成了家庭关系中的很多问题。比如：孩子啃老，两代人之间的各种冲突，都与父母与子女之间过度互相依赖有关。

我的孩子大学毕业后，曾在北京工作两年，她回京后经济上刚能够独立，就不再住在家里，而是在外自己租房居住，我非常赞同。我觉得孩子即使没成家，成年后也不宜再跟父母住在一起，两代人各有各的生活，应该各自有独立的空间，住在一起相互干扰，对谁都不合适。女儿做自由撰稿人，收入不高，但也不向我们要钱，自己设法打零工补贴生活。我对她的独立感到很欣慰。

孩子独立了，我对她的态度是不唠叨，不犯贱，知趣，开通。不过度关注，不事无巨细什么都问，希望了解的事情也要求她要告诉我。对她的合理要求尽量满足，能帮的忙尽力帮。总之，注意交往适度，既有爱的互动，又保持一定距离。这样做的结果是孩子有自己独立的生活和工作，人际交往，我们也有自己独立的生活空间，互相不依赖，但又有很好的沟通交流。她会经常回家看望我们，与我们一起去看望老人。与我的交流推心置腹，几乎无话不说。她会经常与我交流读书的心得，对各种问题的看法。为了有共同的探讨话题，她还专门找了我也感兴趣的美剧《广告狂人》，与我一起看，看后分享感受。至于她个人的一些选择，无论是上学深造，工作择业，还是恋爱感受，都很乐于跟我讨论分享，这使我感到一种健康亲子关系的快乐和幸福。母爱与爱情不同，母爱从亲密走向分离，爱情从相悦走向厮守。母亲与孩子的分离不是简单的离开，而是一种全新关系的建立。我觉得，孩子始终在成长在进步，父母在孩子成年后需要继续建设自己独立的精神世界，在精神层面有充沛的能量和与孩子互动的高度，这种与孩子保持适度距离，各自有独立的生活空间，精神层面又能互相交流，高度契合的关系是我们与成年子女之间最理想的关系。

培养教育孩子的过程，绝非单方面的付出，而是与孩子共同成长的过程。孩子从小到大，我在教育她的过程中，学习到如何将正确的价值观传递给孩子，认识到只有自己身体力行，才能建立强大而正向的家庭价值观，给孩子以良好的影响，因此，我一直在工作中努力不懈，开拓视野，提升自我。孩子从小到大，一直在最好的教育环境中接受熏陶，求知问学，形成了很多优秀的品质。反过来也使我受到教育和督促。在这样一个功利拼爹的社会中，她毫无攀比之心，不慕虚荣，淡泊名利，从不炫耀自己的名校背景，希望完全以自己的努力来获得一切。这种可贵的品德是我也不具备的。令我经常在为她自豪的同时也觉得应该向她学习。她在美国的求学过程中学到了独立思考的能力，批判性思维的方式，经常在与我讨论问题时提出独到的很有说服力的见解，令我心悦诚服。在我的工作中，也深深感觉到她的思维方式、思辨能力潜移默化的影响，我在很大程度上改变了我接受的教育给我带来的盲从、迷信权威的认知偏差，更多的独立思考和处理问题，对很多问题的看法，较以前有了更多的清醒、理性和包容。同时，这样的思维方式也使我看到女儿身上存在的一些不足，我也会经常与她沟通，帮助她认识和改变自己。

身为藤妈，是值得骄傲和自豪的，但更使我自豪而感到幸福的是拥有一个具备家国情怀，价值观值得称赞的女儿。而且我们不仅是亲密的母女，也是在精神世界中携手同行的伴侣。有女如此，此生足矣。

刘葳葳，北京人。在美学习、工作 20 多年，曾就职于芝加哥第一银行，任北卡州立自然科学博物馆会员部主任，杜克大学图书馆东亚部编程负责人，并有多年在美国安排旅行服务及商务考察的经验。曾在香港居住五年，任友道贸易投资公司商务发展部主任，有丰富的文化交流经验及广泛的人脉联络网。曾就读于美国伊利诺伊大学芝加哥校区商学院，并获北卡中央大学图书馆管理硕士学位。

热爱读书，写作，旅游，烹饪，跳舞。育一子一女，皆就读市内公立高中。儿子逸川，热心公益，喜爱读书，擅长辩论并具有较强的领导能力。曾三次入围全国辩论赛决赛，并两次获得本州辩论大赛第一名。逸川也是本市人文救助组织高中部的总管，所在学校几个俱乐部的发起或负责人，2015 年被普林斯顿大学提前录取，并同时被提名为弗吉尼亚大学的杰斐逊总统奖候选人。女儿逸文，现读高一，活泼好动，交友面广，热心助人，爱好广泛，喜爱画画及智力竞赛，代表本州进入 2016 年 4 月的全国智力竞赛总决赛。

儿子心中的常春藤

早期规则植入

儿子幼时有个绰号，叫"小阳公子"。

我与先生结婚5年之后，儿子在杜克大学医院出生。摆脱了早年留学时期拮据生活的我们，望着这个可爱的小生命，想尽己所能把儿子抚养成快乐安逸的华二代。没有经验，没有帮手，最初那一年半，我对儿子偏执的宠爱导致他有了许多坏习惯：任性，撒娇，挑食，顽皮，一不随他意便哭倒在地。每逢饭点，他就故意左躲右闪四处乱跑，我只能拿着盛满食物的小碗满后院追。他不喜欢吃，我就重新做。儿子喜欢哪个小朋友，我便请来玩，儿子喜欢的玩具我二话不说马上买，活脱脱养着一个小公子哥。

有一次，我带他去图书馆听故事，所有的孩子都安安静静地坐着认真听，只有儿子话多，插嘴，大笑，跑来跑去，最后我只能尴尬地抱他走。儿子捣乱未遂便大哭不止，我把他放在儿童车座里，看着他哭，没哄，直到他自己停。在他声嘶力竭的哭声中，我在沉重地反省自己给予孩子的教养，脑海中快速地回想儿子的各种优缺点。由于儿子有了足够的爱，他因此不胆怯、不取悦于人，小小年纪就愿意去帮助别人，带给别人快乐。餐馆里他看见隔壁桌的小孩很郁闷，就一直做鬼脸逗到她哈哈大笑才放心吃饭。游轮甲板上他随歌舞动，引得一群围观游

全家人 2011 年摄于韩国首尔

客跟着鼓点和他一起欢乐一路。可是为什么儿子才一岁半就如此任性，如此骄纵，我痛心地顿悟，是因为我。当一个母亲的爱变成纵容，给孩子有机会用哭闹来坚持自己的立场时，她便在爱与教养的天平上失去了平衡。

儿子哭停了，奇怪地望着我，似乎不明白妈妈为什么这次没有抱着哄他。我轻轻跟他说，"小阳公子你还太小，不懂得大人的错误会养成宝宝的坏习惯，对不起，妈妈是第一次做妈妈，需要学习很多东西，现在还一定来得及，咱们一起改好不好？"儿子使劲点头，我保证他一定听不懂，但我看出他能够接受我用大人的语气跟他交流。

回到家中立刻和先生商议孩子的早期教育问题，他上网研究一番后，找来一本叫《正面管教》（*Positive Discipline*）的书，两人开始研究育儿经。先生建议要特别注意几个方面的教育：独立，懂道理，坚强勇敢，有责任心。对于我，要做到爱不纵，责不怒，严格执行作息时间。爸爸也必须在百忙的研究工作中抽时间陪玩，交流，并担任体育活动领队，夫妻养儿合作社开始了摸索式的教育。

经过几年时间全家的磨合，小阳公子变成阳光、听话、爱读书、爱帮忙、爱笑、爱动、有节制的孩子。妹妹的出生尤其加强了他的责任心，他为妹妹喂奶，拍嗝，看护着她玩，给妹妹读书，出门推儿童车……我看到，儿子愿意奉献，小小的年纪已经懂得分享，敢于承担责任，善于完成任务。

走进孤儿的世界

第一次带儿子走进河北廊坊的孤儿院时，他才 14 岁。那年酷暑，我们走进一间 4—6 岁孩子的养育室，一下子几个孩子扑过来要抱，儿子被扑倒在长椅上，身上压着几个兴奋大叫的孩子。儿子感到震惊、炎热，再加上激动，紧张得手足无措满头大汗。他镇定一阵后开始一个个抱紧他们，过来参与围抱的孩子越来越多，大家成团地紧抱在一起。爱，就这样开始在孩子们中间无言地传递着。

这所孤儿院是 20 多年前一对美国夫妇出资建造的，开始只收留病重的孩子，后来国内的福利院经常送来一些残疾或先天有病的孩子，规模就越扩越大，每年都有一些美国的民间捐款资助运营，并有许多美国的年轻义工过来帮忙。虽然儿子以前在云南、四川等地参加过扶贫和助学活动，但直接面对这么多残疾孩子还是第一次。那些根本离不开轮椅的，或者完全听不见声音的孩子们，用渴望的眼神望着他，都在等待一个拥抱。我看得心里非常难受，让儿子自己安顿好吃住就回北京了，心里祷告着他能努力工作，照顾好孩子们，心里变得强大起来。

其他去孤儿院探望孩子的朋友回来说，儿子很早就起床，解决了早餐就去照顾孩子。他什么都学会做了，帮孩子换衣服、洗头、读书、喂饭。闲的时候打扫房间，帮那里的妈妈们晾衣服，归类玩具和书籍，教孩子们认字，画画，学电脑。和一起去的义工小伙伴们共同努力搭建了一个花房，让孩子们可以学会种花、种菜、观察植物。

暑假结束，我接他回北京。临走，孩子们一次次扑过来抱住他，重复说了无数次的再见还是依依不舍地跟着。我说，咱们去多买些玩具给孩子们吧！儿子摇摇头他说，孩子们有玩具，经常有一些有钱的人来孤儿院，放下一堆物品和玩具，抱几个孩子拍一圈照片就走了。他们不想要这些，他们需要的是爱，是家。他说以后年年都回来照顾他们，陪他们。

发展热衷的活动

那年仲夏之后儿子就要升高中了，在家的时候他的话少了很多，更多的时间用在看书、思考和上网关注廊坊的那些孤儿们，并开始有条不紊地规划自己高中四年的学习与活动。令人忧心忡忡的是，他拒绝参与我们建议的各种课外活动。让他继续踢足球，他不干；让他参加数学、科技及各种竞赛小组，他不肯；找高尔夫教练，他不要，我们手里若干本关于青春期孩子如何教育的书籍对孩子完全不起任何作用。儿子把精力放在辩论上了，而且很着迷，能参加比赛就非常兴奋。

他对辩论的喜爱可以追溯到他在香港国际学校读书的 5 年经历。因为英文好，老师让他试试辩论队，他第一次参赛归来就兴致勃勃地说好玩。我们这个儿子最不喜欢他一参加什么活动，父母就跟着瞎积极，当场表明他要自己学习如何辩论，自己提高技术和成绩，坚决不要听取我们的意见，也不要我们推荐相关书籍给他。经历了无数场比赛，面对过北京、上海、中国香港、新加坡等各地国际学校的辩论队，从一路输到第一场胜利，他的道路有多波折我们不知道。但是看到他一直在坚持，我们很欣慰。儿子初中最后一年的辩论成绩非常好，进步极大，除了各种英文辩论奖，他和伙伴们居然拿到了在台湾举办的中学生中英双语辩论大赛第一名。看着他的中文奖牌，我感到为了他和妹妹能够学好中文，我们迁居香港5年的岁月变得如此有价值。

初中三年，儿子努力获得了全额奖学金并读完了那所收费昂贵的私校。临近毕业时，他表示希望能回到美国读高中。先生在美国也遇到一个好机会，我们全家投票表决，决定搬回美国定居。接着，我们马上面临的是公校还是私校，好学区还是郊区的选择。本郡只有三个公立高中，两三个不错的私校，爸爸先行探路后把几个学校的资料交给儿子，让他自己决定。儿子挑选了一所位于市区内，黑人学生占40%的高中。他选择的原因很简单，就三条：学生的种族多元化，因而可以接触各种各样的人和不同阶层的同学；学校虽然有许多成绩较差的学生，但平均成绩却能与其他三所学校持平，说明有一部分学生非常优秀，极具竞争力；该校有非常强大的辩论队。这个选择，他至今未曾后悔。

高一的第一次辩论赛结束后，我们在校巴站等他回来。当时，高年级的两个学生手持奖杯跳下车，儿子手里却什么都没有，强颜欢笑的表情想来是铩羽而归了。爸爸问他比赛情况如何，他闷闷不乐地说裁判不公平。爸爸立刻提醒他应该先检查自己的问题，而不是没有拿到名次就怨别人。儿子不服气，父子俩的对话很不愉快，一路到回家彼此都不再讨论。第二天一早我送他上学，路上问他情绪是否还好，他说很好。再问他昨天是不是因为输了而听不进父亲的意见，他说不是，以前输过无数次，从来没有情绪不好，就是觉得裁判没有彻底理解自己所表达的意思。昨晚他仔细回想了比赛过程，觉得自己对美国的评分制度还不是很习惯，以前的辩论训练对美国的比赛方式不是很适合。我问他，你为什么这么喜欢辩论，会不会以后变得特爱争执。他很惊讶地反问我："妈，你不觉得辩论是一种找寻真理的方式吗？我们的目的不是说服对方，打垮对方，而是通过这种交流引起大家对社会问题的思考。"我赶紧点头同意，参与这项活动定是一条漫长艰苦之途，父母能做的就是支持，再支持。

后来的比赛，儿子会在赛前与拍档认真书写辩论文书，充分准备资料，收集数据，设计各种问题，互相作为正反方练习对垒。虽然他不一定做到"三军未动，粮草先行"，但是领悟了战前准备的道理，尽量做到技术先行，进步还是有的。每次去比赛之前，我都会问他是否紧张，说服不了裁判怎么办，他总是笑我说，道理无对错，裁判看的是辩手的论证思路和论证质量，他才不要说服裁判呢。由于整个赛季学校都没有辅导教练，儿子便与拍档独立思考，很少咨询家长和身边的专家。即使涉及到自己父亲最熟悉的领域，他也不靠父亲的研究成果，而是自己摸索，并不刻意追求名次。

儿子第一年的辩论成绩不错，以本州第三的成绩进入全国赛。到了高二高三，儿子连续两年获得本州辩论赛的冠军。儿子的辩论活动使我们意识到，要给孩子机会、耐心和时间。只要孩子能积极投入到自己热爱而擅长的活动中，他就会有所收获，从中受益。

儿子的情感世界

高一到高三，儿子每年夏天都飞回到孤儿院帮忙。看着在孤儿院慢慢长大的孩子们，他开始担忧他们的未来。一些被医治好了的孩子，有美国家庭把他们领养走了。一些身体不容易医好，天天盼着有人能领走自己的孩子开始焦虑。儿子耐心地教他们英文、算数，陪他们做手工，告诉他们无论在哪里生活，都要让自己强大起来。有一个只能用膝盖走路的孩子给儿子的告别信上写道："哥哥，谢谢你一直爱我，年年回来陪我，我一定听你的话，努力学习，永远不放弃自己！"

儿子懂得孩子们的无助，理解他们期待有家人的感觉很寂寞，他让孩子们学会互相爱护，把彼此当成兄弟姐妹，教他们有爱就有希望。儿子在英文周记里写过：

> 有多少来来往往做两天就走的义工是真心爱护这些孩子？他们不过是为了让自己的简介上多一点社会活动的分量；有多少孩子愿意看到那些曾经抱过自己的人，无非是利用自己拍些照片发微博；有多少社会保障是为这些残疾孩子设置的，使他们的生存更容易；有多少遗弃孩子的父母可以良心发现，领他们回家，哪怕是很贫穷的家，有父母的爱才是他们最大的财富。

儿子是个极其重情又非常能隐忍的孩子。他与外祖父的感情颇深，每年暑假回国都是跟着老人家一起下棋、集邮、逛北京城。当我父亲不幸患病离开时，我们很惊讶儿子始终没有哭。两个月后的某天晚上，我听到儿子房间传来惊天动地的哀号，多日积压在他内心深处的哀痛喷发出来，大家冲进去如何劝慰都没有效果，他哭了好久好久。最后才泣不成声地说："公公怎么就走了，他说好将来要去哈佛参加我的毕业典礼，为什么不算数了？"

从那以后我们特别注意及时排解他的任何不快，担心孤儿院的氛围会给他心里造成灰色地带，我们总是及时与他一起疏解心里的压力。

儿子的学习、运动、社交，没有一样需要我们帮助，我们唯一能做的就尽量帮他疏导心理压力，保持乐观积极的态度。

今年夏天，儿子高中毕业后要做的第一件事，就是赶回中国的孤儿院，继续关爱他一心牵挂的孩子们。他要告诉他们哥哥要去大学读书了，但是哥哥会永远帮助他们，爱护他们。

领导、执行、贡献

儿子在学前班的时候，曾问过我，你知道什么是 leadership（领导能力）吗？老师说他有领导能力，他问我看到没有？在他身上哪里？我把他拎起来左看右看，笑眯眯地说，"满身都是啊，不过，妈妈喜欢你乖乖听话。"晚上自己读教育孩子的书，才发现要多鼓励孩子去领导、组织，我以前是竭尽全力地打压他啊。例如，每天放学，小朋友们排队等家长接，儿子总是站第一个，负责开门，后面人都要紧跟着他，老师说他喜欢争第一。我赶紧告诉老师让他必须站最后，培养他学会听话。结果那天我接他，他还是直直地站第一个。老师笑着说，我告诉他要站最后一个，除非所有同学都同意他站第一个。结果他谈了一圈，不仅是今天，以后大家都永远让他站第一。书上还说，想要孩子领导力强，必须增强他的自信心，教会他与周围的同学保持良好的关系，给他机会对某件事情负责，坚持完成任务，这些理论我们多年来一直遵循着。

在香港读书那 5 年，儿子一直是学生中的小领导，虽然是针头线脑的琐碎杂事，但他做得极其认真负责。他组织同学去清理海难垃圾，去保良局的孤儿院教小孩子学英文，去参与社区环保宣传活动在这些活动中，他的领导才能充分展现，做得得心应手。搬回美国后我们一时无从下手，东转西转也没什么机会，所有俱乐部都是高年级的学生在主持。儿子空有一身勇气和几年在香港的实践经验，却一直没找到机会负责点工作，他于是从小兵开始干。

儿子参加了科技剧场，最开始就是干小油漆工，钉板子，在舞台上推布景，打灯光，他一直坚持，直到开始在各个舞台剧组中肩负重任。我读过他曾经的文字记录，大致意思是：

沉重的帷幕即将升起，我半跪在舞台的左侧，身后灰暗色的荧光灯照着我的队友们，大家守在舞台各处黑暗的角落里，等待最后10秒的倒计时。

刚刚发生的情景仍在脑中闪现，我们搂着彼此的肩膀围成一圈。我镇定地给大家打气："伙计们，咱们走过漫长的路才等到今天，过去的5个月，咱们用一堆堆木头，一个个钉子，建成了两座各两层的楼房，建好了录音棚，布置了城市背景，把所有的照明线整理成最合理的布局，设计了各种灯光。咱们每天劳作5个小时，最后两周甚至每天8个小时都在紧张施工，天天用比萨饼果腹，终于盼来了今天。"

"老爸，我有点害怕！"东尼突然心惊胆战的叫声打断了我，对了，伙伴们现在习惯叫我老爸，连我自己都不知不觉深深地融入了这个"父亲"的角色。

"我知道，你们很多人是第一次面临舞台剧正式演出，不确定即将发生什么，怕搞砸在自己手里。不久以前，我跟你们站在同样的位置，满心惶恐。现在作为春季剧场的总监，我想告诉你们，大家都要从最低处开始，才会有后来出色的表现。既然你们都叫我老爸，那就放心吧，包在我身上！"

大家击掌拥抱，然后各就各位。我看着亲爱的伙伴们，又想到多少次问过自己的那个问题：我为什么要参与科技剧场？在这里，一半的时间在被人呼来唤去，一半的时间拼命地吼着演员们让他们安静。疲乏，小工伤，长时间工作，只能牺牲睡眠靠半夜赶功课。此刻，当我看着伙伴们一双双闪亮的眸子期待地望着，等待我启动指示灯，我意识到我爱这个团体，我敬重大家的努力，过去一切的付出都如此有价值。

"老爸，我激动得想哭。"黑暗中有人悄声说。

"憋着，演出结束了尽情哭。"

最后 10 秒，我们准备好了！

三年，六场大型演出，儿子和他的战团赢得了无数次掌声，取得过本州科技舞台设计大奖第二名。他的坚持感动着父母、老师和同学们。儿子的心中总有一个美好的春天，时时向他发出召唤，也感染着他身边的朋友们一起进步。

坚持正念的心

2013 年的夏天，儿子被学校推荐进入州长夏令营。一群各个高中选拔出来的优秀生们，在附近的一所大学内住宿三周，全部由州政府出资。记得送儿子进入校园后，他拉起行李，大步向宿舍楼冲，从背影都能看出他的兴奋与期待。为了这个夏令营，他推迟了回孤儿院的行程，退掉了耶鲁大学的暑期训练营，他也是本届唯一的一名高二学生。

等我接他回家时，他告诉我，除了人文学科的进步，这次最大的收获就是了解到"正念"（Mindfulness）。我也是第一次听说这个名词，便让他介绍详细一些。在夏令营中，他跟上了一个热爱正念的教授，经常跟着他学习正念禅修。儿子说，正念是对自己宽容，充满善意；正念让每一个人活在当下，并帮助人重新认识并善待自己的一生。正念有一系列的方法，比如打坐、呼吸、静默等，能非常有效地改善焦虑、低落和极度疲乏等状况。我说你赶紧打住，怎么听着跟气功似的，你小小年纪万一运不好气走火入魔怎么办。这么多年来，我第一次对他感兴趣的事情如此抵触，还联合他爸爸一起反对他继续这个活动。

儿子经常对我们说，正念禅修是目前世界上非常热门的一个话题，我们不了解、不接触，当然不知道它的作用。尽管我不太支持，他还是阅读相关的书籍，耐心地为我们解释禅修的好处。几个月后，他考到驾驶执照，跟我们说要去附近需三小时车程的一所大学参加正念讲座，一共两天，并已经联系了州长夏令营期间结识的一位好友同行。我表示在没有我们许可的情况下，他擅自决定事情，我不仅失望，也不会同意他去。儿子很耐心地说："妈，是你告诉我的，自己喜欢的，要去争取；自己不喜欢的，可以接受的应该接受。我身边的很多同学明白很多道理，但是学习生活仍然是一团糟。如果我有一种办法能够帮到他们，我是不是应该争取，你是不是应该接受？"

儿子一早就和朋友出发了，那天清晨的一抹阳光将他的身影折射得很长，使我突然感觉到他已经那么大，那么成熟，是应该放心让他去尝试生活中的方方面面了。

讲座回来以后，儿子花了不少精力给教育单位写信，呼吁他们关注高中生的学习压力和高比例的抑郁情绪，建议学校在体育与保健课程中加设正念理论，帮助学生舒压。可惜，他的建议没有被采纳，不过得到了校长的肯定和支持。安静了几天，儿子开始筹划自己建立一个正念俱乐部。他联系了大学医学院的专家、正念大师和一些有兴趣的同学，组织他们聚在一起，领悟正念的真谛。他还给一位哈佛教授，也是正念理论的领军人物写信，恳请她给些建议，如何让同学们更多地接受这一理念，让学校放行他们的活动。那位教授给了很有价值的建议，儿子因此也更有信心。

2015年开始，每周一放学后，都会有一些同学聚在一起，儿子找来的专家义务教授同学们学习正念。当孩子们处于正确的状态时，会感到思想敏锐而身体轻松，心情日趋平和。现在一年过去了，很多孩子学会了通过调整身体的状态来调整情绪，禅修之后的效果开始体现，思维更明晰，读书效率更高，心态更平和，特别是申请大学的孩子们，可以不被情绪绑架，做出更合理的决定。

回去看儿子对正念活动总结的点点滴滴，非常感动于他的执着。儿子有他的梦想，他渴望自己心中那片绿洲可以色彩斑斓，于是他努力地去栽花种树；他愿意在人生的征途上走得坦坦然然，于是无论面对多么艰难的路程，他都用无比高涨的爱心来铸就这份执着。

新的起点

2015年12月16日下午3点，是普林斯顿大学提前发榜的时间。

那天早上，儿子淡定地开车带妹妹去上学，与往日一样拎起饭盒挥挥手说再见。我们看着他的车驶远后，两人无言相望，这是我们养育他18年来最不能把握的一天，也是我做妈妈以来最紧张的一天。结果没有好坏之分，无论接到什么样的通知，下面的路是曲是折都要勇敢地走。

早前几日，我曾问他的感觉，自己能否被录取，他回答说30%的可能性吧。我们州名额有限，每年被提前录取的不少是体育特长生、校友和巨额捐款人的子女，剩下那几个名额基本上都被大牛校抢走。他还安慰我说，一定会有好学校要他的，即便是公立大学也没关系，重要的不是学校，是自己的努力。

下午3点钟，我设置的闹钟响了，我一把抓起电话想给儿子发短信提醒，又觉得他一定不会忘记查看普林斯顿发来的电子邮件，犹豫着我这样做会不会给他一种我很在乎结果的压力，输入的几个字换来换去也发不出去信息。过了两分钟，爸爸的电话铃响起，我听见老公沉默片刻，非常有力地说出几个字："恭喜啊孩子，你是我们的骄傲！"我的眼泪情不自禁地流下来。

儿子，经过多年的努力和坚持，你终于走到藤校门前，令父母欣慰无比。然而，真正让我感到骄傲的，是你心地善良，温暖醇厚，宽容大度，乐于助人，淡然朴实。当你用你的真诚，推开善良的大门，光明和快乐就会在你心里播种，像常春藤般蔓延在你的世界。

卢菁，复旦大学世界经济系本科，中国人民大学福特经济学研究生班毕业，加拿大西安大略大学经济学硕士和博士。曾担任多伦多约克大学经济学教授，从事宏观经济学、计量经济学和制度经济学的教学和研究。自从转向华尔街后，一直从事金融监管工作，先后担任美联储（纽约）高级银行稽督员和加拿大帝国商业银行纽约投资银行部执行董事。著有《我在美联储监管银行》一书。育有一子一女。

儿子过洋阳，斯坦福大学本科生，物理学专业。高中就读于纽约市郊的一所公立高中。在高中期间各方面全面发展，成绩优异。尤其以数理化竞赛见长，参加过数学奥林匹克、化学奥林匹克、科学奥林匹克、科学杯（Science Bowl）、测验杯（Quiz Bowl）等地区级、州级，甚至国家级比赛，获得过许多奖项。他所带领的高中科学杯竞赛团队，连续两年获得地区第一名，并进入国家级比赛。

过洋阳兴趣爱好广泛，喜欢读书，拉大提琴，还坚持长跑、跨栏、飞盘等体育项目。在斯坦福期间，他热衷公益事业，是学校飞溅项目（Splash Program）的主席，为高中生提供由斯坦福师生举办的上百个免费讲座。他还参与数学俱乐部活动，组织在斯坦福和北京举办的高中生数学竞赛，参与出题和阅卷。他反馈社会的意识强烈，尽力帮助年青一代的成长。

斯坦福妈妈畅谈教育和升学

记得儿子小时候有一次坐在我车里问我，如果他将来进一个社区大学（Community College），我会怎么想？我当时就跟他说："如果你的能力只到社区大学的水平，那我就会祝贺你，为你感到高兴。但如果你的能力超过社区大学，你却懒惰、浪费时间，那我会为你感到可惜，因为你没有做好你该做的工作，没有发挥你的潜力！"

虽然一直都为儿子进入斯坦福感到骄傲，但其实我们从来没有刻意追求过要进常春藤名校——能力到哪里就进哪个学校。对于藤校名牌的意义，我们自己也有亲身体会：我和丈夫在国内算是名牌大学毕业的（复旦和清华）。20世纪80年代出国时因为考虑到全额奖学金，就都在加拿大读的书，拿了硕士和博士学位。刚到纽约华尔街找工作的时候并不顺利，招聘者当面就说："我们不知道加拿大培养出来的是什么样的人。"但我们一旦在工作上有业绩表现出来，同事也照样刮目相看，然后不断晋升，工作稳定，工资上涨。所以，从切身经验来看也是能力最重要，而非学校的牌子。相反，也有名校毕业的人在工作上不能胜任，同样被人看不起。

这并不是否定名校的意义，更不是听天由命。只是我认为不应该以名校为目标而给孩子太多压力，否则往往事与愿违。我的信条是，教育孩子时首先要让孩子感觉到爱，让他们有幸福感，有自信心。这个爱的自然结果就是孩子有个乐观的处世哲学和心态，碰到了挫折会比较坚定、顽强，不会轻易被打倒。然后，我觉得要发挥孩子的潜力，不要浪费时间，浪费才华，要物尽其才，人尽其用。

家庭篇

在培养孩子的过程中，我一直把跟孩子的交流看得很重。有效交流是一个非常重要的环节：我对孩子的说服和影响，也是通过倾听和交流来实现的。我们家因为我跟孩子在一起的时间比较长，孩子的教育主要由我操心；爸爸则主要负责家庭财政。我跟孩子的交流比较通畅，总有很多的话题可以聊，这觉得可以归纳为以下几个原因：

第一，儿子从小一直在我身边长大，我从来没有想过把他送回国内去或者让别人带。我不管上班怎么辛苦，还是花很多时间在孩子身上。所以我觉得他应该会比较习惯于我的思维方式，对我有一定的信任感。我开车接送他时，车里就是非常好的交心场所。我们一起读《纽约时报》，一起讨论时事；他推荐书给我看，我也推荐书给他看。他进大学后我们的交流还是挺多的，并不觉得他在西部我们在东部离得很远。他基本上一个礼拜打一次电话，寒暑假回家几个礼拜，平时也发短消息、微信联系。他对小妹妹也非常关心，多有指点。

第二，尽管爸爸言传得少些，但对孩子仍很关心很疼爱，有时间就陪孩子，而且，他无声的身教做得很好。有一次在一个上大学的分享会上，有人问儿子他的楷模（role model）是谁，他说是他爸：因为爸爸工作很认真，从来不贪图自己的享受，书房里总有一大堆书、报纸和文件；另外，爸爸对自己要求高，总在不断进取，更上一层楼。所以，爸爸身体力行的榜样作用很大。

第三，我们住的这个纽约的公立社区斯卡斯代尔（Scarsdale），也是间接促进父母与子女交流的环境。对于公立学校，大家都知道有很多问题，像生源和师资保证不了等问题。但它也有它的优势，特别在我们这个社区，大家把教育看得非常重，大家说起来就是"Education is the only industry in Scarsdale."（教育是斯卡斯代尔唯一的产业。）老师、家长和孩子打成一片，是社区的有机组成部分，大家共同努力把教育搞好，把学生培养好。社区倡导的理念、学校举办的活动，家长做的很多义工，就是为了让老师、家长和孩子关系比较紧密，让家长对学校、老师和课程比较了解。所以我在帮助孩子上面可以做到知己知彼，有的放矢。孩子也愿意听我摆事实讲道理。家长如果说的对孩子有用，能说到点子上，那孩子自然就会比较容易听从家长的建议。

最后还有一个重要的交流渠道是通过与升学顾问的交流。高中时，我们在外面找了一个升学顾问（college counselor），我和儿子基本上每个月一次，去坐下来跟那位顾问一起谈谈学习、课外活动、兴趣爱好、夏天的安排，等等。这是一个非常好的交流方式，通过我们信任的中介的调和，我们平顺地解决了高中阶段的一些关键问题，诸如选课、时间安排、课外活动等。

学业篇

回顾儿子的成长历程，我觉得他在学习爱好方面的状况在初中就基本已经定性，高中只是发扬光大了。我们培养孩子，注重的是发掘孩子的潜力，让他读万卷书行万里路，见多识广，等到他的兴趣爱好调动起来了，自发自主地好奇好学，我们也就由他自己去冲刺了。

除了规定的课程之外，有三个主要的课外活动贯穿了他的初中和高中——体育、数学、音乐。这些确实是因为他喜欢而去做的，不带任何功利目的。

需要指出的是，他也有一度沉迷于电子游戏。6 年级有一段时间，一有时间就玩电脑游戏，昏天黑地，其他都变成次要的了。但他后来醒悟过来：游戏很花时间，好像做很多重复的无用功。其他的兴趣爱好也很重要，也同样会给人刺激和满足。而且，体育、音乐、数学更让人有成就感，时间花在了刀口上。所以他后来在平衡兴趣爱好时，就再也没有把游戏放在首要的位置。

他对数学比较感兴趣，从 8 年级开始到 12 年级每年都去数学夏令营。他非常喜欢那里，把那里当成是自己的第二个家。营友们都是一帮志同道合的朋友，一起传帮带，一起享受生活。数学夏令营的孩子们不仅对数学感兴趣，还个个都是多才多艺，能文能武。有会作曲的，有会唱歌的，还有会写诗的，有几个孩子一起编排嘻哈音乐（Hip-hop）放到视频网站上的。他们一起做很多活动——唱歌、跳舞、爬山、看电影、玩飞盘、寻宝游戏（puzzle hunt）、常识问答游戏（trivial pursuit）。

音乐是很好的精神食粮，是他抒发感情的窗口。我们也是从小给他提供机会，但从不逼着做。当时他钢琴弹了一年就说坐不住不弹了，我也没时间下了班再陪练，就由他去了。但好在他后来对大提琴感兴趣，很自觉地学练。后来他进了斯坦福，我们知道有很多父母给孩子买车，他说他不要车，但要一把好的大提琴。他在斯坦福继续参加学校的交响乐团，选上私教课。他的音乐技巧可能并不上乘，也没有获过什么奖，但有一点是肯定的：他演奏起来情真意切，能够让人感同身受。

体育方面我们也一直很鼓励，他从小就参加各种运动。他进了初中后，在学校参加了三项运动：网球、摔跤和长跑。但到了高中，时间不允许三头并进，所以就退了两个，专注于长跑。

这些课外活动对他来说都在不同方面让他有很大的收获。比如说

儿子 4 岁照

6 年级时在中国读书

高中毕业照

数理化竞赛,让他觉得他自己的专长有个发挥的地方,能体现他的能力。体育运动也是非常能锻炼人的,在筋疲力尽想要放弃的时候,必须要坚持住不轻易叫停。所以他们有次在参加科学杯锦标赛(science bowl competition)时,打到决赛时,队员们一天下来经过八场比赛都累趴下了,就他还能顽强坚持,最后全队拿了第一名,进入国家级比赛。

但这些课外活动并非一帆风顺,更多的时候是失败和无奈。例如在体育方面,他应该说跑得还可以,能够进到校队,但他跑步的成绩总达不到地区级别的标准。他后来又试着跨栏,因为人比较高瘦,弹跳好。但后来他们学校里来了一位非裔学生,那火箭般的爆发力和速度,一般人不能比,所以他也只能自愧弗如。又比如数理化,他刚开始是主攻数学,对数学感兴趣,参加很多比赛,但是数学要打到国家前100名,进入到奥林匹克国家集训队非常非常难。我也是一路上看到他跌跌撞撞。音乐方面,尽管他自己如痴如醉,还参加我们邻近的音乐学校的活动,在荣誉班里每周要花10多个小时在交响乐团、室内乐队、理论课,还有一对一授课等。但最后他想进纽约州的高中交响乐团,也没有进成,他的技巧上总有点欠缺,考不了满分,只能进要求没那么高的交响乐团。

但反过来看,失败是个潜在的祝福,它能促使一个人成熟,让他开始思索琢磨,想办法找到解决或补救的方法。他自己常说,他的高中就是一个经历失败的过程,不是这个失败就是那个失败,在失败中挣扎,在失败中不屈不挠。到了11年级的下半年,他开始迎接一个接一个的成功。先是科学奥林匹克,他拿了几个纽约州前几名的奖。然后是科学杯锦标赛,他们队获得了地区第一名,进入国家级比赛,免费去了一趟华盛顿。最后是化学奥林匹克,他进入到美国前二十名的决赛行列,被送去美国科罗拉多空军基地培训。所以他在高中阶段输了很多场战役，但赢得了战争，最后得以进入到自己第一志愿的大学。

思想篇

他周围的同学和老师都认为他比同龄人要成熟，这也许是因为我带他去中国待了一年，经历了夏天没有空调冬天没有暖气的苦日子，看到了一些同学省吃俭用艰难拮据的生活。或者跟他经历那么多的失败不如意有关，让他学着思考一些哲学问题。

六年级的时候我胆大妄为，把儿子带去中国一年，跳过美国的6年级。因为我当时了解到这儿的6年级对儿子来说基本上是浪费时间，跳了也不值得可惜，反而到了中国会有新的眼界新的经历。事实证明也是确实如此：他在中国待了一年，体验了当地的学习生活，培养了吃苦耐劳、体恤他人的精神，让他领悟到很多在美国领悟不到的道理，一下子长大成熟了许多。他对数学的兴趣也是在中国培养起来的，他感叹说："Math can be taught differently!"中国的数学教育更多是启发性的，像在解谜，容易让孩子产生好奇。而美国的数学教育总体来说更像是填鸭式地套公式，教材不行老师更不行。

充实的经历加上阅读，也在不知不觉间加深他思考的深度，尤其是读过几套大部头的书之后。他10年级开始读《卡拉马佐夫兄弟》，读了一年。他说他自己能够同书中的三兄弟都有共鸣，能够多多少少与他们的共同点挂上钩。后来，他就用那本书作为基点写他的大学申请论文并获得了斯坦福的青睐。他还读理查德·费曼的书，有好几本，也是巨著。理查德·费曼是著名的物理学家，诺贝尔奖获得者，同时也是个哲学家，思想家，非常幽默。儿子很崇拜他，读他的书津津有味，我想这跟他现在想做物理学家有很大关系。其他的书大都是学校老师推荐的，这些书也多多少少对他有帮助。比如《了不起的盖茨比》，让他认识到通过自己的努力，可以让梦想成真。儿子的写作一直不错。小学 4 年级时他写过一个自传体文章，写得情真意切，他的老师把它当作范本。5 年级的时候他写过一个长达 11 页的希腊神话剧本，老师给了他 A++。7 年级的夏令营，他去了约翰·霍普金斯大学天才少年中心（Centre for Talented Youth，CTY）的写作课，他的老师结束时对我说："I won't be surprised if he turns out to be a writer."（如果他将来成为一名作家，我也不会感到意外。）他尤其擅长创意写作（creative writing），可以由他自由发挥。他也很喜欢看书，什么书都看，确实是开卷有益。

择校篇

我们也曾考虑要不要把儿子送去顶尖私立高中读书，Phillips Exeter 也因为儿子初中数学比赛成绩优秀，而写信邀请他去申请。好的私立高中师资比较强，课程安排也比较丰富。另外它们的生源素质比较好，学生进顶尖大学的比例也高，学校也会全力以赴推孩子进最好的大学。当然学费也是非常昂贵的。

但我们住的斯卡斯代尔的公立高中，在全美公立高中的排名，总体情况可以名列前茅。这个学区的最大优势就是老师、家长、孩子多位一体，拧成一股绳把教育搞好。对我非常管用的就是我们学区的育儿组（parenting group）。据说这是我们学区的首创，其他学区是没有的。全学区有上百个这样的育儿组，从小学 5 年级开始建组，按家长的相关情况把十几位同年级的家长组织在一起，每个月轮流在家长的家里开一次会，每次一个小时，由对学校孩子比较了解的协青顾问（youth outreach counselor）主持，围绕孩子的教育大家在一起无话不谈。通过这个形式，家长对学区的整个教育环境就非常了解。

在公立学区，家长参与很多学校的活动，奉献他们的时间和金钱，跟老师一起互动搞活动。家长和老师相互熟悉，可以帮助解决很多潜在的问题。比如，儿子的一个英语老师，在正式的家长会上和成绩报告单上，都说一堆好话。但有次在一个多文化的午餐会上，他跟我说："Your son tends to put too many things on his plate." 意思是儿子总想要做很多事情，但时间精力上又忙不过来。我自己隐隐也有这样的感觉，但经老师这么一说，就更证实了我的怀疑。后来在 11 年级，我跟那位升学顾问一起，说服儿子不要上美国历史的 AP 课，因为那门课需要花很多时间；另外一个就是暂停音乐学校一年，可以节省时间，让他更专心于他主要的学业。所以，这些点点滴滴的信息非常珍贵，可以帮助父母和孩子做出更明智的抉择。

另外，按我的看法，私立学校的有些优势是可以复制的，而且在花费上性价比更高。比如说我们镇上的公立学校有很多课程没有，那儿子就会去 CTY 选课，去斯坦福大学的天赋少年教育计划（The Education Program for Gifted Youth，EPGY）选课，都是网上课程。曼哈顿的哥伦比亚大学也有科学荣誉项目（Science Honors Program），在周边地区择优录取 100 多名高中生，允许他们每个礼拜六去免费旁听一门课。曼哈顿还有俄国人开的普希金学校（Pushkin Academy），我儿子也经常去那里学数学。公立学校的升学指导可能比不上私立学校的，那我们就自己花钱在外面找一个对我们合适的顾问。这些也不是很贵，跟私立学校的学费比起来，那是小巫见大巫。

升学篇

本来阳阳一直想进的是麻省理工学院（MIT），因为他觉得那儿的学生跟他比较"臭味相投"，有很多数学夏令营的营友在那里。也因为他经常去那里参加比赛或其他活动，对 MIT 的校园课程等非常熟悉。我们在东部，自然对东部的学校比较了解。但他赢得奥林匹克化学奖后，MIT 就基本成为一个定数——MIT 对奥林匹克获决赛奖的孩子基本都照单全收。有一天他突然跟我们说他想去斯坦福，说他有个非常尊重的数学营友对他说"非斯坦福莫属"（Of course，Stanford）。而且必须提前申请，如果走标准申请的话，从东部进去的概率会小很多。

我们对西部学校比较孤陋寡闻，对于这半路杀出来的程咬金，我们决定马上订好机票，全家飞到斯坦福做校园访问。不看不知道，一看瞠目结舌。那是个相当精致优美的校园，还能感受到整个学校对学生关心体恤的氛围。当时我们就对儿子说："如果你能进斯坦福，那是你的福气，我们完全支持。只是希望你进了这么个'高大上'的学校，要做'高大上'的人和事，不要辜负了这么个'高大上'的环境。"

到最后申请时，他把唯一的提前申请的一票投向了斯坦福。没想到还真中了！

申请大学是对孩子一个总体的包装展示，很难说具体是哪个亮点让斯坦福看中。最基本的条件他都满足：GPA、SAT、SAT II、AP 等。论文和推荐信也不错。但满足这些基本条件的人很多，接下来就要看还有没有其他什么专长，有没有吸引学校注意力的抓钩（hooks）。我想他含金量最高的抓钩就是奥林匹克化学的前 20 名。但同时他还有其他的数理化奖项：他是学校科学杯队的创始人和队长，这个队两次打到国家级别的比赛。他还是学校数学队和科学奥林匹克队的队长，这

2013年斯坦福大学家长访问日，全家摄于斯坦福大学校园

说明他不缺领导才能。同时他还有体育和音乐的爱好，英文的阅读和写作也是 SAT 考满分的。所以尽管他数理化很强，但好像也没有那么偏科。前面提到过大提琴对他的生活有很大的影响，当时申请斯坦福的时候，他录了一个 CD，选了两首曲子寄过去，只是说明他有这样一个爱好。他基本上没有特意做过什么社区服务，唯一做的就是加入学校组织的荣誉社团（Honors Society），帮助其他孩子解答学业上的问题。但他也没有必要花很多时间，我们公立学校也没有规定一定要做多少小时的社区服务。

我们雇的升学指导在儿子申请大学时，为文书过目把关。英语不是我们的母语，对写作方式和风格我们也不懂行，所以找个顾问把把关，还是挺有帮助的，最起码让我们吃颗定心丸。儿子在写那篇《卡拉马佐夫兄弟》的书评文章时，我看了还感到诧异。他说他花了一年时间读一本书，我在想别人看了会怎么想：是不是读书速度太慢情结太深？我问了那位顾问可不可以，他说可以，我也就没有多说一句话。我相信这位顾问的能力，儿子的写作向来是不错的，如果他们两人都觉得通得过，那我应该放心了。

最后斯坦福的当地招生官写了一封亲笔信给儿子，说让她印象深刻的是写在文书里的一年一本书的故事："The fact that you spent one year reading *The Brothers Karamazov* means that you have a sharp and insightful mind."（你花一年时间读《卡拉马佐夫兄弟》，说明你有敏锐和富有洞察力的头脑。）现在想来，幸亏我当时没有多说一句话，要不这篇这么重要的一年一本书的故事就有可能断送在我的手里。所以最后到底让招生官感兴趣的是哪一个方面，让他们投了赞成票，只有他们自己知道了。

一转眼阳阳到斯坦福已经 3 年半，还有半年就本科毕业了，目前在申请研究生院，继续攻读物理学博士学位。在大学期间，除了努力完成学业外，他还继续发展他对音乐和体育的兴趣爱好，同时还参加不少传帮带的社会活动。他是斯坦福大学飞溅项目（Splash Program）的两位主席之一。这个飞溅项目每年两次，每次指定一个周末安排上百个讲座，由教授或研究生就不同的课题演讲，让邻近的几千名高中生来免费听讲座受教育。而他的职责就是协调安排好所有与此有关的运作。他自己过去在高中阶段也深深得益于 MIT 的飞溅项目，所以就一直有志在这方面做点贡献。2014 年和 2015 年的夏天，他们的数学俱乐部在北京组织高中生数学竞赛，中国的高中生反应积极，有上千名学生近百队踊跃参加，他也两次去北京参与出题、评分等组织活动。

父母养育孩子，就像是跟时间在竞争，在孩子上大学之前，把他成功抚养成人，然后就由他自由翱翔。看到儿子独立自主，有理想，有追求，我也觉得非常欣慰，近二十年的心血没有白花。现在总算可以松口气，退居二线，合上自己养育的这一篇章，天高任鸟飞了。要问我的时间去哪儿了，就花在这儿了。

苗娟，1988 年北京师范大学教育系硕士毕业。1988 年赴美，1990 年开始在纽约公立中学做教师，教过数学、英文、科学和社会学。2000 年开始担任公立小学副校长职务，深受学生、老师和家长的尊敬和爱戴。2009 年获得美国西东大学的教育管理博士学位。在业余时间，苗娟喜欢照相、旅游、收藏和种花。热爱生活、真诚对人是她的生活态度。

育有四女。老大从康奈尔法学院毕业后在纽约一家前十强的律师事务所做商业律师，老二哥伦比亚大学毕业后在花旗银行做股票交易员，老三目前就读于耶鲁大学建筑研究生院，老四即将成为乔治城大学的一年级新生。

我与我的四个女儿

母亲身上的教育投资和孩子们的藤校

我在北师大读教育研究生的时候，有一门课叫教育经济学，是当时颇有名气和个性的一位教授教这门课。但是我不记得我选了这门课。因为当时我对教育和经济之间的宏观关系没有一点儿概念。后来从自己的经历中体会到教育的投资和回报，逐渐对教育经济学有了些微观的理解，觉得我这一辈子在自身教育上的投资收益甚大！

第一笔教育投资是16元人民币，当时能兑换4美元，这钱是我父母掏的。1980年，我17岁高中毕业没考上大学，决定上补习班。一年要交16元的学费。当时学徒工一个月的工资也只有18元。我听了这价儿恨不得自己在家复习。我平时省吃俭用的妈，却立刻给了我钱。结果第二年我考上了北师大。这学费应该说赚回来了吧。现在想来，这笔投资改变了我一生的命运，回报是不能用数字计算的。

我1988年在北师大硕士毕业后来到美国。那年秋天在纽约市立大学注册入学，学费是我先生用他在哥大攒下的奖学金给我交的。当时许多来陪读的太太们都去餐馆打工赚钱。而我不赚钱还要交学费，很多人不理解。我读的是小学教育的硕士，修了大概15门课，一共才花了3000美元。两年以后，1990年的秋天我找到了一份中学教师的工作，年薪33 330美元。纽约教育局还帮我们办了绿卡，我们得以在美国站住脚，之后又生了三个孩子。这笔投资改变了我们一家的命运！

1997 年秋，我决定回到纽约市立大学读教育管理的硕士。这时一门研究生课的学费涨了一倍多。我修了 11 门课，花了大概 6000 美元。2000 年 3 月我找到了副校长的工作，薪水从 49 000 美元变成了 81 000 美元。转眼我已经在这个岗位上干了 15 年。工资的提高是收获之一。更重要的是在这个位置上受的培训和锻炼使自己的能力长了一大截儿。而直接受益的是孩子们。我督促她们提高英文，用的是在哥大教师学院受训时学的教读写的新招儿；在精神上指导她们，用的是我们学监的口号"pursue excellence at any price！"教育投资就这样回报到四个孩子身上！

我在自己身上花费最多的教育投资是 2 万美元。在 2002—2009 年间，我共上了 15 门博士课程。每门课的学费是我刚来美国时上研究生课程的 10 倍，2000 美元左右一门。读下来大概一共花费 30 000 美元，我们学区里帮我交了差不多 10 000 美元。那年我都 45 岁了。现在拿到学位有五六年了，没有找到合适的校长位置，工资也没有什么大涨，这笔投资从经济上只出没进。

但是读这个学位，教授教会我好奇，提问题，通过调查研究改进工作和改善生活。还教会我把思想理清，把话讲通，把文章写精！另外我学到了怎样观察时事的趋势和变化，因而对学校的和家里的愿景都能做到高瞻远瞩。更重要的是通过坚持十个月每天晚上和周末写论文懂得了纪律和不放弃在成功中起的作用。这种精神上的收获让我和孩子终身受益！

这些无价的经验，给了我智慧和力量教育四个孩子去藤校读书。最近的五年里，老大从康奈尔大学法学院毕业，在纽约前十强的律师事务所作商业律师。老二上完哥伦比亚大学，入职花旗银行。老三去年开始读耶鲁大学的建筑设计研究生。我受的教育和经历让我在她们工作后，还能够倾听、理解她们，给予指导，支持她们出了校门还有后劲儿。对我来说教育投资的最大回报应该是懂得不断学习进步，和孩子一起把路走得更远。我家老四今年九月也要上大学了，她人生要掀开重要的一页，对我这当妈的也是。我在琢磨着怎样再在自己的身上投笔资，让空巢以后的日子更灿烂。我是没有上藤校的机会了，但不等于再也没有人生的腾飞了！

高中四年，陪孩子度过人生中关键的那一段

我家老大是2003年上高中的，今年2016年老四高中毕业。算起来差不多有十三年家里有高中生。我今年52岁，过去四分之一的光阴活在孩子的高中时代。回想这段生活，有两点感触颇深。

第一点是不断学习，提高自己，引导孩子。我来美国之前在北师大读了教育学硕士，来美又读了两个硕士和教育管理的博士。另外在工作的27年中，受过无数次在岗培训。我把学到的这些知识除了运用到教育管理成百上千的学生外，还活学活用地运用到培养四个女儿上。自己不断学习，不断摸索，孩子才能有进步。我在学校里，就像学校强调的：提高学生成绩，教师要先行，不断改善教学方法。

第二点是家长要受得了苦，耐得了寂寞。这十三年中，我和先生除了兢兢业业地工作，下班后都是集中精力带孩子。我们只有两年带孩子回国探亲度假，其余的十一年，大多和孩子们日复一日地汗洒网球场了。而且其中有八年的圣诞节用到了申请学校上。没有度假，没有请客吃饭，只有做文章。每个孩子四年高中，四个孩子前前后后，一共十年！

作为过来人，我掰着手指算算我们整天在忙活些什么呢？我想，主要有以下几方面吧：

第一，争取得 A，得 B 也不气馁。

高中四年，是孩子知识技能突飞猛进的增长期。学习很重要，努力学习，争取得 A 是每个学生的责任吧。我家四个女儿在高中时都不是全 A 的学生。这和我这当妈的教育方式有关。她们上小学初中时，我们最重视的是体育，下学先游两小时泳。回家吃完饭练钢琴。钢琴练完，也该睡觉了。暑假也是从来不加班儿学习，上高中后大部分的夏天都汗洒球场了。所以上了高中，功课底子薄，加上文体活动占的时间长，尽管刻苦用功，争取得 A，但是免不了有事与愿违的时候。

但是，你若和我的孩子一样不是全 A 生，也不必太在意。孩子尽力就好了。得 B 的孩子们在高中受过挫折，有跌倒再爬起来的经历，是一个收获。我家老三，高中就得过 B。到库伯联盟学院读大学时，成绩开始有 C 和 D。有一门现代物理还考了 F，还得再修一次。我急她不急，说 2.95 的 GPA，找工作不成问题。她带着这个 F 申请最顶尖的四所建筑学院的研究生，被其中三所都录取了。上耶鲁大学后的第一学期有两门是低分通过（low pass），但第二学期一下上来了，想法倍受设计教授欣赏。

第二，参与多项活动，找到特长。

高中阶段，不仅是孩子积累知识的重要阶段，而且是他们不断探索各种爱好，发现特长的关键期。我家四个女儿都是小时候游泳，弹钢琴，画画。高中都打网球，三个吹黑管一个唱歌。高中以后基本上有一种专注的特长，而这特长和她们的工作相辅相成，让她们受益匪浅。

老大高中唱了四年歌，还进了州合唱团。12 年级时自己对烹饪节目（cooking show）最感兴趣。进了乔治城大学期间，成为校报美食专栏作家。从法学院毕业刚工作，就因随年长律师买酒，出了好点子，深得喜爱，被拉着做大案子。两年半干了25宗，现在跳槽到纽约前十强的公司。老大大概除了懂法律外，就是懂吃喝。

老二去菲利普艾斯特中学（Phillips Exeter Academy）后开始学打壁球。四年下来从第28名打到第1名。在哥大时做了两年的队长。到花旗银行工作以后，被哥大校友会主席推荐加入大学俱乐部（University Club）这个十分难进的俱乐部。除了打球，她还参加不少其他活动，认识不少各界精英。俱乐部是她的家外之家，打球是让她疏解压力的出口，使她顶住工作的压力。

我家老三，折腾了半天体育和音乐。大学坚持了四年画画，积累了许多本人物速描。最后申请研究生有三个学校买账。现在在耶鲁学建筑，还画呢！我举这三个孩子的例子是说，高中阶段，孩子对事物的爱由广浅到专深，对爱好的坚持从迫于外来压力到发自内心，一旦固定下来，孩子会享乐终身。

第三，全家互动，彼此帮忙。

高中阶段，是孩子和父母手足朝夕相处的最后四年，这段时间，家里的互动，决定将来的亲情关系。我家孩子多，我分散给每人的精力和照顾少些，可能还不如其他家长做得好。

我家老二在十四岁离家去读私立寄宿高中，我经常带上小学的老四去看她。我们送东西给她吃，听她讲学习、交友、打球的压力，给她鼓劲。离开时，我们在寒冷孤零的小火车站难舍难分，因此她和老四总是格外亲近。凡老四的事，老二比老妈还上心。介绍老四去纽约卖菜，去朋友家听音乐，整天提醒她别误了申请大学的日期。

老大申请大学时一切材料由自己准备，却为两个妹妹的申请逐篇逐段检查语法。两个妹妹共申请30个学校，多大的工作量呀！后来这位大姐工作不到一年在纽约买了房，老二一个月以后也搬了进去，成为长期房客，得以走路上班。老三放假，去纽约玩时睡她家的客厅沙发。大姐有时也烦，可有什么办法？现在大家喜欢讲格局，高中时是不是就形成了以后家里关系的格局，谁和谁好，谁老帮人，就都定下来了。前一段有篇文章讲哈佛一个研究结果，说和家人亲密的人比较容易成功和幸福。大家一定珍惜高中这四年。

第四，倾听孩子，沟通学校。

高中阶段，是孩子的青春期，孩子压力大，经常有不平感。我们做家长的，要多听少说，但关键时刻还得帮助孩子，教孩子什么时候该努力，什么时候该争取。老二上高中时，有一次打电话给我时非常激动，要我赶紧打电话给教练。为什么？因为教练让打第一的她和第二名再打一场轻量战。老二觉得已赢过一次，排名已定，为什么还要打？而且第二名的妈妈要来为她助阵，不公平！她让我给教练打电话制止这场比赛。我听了以后，告诉老二，这电话我不能打。我无权也不能干涉教练的决定。我告诉老二，她打赢打输都会获得经验，态度要像个队长。结果老二输了，但又兴致勃勃地跟教练到哈佛看大学联赛了。

老四从教会高中转回公立高中时，学校非让重选代数 2，这门课她得过 A 也不行。我听了，和她一起去找辅导员、数学主任和校长，甚至给学监打了电话。最后学校答应免了代数 2，少耽误一年。在高中倾听孩子的，做出是自己努力还是跟学校讲理的决定。这样，孩子到了大学知道怎样进退。

第五，解放思想，大胆尝试。

高中生开始想摆脱家长，自己判断作决定。我家老二，要上 8 年级的那个夏天就非要离开家上高中，没想到还居然考上前两名的学校。我们朋友都觉得花和大学学费差不多的钱上高中没必要。因为家门口的公立学校很不错，一分钱也不交！而且照她初中第一名的成绩，考个藤校没问题。我们家父母工作忙孩子多，老二又很坚持，于是决定支持她！现在看来，当时的决定不仅老二，全家人都受益。

六年以后，老四也报了老二的高中，但没有被录取，决定上附近的教会高中，换个环境。离开所有的朋友，穿着教会学校的校服上了一年，交了许多白人朋友。但是那里的学习不具挑战性，网球队和乐队活动水平太差，就决定转回公立高中。上教会学校这一年，让她落后过去的初中同学一大截，但她自己有动力，什么都不怕。

我家老大和老三的高中按部就班。但老大申请研究生时放弃华盛顿大学法学院的高额奖学金去了康奈尔大学法学院，老三本科毕业时从工程本科转读建筑设计研究生。她们是不是高中时受另外两个影响？高中期间，让孩子决定，大胆尝试，他们长大才不瞻前顾后，缩手缩脚。

第六，统筹兼顾，眼光长远。

最后我要讲的是，孩子高中四年是他们的成长关键期，同时这段时间也是我们家长事业积累发展的黄金阶段，我们要把握好火候，才能孩子大人两不误。我家前三个孩子上高中时，我当副校长，学校有近80名教职员工，700余名学生。我还在工作之余读博士。这是我肩上的两座大山。另外，四个孩子，每个都不能怠慢，是四座大山。而且那些年家父长年有病在身，我每年回国。一共有七座大山。好在我先生自己的任何事情不用我费心，让我得以整年只顾在这一亩三分田里照料这"七棵白菜"。我整天是看着这棵蔫了就赶忙施肥浇水，长势好一点儿了就赶快忙其他的事。四个孩子就是在这种管与不管之间有了自由发展的空间，又不失父母的及时指点和关心。每个孩子得到的并不都一样，但是她们在最关键的时候，得到了自己最需要的。

生活中的事就像地里的庄稼，不是任何时候都长得旺盛，时有花开花落,收获不一的时候。有时孩子好,工作不顺心。有时孩子让人生气,自己学业有安慰。于是,自己在失与得中平衡心态,处乱不惊。

孩子们的高中四年,也像我一样经营着自己的田地。学习,打球,音乐,等等,每人也有六七件事情同时进行。妈妈每天要做出无数大大小小的决定,孩子也从中学到取舍,合理分配资源,以及胜不骄败不馁。她们也体会到有时有心栽花花不开,无意插柳柳成荫。我经常告诉她们成功需要积累,很多时候成功不是不来,是时间没到,要把眼光放长。

孩子的成长,高中四年最为关键,他们离开父母之前的这段生活,影响他们一生的态度,习惯和命运。我在教育孩子时尽量照顾到以上几方面,把握好度。这样孩子离开家面对各种挑战时能找到平衡的点,保持平和的心态。

亓宏博，辽宁朝阳人，南开大学化学系本科毕业，20世纪80年代中期赴美，于莱斯大学取得化学硕士学位，1990年开始在默克制药公司做医药化学研究工作，2011年退休，现在开始全新的第二事业，全职做理财规划工作。

育有三子，并一直对孩子的培养和教育具有浓厚的兴趣：从孩子们的早期启蒙教育，到青少年反叛时期的沟通与交流；从如何激发孩子自身的主观学习积极性，到发挥每个孩子不同的特点和长处；从每个孩子的个性和爱好出发而因材施教，到高中时期向大学冲刺的规划与策略。在不断地阅读、学习和实践中，总结大量的经验和智慧，并取得了令人欣慰的结果。大儿子以高中毕业第一名的成绩被11所顶级大学录取，包括普林斯顿大学、麻省理工、哥伦比亚大学、宾州大学等，他2012年已从麻省理工以GPA4.0的成绩毕业，现于斯坦福大学读计算机科学的博士学位。二儿子就读于阿默赫斯特文理学院经济系，2015年毕业，被思科公司录用。三儿子在高二结束时随父母迁回上海，在上海美国学校高中毕业，2013年就读于伦斯勒理工学院（RPI），现为航天工程系大三学生。

早期教育的重要性

朋友们总是对我说，看到你又全职上班，又带三个孩子，还能有时间去做许多其他事情。我学练太极拳十五年，和一位老中医学了三年的中医，四年前能提前退休，又将业余时间学习的理财发展成全职工作，成为第二个事业。孩子们也都能发挥自己的特长和潜能，被他们自己心仪的大学录取。这些是怎样做到的呢？ 我的回答是：要想事半功倍，抓好头十三年。有时候看见一些朋友询问孩子到了高中以后要做些什么，说实话，那时才来关心孩子，有些为时已晚。老话说，"从小看大，三岁看老"。我认为，从孩子出生到十三岁之间，是教育孩子最关键的时间，这段时间是孩子人生观、世界观和价值观形成的时间，是孩子各种习惯养成，性格形成的时间，也是我们家长能发挥最大影响力的时间，可以与孩子建立亲密的相互信任，相互理解的关系。在这段时间，孩子们的可塑性很强，如果我们家长忽视这段时间的亲子教育，或因偷懒而没有付出，或没有应用正确的方法和手段，则对孩子的智商与情商的发展有不可挽回的损失。大家都知道，孩子到了青少年时期，反叛性很强。如果孩子小的时候，家长没有下功夫，那么后面就是加倍的努力，也很难达到目标。只有前面的工作做到家了，后面我们就把握大方向即可，而让孩子自主地自由地发展，前面的努力使后面的结果水到渠成。像我们家的三个儿子上高中后，我真的没有觉得操那么多的心，没有事无巨细地为他们安排，也没有感到他们

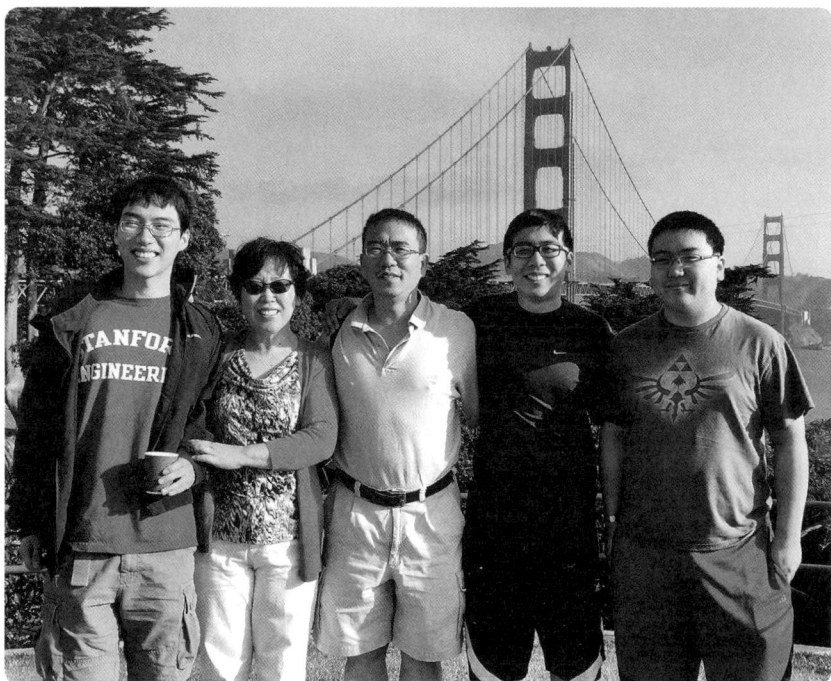

全家合影于金门大桥

有反叛的阶段。我家老大给我的做家长的评语是："You are a totally hands off parent."（你是一个完全放手的家长。）这就说明我前面的付出收到了成倍的回报，我不仅把孩子们培养成健康、快乐、向上，并且具有自推力的孩子，还能抽出时间来丰富自己，提升自己。下面我就关于孩子早期教育的体会和经验与大家分享一下。

不辞辛苦，自己抚养

首先，我们既然要把孩子生下来就要自己来养，这句话说起来容易但做起来却不容易。我们海外的朋友，由于学习或工作的各种原因，有时不得不把孩子送到国内父母那里请他们帮忙抚养，国内的许多年轻人或怕辛苦，或因为各种原因，也把孩子丢给父母，其实这样对孩子是很不负责任的。我们自己把孩子从小抚养成人，固然要付出许多的辛苦和汗水，但我们所得到的奖赏会远远大于我们的付出。看到孩子的天真笑容，看到孩子从三翻，六坐，八爬，到蹒跚学步，每一个里程碑都是对我们最大的奖励，而我们与孩子之间的爱、理解和依恋也是这样一天天形成的。与孩子的分离无论时间多短，都是对父母和孩子巨大的损失，我们会失去陪伴他成长的那一时刻。我好朋友的女儿两岁左右时送回国一年，回来后总是觉得和父亲不是那样的亲。另外，我们是按照我们自己的理念及现代的育儿方法来培养孩子，我们自己带孩子，孩子以后成长的好与不好都是我们自己亲手教育的结果，我们不会因为孩子有不好的习惯而去埋怨说这是长辈给娇惯的结果。所以我的三个孩子都是自己一手带大的，老大和老二的月子都是我自己坐的，中间虽然有父母来帮忙，但自己始终把握着孩子教育的主导地位。

广泛阅读，自由畅想

其次是培养孩子的读书习惯。我还记得我小时候读的许多书的内容，那些书籍对我的影响是潜移默化的。书给孩子打开了想象的窗子，让孩子想象的翅膀可以自由地飞翔。孩子们小时候每天睡觉前的故事时间是必须的，我们每次去图书馆都借二三十本书，不管是虚构类还是非虚构类，我都让孩子们尽情地阅读，使孩子对书的热爱与日俱增。读书不仅使孩子们丰富了知识，开阔了视野，还对以后的写作和思考有莫大的帮助。孩子上学后，每次从学校拿回老师发的图书广告时，我都会选几本好书买下来。我总想，买一本书，三个孩子看下来，也就值了。孩子们大了以后，许多小时候的书大部分或送朋友，或捐给图书馆，但有些好的系列丛书我都保存下来，准备给孙子孙女留着吧。记得曾有一个朋友来我家小住几日，她对我说：你们家的特点是每一个卧室里都有装满书的书架。我自己也是书迷、买书狂，各类书籍都买了许多，只是有些书还没有读过。我现在的挑战是把这些书都看了，在目前手机电脑充斥人们大部分时间的时代，要安静地耐心地读完一本书还是挺有挑战性的。爱读书的家长就会培养出爱读书的孩子，让我们和孩子一起读书吧。

自主控制，巧妙引导

关于孩子看电视和打游戏的问题。我们孩子小的时候，只有电视和游戏机，电脑游戏还没有盛行。那时我对孩子们看电视是严格控制的，基本上是只让他们看美国公共电视网（PBS）的节目，大部分是一些自然或科学方面的节目。记得他们小时候最喜欢的一个节目是魔法校车（magic school bus）。有一阵特别流行《精灵宝可梦》，不论是卡片还是卡通电视剧，他们都很喜欢。为了不影响他们做作业和其他活动，我每天都把卡通节目用录像带录下来，这样他们就可以先把要做的作业和其他事情做完，然后再看卡通的录像，不会把看电视作为最重要的事情。当时还流行一种小的游戏机，叫game boy，去哪里都可以带着玩。这个我就坚决反对，从来没有给他们买过，我们去哪里就带几本书，养成看书的习惯。家里像任天堂之类的游戏机还是要有的，小朋友来了可以一起玩，如果孩子一点也不会，也会影响他们和朋友之间的交流。十多年来，我们家的电视大人孩子都很少有人看，当然现在有了电脑和手机，电视就更没人看了。我认为粗暴地拒绝孩子玩任何游戏是不现实的，毕竟这是孩子社交的一个重要方式，怎样有度地玩游戏是锻炼孩子自控力的一个途径，家长需要正确地引导和智慧地安排，让孩子能够正确地处理。我是不控制孩子用电脑的。我对他们说，我相信他们控制自己的能力，但只有在周末才可以玩游戏。平时紧张的课程和众多的课外活动，及孩子们自己对学业的重视和要求，使他们都能把学业放在第一位。要知道，如果不在小时候练好自制能力，都是家长强制控制，那么可以想象到了大学时期在没有父母监控下会发生什么样的情况了。

广泛尝试，重点提高

在孩子小的时候，我们要发现和培养孩子的兴趣和爱好。开始的时候我们不知道孩子喜欢什么并且擅长什么，所以什么都要试试。我想大部分家长也是这样做的。我们参加过多种体育项目，像篮球、棒球、足球、游泳、跆拳道等，每一样都试过来后，发现我们儿子没有多少体育天才，但锻炼身体是必不可少的，而且体育还可以锻炼孩子的毅力及抗打击能力，所以我们就选了小时候练跆拳道，锻炼一种敢于拼打的精神，虽然水平不是很高，但三个人都达到了黑带。然后从小学三年级开始踢足球，一直踢到上高中，达到锻炼身体和意志的目的，孩子们的足球技艺也有了很大的提高。在尝试音乐的过程中，感到三个孩子都在音乐方面有一些才华，其实孩子对音乐的兴趣也是一点点培养起来的。记得老大五岁，老二两岁时，哥俩迷上了 PBS 播放的雅尼的《雅典卫城实况》的精彩演出，每天晚上必看一段录像才能睡觉。迪士尼的《幻想曲》也是他们的古典音乐启蒙老师，孩子们百看不厌，对古典音乐越来越喜欢。三个儿子后来都成为优秀的双簧管和单簧管演奏者，老大和老二接连四年坐上全州高中交响乐团的第一把双簧管交椅。我觉得培养孩子在某一方面的兴趣是一个潜移默化的过程，而不是你让他学什么，他马上就有兴趣或没兴趣。我们家长不要有太多功利想法，好像孩子学什么都要有一个目的，取得什么成绩。其实只要孩子用心参与了，对他们以后的生活品质也是有积极的影响的。像我的三个儿子在大学期间都加入了学校的交响乐队，音乐一直陪伴着他们，是他们放松压力，结交朋友的最好途径。儿子们也学了一阵画画，现在老大在他的博客上还经常在讨论计算机课题的文章中加上一些卡通画，增加不少情趣，那也是小时候打下的根基。

家庭和睦，言传身教

孩子能够健康成长，最重要的因素是家庭的和睦，父母的配合以及父母的表率。父母的恩爱是一个家庭幸福完美的基础，父母对孩子教育的认识要在同一个高度上，另外还要积极地参与学校及社区的活动。虽然我和我先生都是全职上班，但在参与孩子的活动上，我们都是尽力配合，争取多参与，多贡献。我先生作为镇里组织的足球队教练长达六年，这样孩子就没有理由不去参加训练和比赛。父亲与儿子之间的关系也是在平等中有尊敬，孩子们和老爸可以无话不说。我是学化学的，孩子们在小学的时候，我经常去他们班级里给孩子们做些小实验，像水下火山爆发等，帮孩子们增加科学知识的同时有许多乐趣，并同时和老师也建立了良好的关系。妈妈能来班级给同学们做那么多有趣的实验，孩子也感到自豪。

吃一堑长一智，战胜自己

我们家长不要怕孩子犯错误，我们每一个人都有可能犯错误，只要我们从中汲取经验教训，在以后的过程中不犯同样的错误，并做得更好，我们就会更上一层楼。我家老大和老二都在学校乐队吹双簧管，老大在高三和高四两年连续夺得全州第一名，当哥哥毕业后，弟弟就顶上去了，那时他在高二，虽然上面有两届比他有经验的队员，但他还是拿到全州第一，这对他来说是一个很不容易的成绩。在高三和高四选拔赛时，他很有可能再次获得第一，从而蝉联三年第一，也有可能创纪录了。但是他就是在高三的选拔中跌了跟头，与他骄傲自满的心态有关，虽然进入了全州乐队，但没有拿到第一，而且还丧失了去全美东部乐队的机会。这时，我就对他说，无论做什么事情都要认真对待，不要以为任何的成功是理所当然的，竞争激烈，逆水行舟，不进则退，态度决定结果。当高四的全州选拔赛开始的时候，已经是那一学年的下半年了，老二已被阿默赫斯特学院提前录取了，所以这次选拔结果对他的大学申请已经没有任何意义了。但是他心里下定决心，认真练习，认真参加比赛，终于又一次拿到第一名，这是对他自己的一次自我肯定，他成为了全州仅有的两名州长青年艺术奖获得者之一。

名列前茅，水到渠成

像我前面所说的那样，只要我们前面的工作做到家，事半功倍的成果就会显示出来了。三个儿子都能自觉地学习，积极地参加课外活动，在自己擅长的领域里名列前茅。大儿子高中毕业时全校成绩第一名，被麻省理工学院、普林斯顿大学、哥伦比亚大学等多个藤校录取。

二儿子被排名第二的文理学院阿默赫斯特学院提前录取。三儿子随父母回到上海读完高中，考取伦斯勒理工（RPI）学院并获得奖学金。三个儿子的性格和特点都不一样，所以在申请大学的策略也不同。老大全面发展，实力雄厚，所以他只申请斯坦福大学的 EA，这样他可以从众多录取他的大学里选择他最喜爱的学校，最后他选择了去麻省理工学院读计算机专业。老二的成绩不像哥哥那样出色，他情商较高，爱交朋友，喜欢小一些的环境，所以阿默赫斯特学院非常适合他，两次校园访问使他坚信这是他梦想中的学校，所以通过 ED 就提前锁住了这个学校。老三喜欢数理，工程学院是他的最爱，几年在 RPI 的学

大儿子于麻省理工大学毕业

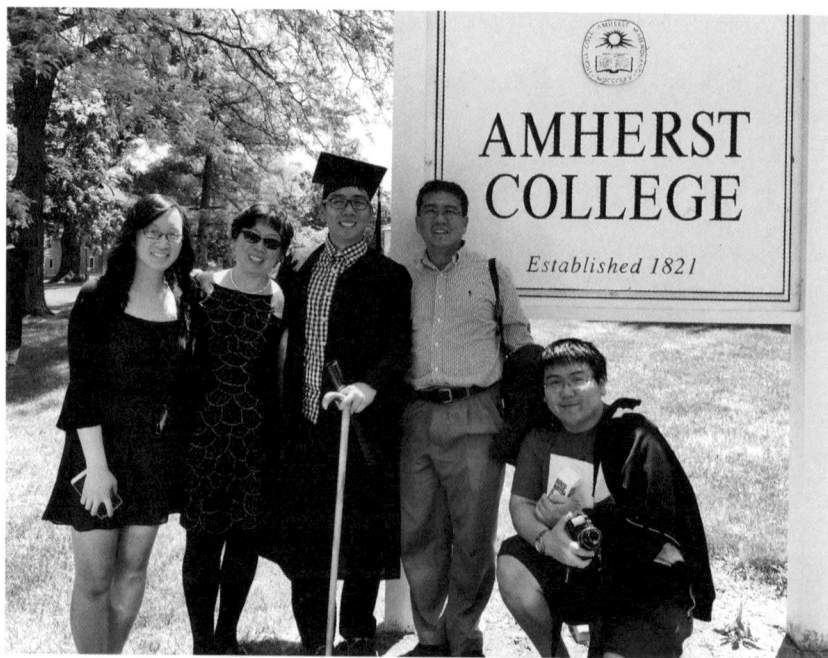

二儿子于阿默赫斯特学院毕业

习生活使他完全沉浸在知识的海洋里，在大学里也是名列前茅，拿到不菲的奖学金。

对家长们的期望

还有一些对家长们要说的话。我们要知道没有有问题的孩子，只有有问题的家长。我们平时与孩子交流时，不要总是批评、指责和埋怨，我们要从孩子的行为里找出他们做得好的地方给予鼓励和赞美，这样才能提高孩子的自信心。我们要告诉我们的孩子，不管他是不是所谓的成功人士，我们都是无条件地爱他的，我们用我们的行动去影响孩子，而不是用语言去说教。我们都希望我们的孩子有自信心、好奇心、自制力、探索力，能胜不骄败不馁，有灵活的头脑和广泛的社交能力。那么回头看看我们自己，是不是具有所有的这些品质？教子的过程也是我们家长自修的过程，只有当我们自己提升了，才能更好地启发和引导我们的孩子，使他们青出于蓝而胜于蓝。

任立红，内蒙古赤峰市人，现居上海。博士，东华大学信息科学与技术学院教师，主要讲授电子技术、电路等课程，从事智能控制、网络智能、嵌入式系统等方向的研究。曾主持国家自然科学基金等项目，作为主要人员参与国家自然科学基金重点项目。出版著作4部，发表论文50余篇，其中SCI、EI收录30余篇。授权国家发明专利7项、实用新型专利10项。获得"上海市学习型家庭""上海市教育系统比翼双飞模范佳侣"等荣誉称号。业余时间热爱读书、旅行、摄影、烹饪，也不间断地写些文字。

儿子2013年从上海中学毕业，被美国哥伦比亚大学提前录取。他自小兴趣广泛，喜爱读书、弹琴、绘画、下棋、篮球、旅行等。在小学阶段做少儿新闻学校的小记者，通过参观、采访、社会调研等一系列活动写了很多游记、采访稿、随笔、作文等，在少儿出版社新闻学校的支持下，出版《放飞童年》一书。初、高中阶段多次参加数学竞赛、科技创新竞赛等，获得美国高中生数学建模竞赛（HiMCM）一等奖、上海市青少年科技创新大赛一等奖，并获得上海市青少年"明日科技之星"等称号。高中阶段还担任学校播音室的新闻主播。大二时，获得美国大学生数学建模竞赛一等奖。

孩子赐予我们一生的修行机缘

　　我的儿子现在是美国哥伦比亚大学本科三年级的学生。我真的感谢孩子，让我在与孩子的共同成长中不断学习，不断思考，并不断完善自己。

　　说实话，我原本是个只会学习的所谓"学霸"。自从做了妈妈，便有了不断修行的机缘。我和先生都是新上海人，儿子出生时，外公外婆都没有退休，爷爷奶奶年岁已大，所以那会儿孩子没有老人帮着带，养育孩子的责任都由我和先生自己来承担。养育孩子过程中的衣食住行、教育陪伴，对我而言都太陌生，因而常常会急躁、焦虑。我是一个工科生，一遇到问题，可能更多体现出来的是严苛的说教。记得孩子很小的时候就说过一句话，说"妈妈总是爱讲大道理"，从那之后我便时刻警觉着。

　　家庭教育是个很大的命题，值得一生去思考。做好妈妈的角色，除了来自自己妈妈的耳濡目染，还有来自家庭教育书籍的指导帮助，以及在陪伴孩子成长的过程中不断的探索和实践。我最大的体会是：教育孩子是引导孩子，更是自我教育。永远和孩子共同成长，是孩子赐予了我们一生的修行机缘。日常中，孩子的许多言行在不断地影响我，让我更多地去自我觉察、反思、自省，并不断地完善提升自己。有了这样的感悟，我就更加尊重孩子，进而在潜移默化中引领孩子更好地成长。都说父母要言传身教，我倒觉得，这是个双向互动的过程。

因为孩子的许多言行，还有先生做缓冲剂，我就慢慢地变得从容淡定、宠辱不惊。于是，我也就更体悟一句话："每个灵魂降生到世界上，都有一个使命，这个使命不需要任何督促，只需要爱和自由，他自然就会体验。"

陪伴孩子快乐健康成长

作为父母，孩子的早教是一项非常重大的事务，我也不例外。在孩子很小的时候，看着周围别人家孩子的父母让孩子去上各种培训班，我也曾心动，但也深知陪伴孩子快乐健康成长才是父母能给予的最好的教育。

陈屹老师的《美国素质教育大参考》一书，可以说让我比较早地了解了中西方教育理念。这本书是孩子刚刚进入小学的时候我读到的，可谓如获至宝。书里面有中国作家在美国生活所获得的观察思考，细致入微；同时又有很多中西方教育理念的阐述，给了我很多启迪。"素质教育之独立思考、批判性思维"也奠定了我和孩子共同成长的基调。我深感教育是一种氛围，一种训练，一种生活。

我慢慢地确定了养育孩子的思路：给孩子充足的陪伴，给孩子无限的尊重信任，给孩子时间和空间的自由，给孩子选择，给孩子理解宽容，给孩子丰富多彩的书籍，给孩子养成自律的习惯，给孩子物质的适度满足和精神的充分滋养，给孩子足以享受自己休闲时间的爱好乐趣，给孩子力所能及的支持……培养孩子在未来的生活中成功寻找自己幸福的能力，让他的一生在充满情趣、幸福和友爱之中度过。

于是，在儿子的成长过程中，我们抛开了许多技能性的培训班，而选择带儿子尽可能多地走进自然，走进社会，走进艺术，走进科学……

在这样的过程中，逐渐地让儿子建立起对于文学、音乐、绘画、运动、科技、旅行等的兴趣，营造了快乐自由的学习成长空间。这种习惯的养成，为丰富孩子的生活阅历奠定了基础。那时候，我们母子经常是来趟说走就走的自行车之旅，儿子坐在自行车儿童座椅上，东张西望，开心无比，而母子的对话也是无所不包、海阔天空。我们很珍惜那些看似琐碎细小的点点滴滴的小事和他美好的童年记忆。

儿子在8岁的时候就作为小记者参加许多活动，采访政府、企业、慈善活动、国际会议……接触科学家、艺术家、作家、企业家、金融家……准备素材、采访、写稿等一系列工作，颇为辛苦，给了儿子很大的历练。在这个社会大课堂里，了解社会、体验生活、开阔视野，从不同的受访者那里体会他们不同的成长经历，体验他们的成功之路，这些都成为儿子成长过程中取之不尽、用之不完的知识与智慧源泉。小学三年级暑期，儿子曾跟随记者团采访上海中学老校长唐盛昌。有着悠久历史的上中校园，古树参天、绿草盈盈、鸟语花香，有优美的大自然风光，还有典雅古朴的教学办公楼。唐校长告诉孩子们："在学识上要厚积薄发；在个性上，要能不断挑战自我与迎接新挑战；要成才，就要有独立思维、独到见解；只有努力创造属于自己的业绩，为学校、社会和国家做出贡献才是成才。"儿子在当时的采访稿中写着这段话，同时也在内心深处埋下了"长大考高中，一定要成为一名上中人"的梦想种子。梦想是内驱力的源泉。

三年多的坚持，在少年儿童出版社新闻学校的帮助下，儿子将童年生活体验汇集成作品集《放飞童年》，并出版发行，这也是我们作为父母给孩子最珍贵的十岁生日礼物。在回忆这段经历时，我翻开这本书，正好读到一段一位澳洲华人的话："一个人要记住自己的初心，只有走不平坦的道路，才能体会丰富多彩的人生。金钱并不能完全体现人生的价值，只有做出对社会有益的事情，自己感到满足并得到社会认同，才能体现人生的价值，也便是一个成功有情趣的人。"这是儿子小学三年级时跟随记者团远赴澳洲采访各界著名华人时记录下来的。

我相信"教育无痕"：五彩缤纷的童年为孩子奠定了自主、自由、自律成长的基础，也利于孩子未来成为一个兴趣广泛、视野开阔、思维活跃、有生活乐趣的人。

其实，孩子就是孩子，总有这样那样的缺点，比如马虎、随意、写作业不认真等。在和孩子共同成长的过程中，我时常会有很多纠结、斗争、较劲，但更多的是反思、管理情绪、自我教育。为此，时刻牢记这样一些词语：爱心、耐心、陪伴、理解、尊重、鼓励、赞赏、暗示、引导、倾听、换位思考、商讨、信任、宽容、平等、自主、自省、觉悟、示弱、放松、放手、支持、守望……所有这些，都使我在陪伴孩子成长的过程中受益。

阅读孩子这本独特的书

书籍是我和孩子共同的良师益友。在一起选书、买书、读书的日子里，我们享受了太多的快乐时光，交流沟通变得更生动有趣，交流内容也更加宽泛。

孩子本身也是一本书，与众不同，难以复制，难以修改。孩子又是一本不断变化的书，一天一页，一年一章，天天新变化，年年新发展，从童年到少年，从少年到青年。阅读孩子是父母一辈子的功课，父母必须认认真真地品读孩子这本独特的书，并在书中写下每一个珍贵的字，因为这本书只能写一次。

　　从怀上孩子的那一刻起，我就知道，自己已经不是简单的自己，做什么也不再是简单的个人行为，而是一家人的事情。说心里话，孩子的成长过程也是自己在成长、家庭在成长的过程，至今依旧如此。

　　要谈家庭教育，其实不容易，是个太大的命题：孩子各具千秋，各有特色，每个孩子的成长既取决于孩子本身的个性、特质，也离不开父母、家庭环境的因素，更不可能和他所在的社区、学校、同学、老师、朋友分割开来。教育是养育孩子的过程，更是自我教育与觉悟的过程，是一种成长，更是一种享受。

　　生活不仅仅只是读书或简单的玩乐，应该有更丰富的内涵。在幼儿园大班及小学低年级的阶段，孩子对很多事情产生兴趣。如果说家长真能够塑造孩子、引导孩子的话，这一阶段极为关键：一方面孩子可塑性强，好奇心盛；另一方面，此时家长还具有一定的权威，孩子也比较听话。我尽可能多地让孩子接触不同的活动，激发他更多的兴趣。比如，读书、钢琴、围棋、绘画、表演、主持、朗诵、采访、电影、游泳、旅游……丰富多彩的校外生活，没有特别的目的，旨在尽可能地给孩子提供更多的机会，增长孩子的见识，开阔孩子的视野，让孩子在参与、活动、学习、体验中发展兴趣，成为有更多情趣的人。

　　在小学高年级至初中低年级的阶段，儿子已成为一个兴趣广泛、开朗活泼、讲究效率的小小男子汉。在这段时间，书籍是他最好的课外朋友，音乐、绘画、旅游、社会实践活动是他这段时间的课余生活的侧重点。他的自主能力、独立性在不断加强，我们更多的是为孩子营造更好的环境，不遗余力地为孩子提供各种支持。儿子喜欢读书，书城就是我们经常光顾的场所；儿子学钢琴，我们就常常去听音乐会；儿子学绘画，我们就时常走进美术馆；儿子喜欢看电影，我们就买来成套的碟片在空余时间尽情享受……这些看似是小事，却让儿子在所

2007 年儿子就读于波士顿皮尔斯初中

参与的活动中得到了享受。慢慢地，我们放手给孩子更多自主选择、独立思考的机会，让他在有自由的同时有担当更多责任的机会。此时，我只在儿子身边默默支持。这是很重要的功课。

在初中高年级至高中阶段，儿子其实已经具备了相对完善的人生观、价值观、世界观，思想更成熟，也更有主见，有自己独特的批判性思维方式。这一阶段，家长的作用在不断地减弱，对孩子有更多影响的倒是他身边的同龄人，似乎朋友已经远超过父母的重要性！此时，我成了儿子最忠实的听众，默默地站在他的背后，除了给孩子做好后勤工作外，更多的便是倾听与平等交流。开始我也曾有过小小的失落，但很快就充分享受了这样的角色。

与儿子有分歧或想向儿子表达什么的时候，给儿子写信是一种办法。想说的太多，就只能诉诸笔端慢慢陈述。和儿子进行辩论也是很有效的方式，母子俩会展开辩论，像是在做辩论赛。我们也特别建立了辩论规则："就某件事讨论，畅所欲言，如同辩论赛的正反方一样进行辩论。"很多时候，交流会呈现出激烈的辩论特色。在这个过程中，我和儿子都知道，我们每个人的观点未必是我们的主张，我们只是站在不同的角度表达不同的态度，把相关的问题从我们的代表方角度进行全方位的陈述，最后，我们自然也就有了与之相关的认知，孩子的许多想法也能全方位呈现出来。现在，我仍很珍惜那样的时光。

孩子是一本奇特的书，丰富无比、精彩绝伦，时时都为我们提供新的视角。孩子的行动与语言也促使我不断地调整自己，在问题面前不断地读书、学习、思考。因此我不断改变着自己的认知、行为方式与对待孩子的态度，让孩子，也让自己，更让我们的家庭不断成长！

从容淡定是一种格局

我升大学时保送北京大学没有成功，又没有如愿考入，北京大学自此就一直深深藏在我的记忆深处。很长一段时间以来，我尽力自由自在地活在自己的世界里，很享受无人关注、无人喝彩的放松与自由。但，北大情结依旧。儿子四年级的时候，我们回老家在北京中转，特意去北京大学转了转。北大校园的美无需多言，不同凡响的人文气息和优美环境都深深地吸引着我们。儿子在未名湖上尽情滑冰，开心无比。那是我第一次到北大，在美丽的未名湖畔和儿子第一次讲起自己曾经的北大梦。儿子非常轻松自然地说："北大真好，可是如果妈妈当时考上北大，现在就没有我了！"儿子的话突然让我动容，感谢孩子给予我的情感支持。

"顺其自然，活在当下，享受当下，珍爱当下，感恩生活，即使不成功的时候也能随遇而安。"说的不就是这样的境界吗？多么好的生活态度！一切都是那么美好，为什么总是念念不忘从前呢？自此，我完全释怀，北大从此成为一个远远的记忆。此后的生活中，我一直和孩子分享体验着一句话："享受过程，过程总是美好的。"只要我们做好自己，结果如何我们都会心悦诚服地去接受。

儿子在初二的时候，从学校里带回来一本书——龙应台的《亲爱的安德烈》。以前都是我送书给儿子或是我们一起到书店选书买书。这是儿子买给我的第一本书，他告诉我说："这本书适合妈妈看看。"我拿到书的那一刻，看着封面上安德烈深沉的思考头像，看着封面上的一段文字，我已经明白了儿子的心意。没错，这书很适合我看。我至今不确定，儿子是否读过全书，是否仅仅是读了封面的那段文字。书封面上这段话，至今读来，还是能令人沉思良久："妈妈，你跟我说话的语气和方式，还是把我当成十四岁的小孩看待，你完全无法理解我是一个二十一岁的成人。你给我足够的自由，是的，但是你知道吗？你一边给，一边觉得那是你的'授权'或'施与'，你并不觉得那是我本来就有的天生的权利！对，这就是你的心态啊。也就是说，你到今天都无法明白：你的孩子不是你的孩子，他是一个完全独立于你的'别人'！"这样一段并不特别受用的话语，我却心悦诚服地接受下来。

不要试图掌控孩子的一切，给孩子自由，让他自主掌控他的时间，在自由中放飞他的想象，在自我掌控中培养兴趣，激发潜能，成就独特的自己！孩子无论如何，都是值得父母自豪的。

高中三年，孩子一直住宿在校，基本上就是一个独立的男子汉了。他思想更加成熟，语言更具说服力，自己更有规划性。虽然还很稚嫩，但我很欣赏！在校一周，他几乎是没有信息给我的。我曾经向孩子提出要求是否中间发个信息给我。孩子说："在校就只有五天，学习、科创活动、运动、社团……非常忙碌的。我很好，很充实，会很好地照顾自己，我不发信息就是非常好，不用担心。总发信息，一旦有事耽搁了，便免不了妈妈要牵挂。"想想孩子说的极是："总想着发信息，就会分心；万一忘记发信息，妈妈又要担心。一周安安静静，各自忙各自的，大人孩子都轻松自由，该有多好！"此后我就慢慢适应了这样的生活，也更加从容淡定。周末，儿子回来时，总会在吃饭时给我聊很多学校里的事情。

其实，作为妈妈，我何尝不是期望随时有孩子的信息呢？尤其知道有很多父母和孩子经常甚至每天联络，也是羡慕。但自己的孩子就是自己的孩子，他有他的计划，有他的原则，有他的选择。我了解孩子，尊重孩子，必须适应孩子，努力营造孩子与父母之间和谐的生活氛围。如今，远在美国的孩子，也是每周一次电话，忙碌时也会变成了只言片语的信息。这已经是我们约定的习惯，我很放心他在美国的学习生活。

这样的生活氛围是孩子努力经营的：大人放松，孩子放松！大人自由，孩子自由！

发挥天赋做最好的自己

我读大学的时候，特别流行织毛衣。在课余时间，寝室里很多同学都会织毛衣。有个同学毛衣织得非常漂亮，我很羡慕。我在同学非常辛苦的帮助下，也织出了有生以来第一件毛衣！大大自信了一把。我织的第二件毛衣是给当时还没有出生的孩子。我一针一线，认真仔细、心平气和地完成了那样一件小作品。那可是我自己的杰作，凝聚着我多少汗水呀！虽然儿子没怎么穿过，但这件毛衣我却一直收藏着。

我曾展示这件小衣服给儿子看，告诉他自己是如何很努力地完成它，尽管它是那样的不完美。从此，我不曾织过任何东西，也不曾再动过毛线针。

我曾就此事问过妈妈："小时候为什么不教我织毛衣？"妈妈回答我："有衣服穿，不需要你来织。你觉得有必要学会，现在可以开始。你觉得没必要，以后还可以买毛衣穿。"哈哈！这就是我伟大的妈妈！我不得不说，妈妈说的没错。在妈妈的耳濡目染下，我虽然没学过做饭，但后来还是成为不错的家庭厨师；小时候没怎么干过家务，现在也是很好的主妇。由此，我深信人的潜力无限！

人是有天赋的，不能强求自己能够做好所有的事情。俗话说："金无足赤，人无完人，用人如器，各取所长。""尺有所短，寸有所长。"对自己不能过于苛求，应该非常虔诚地对待自己与生俱来的天性、特质。由此我认定：己所不欲勿施于人！必要的时候，我们应该义无反顾地去努力，但不能强求自己做好力所不能及的事。

儿子小时候看起来比较瘦弱，他就读的小学的体育特色是篮球，我就鼓励儿子参加篮球训练班。他很胆怯，告诉我说，体育班里都是挺彪悍的男生。我不做强求，但在周末或课余时间带着孩子玩篮球，慢慢让孩子和篮球结缘。但儿子却不曾参与篮球训练。直到初中预备班时，我们随他爸爸去波士顿留学半年。在那半年里，儿子有机会在学校里和同学们玩篮球，虽然美国学校的孩子们篮球感觉极棒，但儿子也和篮球很有缘分。在新的环境里，儿子和同学们自然成了篮球场上的战友，很快他就是场上很棒的队员，儿子的那份自信、那份满足、那份对自己战胜自己的自豪，我能由衷地感受到。回国后，儿子自然成了学校篮球场上的风云人物，他对篮球的热爱一直到现在都陪伴着他，也使他在美读书求学的业余生活充实而有活力。他在申请大学时，用他自己以 NBA 球星设计的有浓厚的"三国杀"特色的卡片,写出很有特色和创意的文书(essay)。真的很棒!

相反,对于很多男孩子热爱的足球,儿子就只有欣赏了。他给我的解释就是:"我觉得我的膝关节不适合做足球的盘带等动作,我的跑动速度也不快。从保护身体的角度来说,足球不是我的菜。"

儿子自己也体会到,天赋和努力同样重要。没有什么事情做不到,只有做到什么程度的区分而已。对任何事情,只要自己喜欢,努力去做,就能享受到与之相伴的快乐。儿子对自己有很好的认知,坚持自己的主张。这也深深影响着我:只要儿子选择的,只要他有足够的理由说服我,我都尊重他的选择。这样,在很多事情上,也就不会产生拿儿子和别人比的想法,即使偶尔有很强的欲望在某方面要比比别人家的孩子,但这种比较的企图也会被自己慢慢消化掉。解放自己,也解放了孩子。

不要和别人家孩子比。自己的孩子只要做好他自己,享受他自己的生活,就是孩子最大的幸福!做父母的只是尽力给孩子营造适当的环境、氛围,创造合适的机会,让孩子自主自立地规划自己,帮助孩子成为最好的自己。

创造机会让孩子追逐兴趣

高一暑假期间,儿子作为上海市青少年科技明日之星游学团成员,到美国硅谷、斯坦福大学、奥兰多、迈阿密等地参观学习。10 天的时间,行程密集,项目颇多,脚步是匆忙的。我们除了有过几次十分简短的短信交流,没有更多的联系。游学归来,在接他回家的车上,他丝毫没有长途飞行的劳累辛苦,滔滔不绝地和我讲述着美国行的趣事。

他总是有很多好笑的事情讲来与我们分享。

我得着机会问他："这次游学中给你留下最深印象的是什么？"

"那当然是迪士尼的过山车了！我连坐三次！"

"三次？有那么疯狂？以前在迪士尼不就乘过？"

"那妈妈就不知道了，和同学一道乘，太刺激了！"

"那最大收获是什么？"

"嗯，应该是购物。对了，就是购物！这可是我第一次完全单枪匹马地上阵购物，又要选择物品，还要考虑价钱！不过还真是收获多多呢！妈妈你回家看看，我买的东西怎么样。我自己还是很满意的！选购的几件衣物可都得到老师赞扬呢！"没错，儿子穿在身上的一身衣服还真有些风格呢！

"那一定错不了，妈妈相信你的眼光！有什么特值得自豪的事情？"

"我给妈妈买了个很漂亮的包包！老师还夸我眼光好呢！我可是试了半天才买下来的！还有，我这次出国，发现自己很会社交，很有社交天赋呢！无论是和同龄人，还是中年人，或是老年人。很不错！"

他自己给予自己很高的评价，看得出，他的确收获多，很开心！

其实，孩子终究是孩子，玩是他们生活的主旋律。他说了很多，还是先从愉快的玩乐体验开始。当然，之后他告诉了我有关硅谷参观访问的情况，收获的不仅仅是国际的视野，更重要的还有对自己今后发展的初步规划。对孩子而言，学习体验还是排在玩乐之后的。

我要说的就是："兴趣是最好的老师。"孩子在不断体验中，会不断尝试新的领域，发现自己的兴趣，挖掘自己的潜力，提升自己的信心，发挥自己的激情。而家长能够做的就是要尊重孩子，信任孩子，给予孩子支持，发挥他所有的潜力，创造更多机会使孩子自觉追逐最感兴趣和最有激情的事情。

孩子爱篮球。我不是篮球迷，但为了和孩子交流有切入点，随时关注 NBA 也成了我的日常事务。在和孩子的交流中，我们通常会从他喜爱的篮球谈起，关于比赛、球星、球队、团队意识、球队运作、运动健康等。在这样的对话中，我能感受到孩子许多或成熟或稚嫩的想法、规划等。这又何尝不是孩子的成长经历呢！又怎能轻易评判玩与学到底有怎样的界限呢？兴趣是最好的老师，让孩子在玩中体悟学习、发现自己、认识自己。

自主选择成就藤校之路

但凡选择都是比较艰难的过程。令人欣慰的是，在选择面前，儿子总是比较果断。所以，无论是选择初中、高中还是大学，我们都把选择权留给了儿子。做到如此，是否是种大格局的体现呢？

儿子在选择初中的时候，就完全呈现出自主选择的能力。儿子就读的小学就是我们家附近的普通小学，升入当时比较好的公立初中、民办初中都不会有太大的优势。儿子申请了四所大家心仪的学校：华育中学、上海外国语中学、世界外国语中学、延安初级中学。在全都被录取的情况下，儿子倒是神闲气定，他心中只有华育中学。他告诉我们："去申请四所学校，一是给自己更多的机会，二是看看自己的实力。我高中最终的目标是去上海中学，那么初中就一定去华育中学。"我们分析给他说："大家都说华育中学教学要求很严格，尤其是数学特色班，更要投入很多精力；而且学校离咱家比较远，会有些辛苦。而上海外国语中学在那么多的申请者中选中你，你放弃不会觉得太可惜吗？延安初级中学是上海长宁区最好的学校，又在家附近，上学会轻松许多。你一定要想清楚：有选择的自由，就得有担当的义务。"

至今我还很清楚地记得，儿子当时做出一个前进的姿势，高喊着："华育，我的选择！""Impossible is nothing！""Just do it！"后两句话正是当时世界杯期间的广告语。

华育中学毕业后，儿子又顺利地就读他梦想的学校——上海中学。进入上海中学读高中后，儿子在数学特色班和科技创新班中选择了科创班。相比较而言，他更擅长理论与实际相结合，希望以后能完成自己的创意，学以致用。高中阶段的他，在科技明日之星、青少年科技创新大赛中屡屡斩获，也体现了他自主选择的正确性。

在申请大学时，通过与父母、老师的讨论，儿子把普林斯顿大学、哥伦比亚大学、斯坦福大学、杜克大学、芝加哥大学、达特茅斯学院、加州大学伯克利分校、佐治亚理工学院等放在了他的申请名单中。除了学校排名、专业、地理位置等因素的考虑外，儿子还对每个学校给出了他自己的申请理由：强大的数理背景、高质量的通识教育、人文氛围、优美的校园环境、喜欢的专业方向、浓厚的篮球氛围、独特的申请文书题目等。有趣的文书竟是他申请芝加哥大学的非常重要的理由之一，书写过程带给他许许多多的快乐。

权衡后，儿子的 ED（提前申请）在普林斯顿大学和哥伦比亚大学中选择了后者，他不想浪费提前申请几所理工科学校的机会，ED 申请哥大可以同时申请其他很多学校，而申请普林斯顿大学，便只可以申请唯一的一所。我知道，儿子算得上是文理兼修，有一定的学术和创造能力，得到哥大的录取应该有一定的机会。我曾经问他："如果哥大 ED 成功，你就必须去，也就没有了申请普林斯顿大学的机会，会不会后悔？"孩子给我的回答是："哥大的通识教育，还有很多跨学科领域的研究是我喜欢的，有选择就得有放弃。"

给儿子面试的哥大面试官是在上海工作的美国人。面试回来后，

2013 年儿子入读哥伦比亚大学

儿子神采飞扬。儿子说，我们畅所欲言，十分投缘。他们从篮球、校园生活、科技创新谈到哲学思考。面试官祝福儿子，如果进入哥大，就要去尽情享受纽约的便利和丰富，享受哥大提供的文学、艺术、音乐、历史、哲学氛围，尝试接触更多的新事物、新领域，早日实现自己的梦想。我相信，那次面试一定给儿子的申请加分，能够遇到如此话题投缘的面试官，真是孩子的福气。但仔细想来，单纯是幸运吗？记录在《放飞童年》后记中的一段话算是给了我部分答案。"我会牢牢记住爸爸妈妈常说的几句话，'不打无准备之仗''一分耕耘一分收获''机会总是眷顾有所准备的人'。"

在哥大求学的日子里，儿子享受着学校的各类资源，包括丰富的人文课程，充沛的钢琴琴房和他钟爱的篮球场馆。作为工程与应用科学学院的工科学生，他开始竟然还把哲学作为了自己的辅修专业。哲学专业课程需要特别多的阅读和写作。后来最终确定专业时，儿子忍痛割爱，告诉我说："哲学课旁听可以，完成一系列作业就心有余而力不足了。"这原本就是我料到的结果，其实这个参与学习的过程本身就足够美丽了。

我们一如既往地尊重孩子，毕竟孩子的人生是他自己的。如今想来，在选择上，我们极少费心劳神，完全相信孩子，放权给孩子，他自己更知道自己的兴趣爱好和内心需要。

平心而论，我们成人就能够足够成熟地规划人生吗？孩子的想法不会比我们所谓的生活历练差，更何况，不尝试怎会有体验、有经验、有思考、有改善、有突破呢？我能做的就只有该倾听时认真倾听，不该说的话尽力咽回肚里。但该说的话还是要考虑周全，言简意赅地向孩子表达，这也是对孩子尽责！

2014年儿子在阿拉斯加

用心做好妈妈　醉心于孩子的评价

儿子在家的日子里，总是要好好享用妈妈的私房菜。

可以很自豪地说，我算得上是儿子不错的私房小厨师。虽然菜品未必能登大雅之堂，但色香味俱全，不失精致，有品质，应付儿子还是绰绰有余。20年的家庭厨师经历，我用心学习，尽可能去尝试不同的食材搭配，做出不同的菜品。很多时候，我们会边用餐边讨论美食的制作，儿子也会常常给我很多建议。我觉得，对美食的适度讲究是一种对生活的热爱。

儿子偶尔也会进厨房小试身手，有时也会出手不凡。有趣的是，儿子还会给每道菜一个很富有诗意的名字。

我曾打趣说："妈妈退休了，就开一个小书吧，里面有很多的书，角落有很多的花，还有一张可以提供两三人就餐的小餐桌，专供妈妈的私房菜。"

儿子也会以他的方式让妈妈心花怒放。

我记得儿子大二暑假回国在家时母子间的一段对话：

"妈妈，这个专家邀请函是给谁的？"儿子拿着邀请函信件笑眯眯地问。我想儿子是在明知故问。

"当然是给爸爸的，妈妈何时做过专家？"我自然地回答。

2014 年儿子带妈妈游哥伦比亚冰原

"为什么不能做？"

"妈妈做什么专家啊？水平还不够啊！"

"妈妈是教育专家啊。"

儿子的这句话从此之后就深深地印在我的脑海里。有什么评价比来自孩子对妈妈的评价更重要呢！

我自豪满足！也更有了不断努力学习、完善自己、提升自己的前进动力！

"养孩子就像种花，要耐心地等待花开。"我醉心于这种感觉！

最后我想说，其实是否"爬藤"也许并不重要。重要的是在和孩子共同成长的过程中引导孩子做最好的自己。我们家长更要不断学习，做孩子精神富有、心灵充实、健康快乐的后盾！

　　沈永泳，江苏人，硕士研究生，浙江大学竺可桢学院首届本科荣誉学生。20世纪90年代初来美国留学，后进入华尔街工作至今。曾在花旗银行技术部工作十年，现任职于彭博通讯社研发部。安家于新泽西州中部，育有两子。

　　老大唐博文，文理皆优，每年入选高中数学科学竞赛队，校报主编，高中管乐队黑管首席，擅长辩论，曾获得全美高中生辩论赛亚军，普林斯顿大学全美高中生邀请赛冠军，2015年以第一名的成绩从公立高中毕业后入读布朗大学八年制本医连读专业。他热心公益，入读布朗大学后组织中美领养家庭捐助活动，并义务担任当地高中辩论队教练。老二凯文，八年级学生，富有爱心，从小懂得尊重家人和朋友的感受，是一个品学兼优的好孩子。

破茧：常春藤医学生的成长之路

当朋友们得知我家老大入读布朗大学八年制本医连读项目（Brown PLME，Program in Liberal Medical Education）时，除了恭喜之外，很多从小熟知他的叔叔阿姨都会问，他小时候这么好动不安定，长大了怎么能把功课读得这么好？

老大在他高中毕业时在全校 460 名学生中 GPA 排名第一。他是校报的主编，高中管乐队黑管首席，而且每年都考入新泽西州中部高中生管乐队。他理科都很好，每年作为年级五人小组成员代表学校参加数学、物理、生物等各项科目的竞赛，并在新泽西州时有得到名次。他最喜欢的课外活动是辩论。他们高中有一支闻名全国的训练严格的辩论队，他和搭档参加公共政策辩论（public forum）的最好成绩是全美高中生辩论赛亚军，普林斯顿大学高中生辩论邀请赛冠军。最后老大收到包括哥伦比亚大学和布朗大学本医连读项目（Brown PLME）等在内的多所名校的录取通知书。哥伦比亚大学是他最心仪的大学，但是布朗八年医科是要靠运气才拿得到的。老大在最后一刻选择放弃哥大，去布朗读他最喜欢的医科。

童年

在老大还小的时候，我确实没有想到后来他有这样的发展。他在幼儿时期，非常活泼好动，家里来了客人不认生，只是不能专心做事超过三分钟，这倒也蛮可爱的。他的幼儿园老师也习惯他随处走动。大家围着做游戏或者听故事，他只能定神三分钟。记得有一次他和小朋友一起玩，我就找机会在他们休息的间隙把卡片递上去，"这个字读 car"。别的孩子很快认识了，但老大就是不记，只管玩自己的。我当时心想这孩子读书恐怕是不灵光的。

上了小学，真正担心的事情来了。一年级老师认为他课堂上不能专心听讲，经常在老师讲课的时候和同学说话，每日让孩子带记录本回家，通报上课情况。有一阵老师把他送到心理辅导员那儿，教导他如何尊师守纪。我那时是新手妈妈，对美国小学也不了解，认为这是很严重的事情。我和辅导老师通了电话了解情况，老师告诉我小男孩上课走神，是很常见的，而且她非常享受和老大每一次的聊天，孩子挺可爱的。但我每天下班后见到儿子的第一时间总是先问，今天上课有没有听老师话了？我完全是老派作风，只关心孩子听不听话，讨不讨老师欢心。其实只要孩子天性纯良，不太出格，有点课堂纪律方面的记过处分，进校长办公室受训一下，不用大惊小怪的。过分责怪孩子，就把他活泼的天性给扼杀掉了。五年后，当我家老二告诉我他得了课堂记过后，我知道他平时是懂礼貌的孩子，我会宽慰他，每个人都会有疏忽的，偶尔犯错，只要记得改正就好了，不要放在心上。

但更严重的是，老师指出老大有小儿多动症（ADHD），但他智力是正常的，所以不一定要看医生的。不过，有一次我带老二看医生，把老大带在身边，医生悄悄指着坐在远处不停晃腿的老大说，这孩子有多动症，你要带他看医生的，不然他会把弟弟都带坏的。我回到家，和先生商量了一下，决定不去看医生，宁可自己辛苦一点，也不要靠吃药把孩子吃成乖孩子。到现在我还庆幸我们当初做出了正确的决定。

两个儿子在老大三年级时参观耶鲁大学

　　到老大升入二年级的时候，我们碰上一个非常有经验又有爱心的犹太女老师。她经常额外给他读书，称赞他聪明。老大受到鼓励，每天会花很多时间读书，我也经常带他去图书馆。阅读增加了，老大的文章也写得有趣。有一次上邻居家读完一个生化战士（bionicle）的故事，邻居妈妈说，你们写一点感想吧，老大居然写出了一首很有韵味的诗。

　　然而，这时候更严重的问题出现了，二年级老师在后半年的时候对我指出，她和老大说话的时候，经常不能抓住他的眼神，她发现老大和大人讲话的时候不能用眼神交流。我到现在还特别感谢这位老师，她是真心关爱学生。我那时有一个尚小的老二需要照顾，上班地点离家又很远，每天起早摸黑，要不是那老师的提醒，我都不会注意到这个细节，因为他在家里没有这个问题。经他这么一提，我才发现即使去餐馆点菜，老大也不能看着服务员说话，怎么说他都没用。

小学接下来这几年老大在与人交流方面都没有很大进展，读书倒是越来越入迷，弹琴吹黑管也做得很好，每周游泳也很认真，而且考进了当地体育馆（YMCA）的游泳队。这时候我们大人也有经验了，四年级老师向我抱怨老大上课不听讲，只是私下里读书，我们也没有太多地责备他。要是他觉得上课内容无聊，看自己的书不是更好？游泳教练向我们抱怨老大不能听从指令，我们也是替他说明实情请求原谅，老大近视，不能看清教练的神情所以就容易走神。我们希望他有自己的节奏，慢慢适应大众的规则。

两个儿子在家学习音乐

初中

当时我们小学所在的学区东方人比较多，学校读书竞争很激烈，到了中学后学生们忙于功课，较少有时间发展全面的才能，所以我们就打算换个学区。我们选中了新泽西州学区排名比较靠前，离我公司又比较近的三个学校，然后分别去学校升学指导办公室（guidance office）了解学校课程安排、学生种族分布和高中升学的情况。我希望学校更注重人文教育，种族多元又以当地白人为主，有一定比例的高中生升入常春藤大学。鉴于我家老大与人交流有点问题，我还希望学校有公众演讲方面的训练。我现在所在学区的中学每年开有两门英语主课，其中一门英文课还提供学生演讲锻炼的机会，我就把家搬了过来。我没有料想到后来是高中的辩论队完全改变了老大的性格。他从一个怕当众讲话的孩子变成了一个演讲辩论能手。

老大小时候的性格不是特别的开放，虽然我们让他在中学开学前的暑假上了学前夏令营（boost camp）先熟悉同学和学校，他在头三个月仍然很难适应。初中生地域观念强，只愿意和从小一起长大的孩子扎堆。老大觉得更孤独，有两次流了很多眼泪，抱怨交不到真诚的朋友。我们有点担心，想要他有更全面的发展才搬的家，万一从此孤僻了，岂不是害了他。这时候有一个从小在本地长大的孩子开始和他交朋友，我们就非常鼓励他们一起玩，因而又认识了更多的朋友。我们也鼓励他在功课上做得更好，因为大家都喜欢和好学生做朋友。半年后他慢慢适应了新的学校，我们也放心了。

应付初中的功课老大似乎绰绰有余，但他不是太执着于把功课做到最好，每次他都觉得差不多就行了。为此我们伤了不少脑筋。我们给他注册了公文式（Kumon）阅读和数学课余训练班。这个训练班每天有规定的功课要做，这对我们双职工家庭特别合适，因为我们很容易监管他的进展 。同时老大还继续他的游泳训练，为了让他考进附近一家体育馆的游泳队，我还把他送到专业的游泳学校学习。他黑管吹得越来越棒，从初中六年级起，就考上了新泽西州中部初中生管乐队。他的数学天赋也显现出来。

有两件事让我开始觉得老大天赋不错。一个是他告诉我他有绝对音准。只要他会唱一首歌，他就可以弹奏出来。整个初中管乐队只有两个孩子能做到这样。这两个都是中国孩子，他们在课余吹起了中国国歌，让一个刚从中国移民来的学生惊讶不已。另一件事是他在八年级时决定今后在高中选读他喜欢的拉丁语作为外语，这是他独立做决定的开始。我们学区的规定是初中六年级选定一门外语，然后整个三年都只能选同样一门外语。老大是听从了我们的劝告才选的西班牙语，因为我们觉得西班牙语是美国第二大语言，有实用价值。但是我们后来了解到很多学生在家就讲西班牙语，因此到高中已经要求听讲并进的时候再学西班牙文会非常吃力。所以当初老大按照他的兴趣做的选择其实无意中帮了他大忙。但在以后我们讨论事情的时候，这也一定是他用来回绝我们建议的理由，他会说，"你看，我做的决定是对的。"我们在老大初中八年级开始的时候替他请了一个家庭教师，力求在一年时间补上三年的课程，以便高一能进拉丁语荣誉班（honor class）。在初中毕业时，他不光赶上了他的同学，而且在全国拉丁语统考中拿到金奖。一个年级四百多个学生中只有为数不多的几个学生能拿到金奖。

高中

美国高中四年制，和大学一样。除了核心课程，学生可以有很大的空间选读自己喜欢的课程，比如科学、艺术、音乐，等等。我们对美国高中一无所知，所以在初中快毕业要选高中课程的时候，花了半天时间去请教一个我们高中毕业的在普林斯顿大学读书的高材生，问清各种课程的难易程度和安排选课的合理方法，做到大致对整个高中课程安排心里有数。

高一开始，老大不再课外补习任何科目。高中有很多兴趣小组（club），低年级有时间多加入几个试试自己的兴趣和能力，到了高年级就可以专攻他喜欢的项目。他参加了管乐队（Wind Ensemble）、击剑队和辩论队。他还参加了一些义务活动，并定期到社区老人中心服务。高一的时候，他已经初尝辩论队的滋味，训练严格，一周要培训两个下午，比赛频繁，赛季从十月到次年三月，每周末七点钟出门比赛，半夜才回得了家。有时周末两天都在外面。就是高一新生，他们也会坐飞机去外地比赛。高中五门主课，总有考试或者大的作业项目（project），这就要求他平时学习非常有效率才能保持全优成绩。本来我们是抱着让老大锻炼讲话能力的目的鼓励他参加辩论队的，结果他完全迷上了这项活动。高一也有其他科目的竞赛，如数学和生物竞赛，他虽能作为代表之一参加州里的比赛，但是他没有时间也没有兴趣额外加强练习。要是他把辩论的精力放一点点在其他学科上，他应该可以在报考大学时拿出更漂亮的成绩。

我们试图说服他从升学的角度去安排时间，但男孩子到了高中就一下子完全不听从父母的建议。一方面我觉得他不够合理地安排时间，另一方面我对他的学习方式也十分担心。现在看来这完全是父母不必要的焦虑。老大复习功课，无论是看书还是读老师讲义，他从不做笔记或者在讲义书上做任何标记。鉴于初中时他不求最佳的性格，我总是不断地提醒他怎么做，还因为我的建议不受采纳而感觉非常受挫。

其实他到了高中已经知道成绩的重要性，他有自己的学习方式，但是我刚面对叛逆期的孩子没有经验，也没有引导他和我们交流感受。诸如此类的事情，经常以我单方面的劝解开始到我们吵架终结。在第一次去高中听校长讲话时，校长就以过来人的身份劝告家长，和高中生打交道，最忌讳的事情是对他大吼大叫，一旦你吼了，你孩子就会完全关闭和你沟通的渠道。我到了老大上高三的时候才完全明白这句忠告的意义。好在我们醒悟早了，不然可能后果不堪设想。因为后面大学申请有很多决定要做，高中生再有主意，毕竟缺乏人生经验，需要父母甚至身边朋友一起讨论才能做出最有利的选择。要是那时孩子还因为叛逆拒绝大人建议的话，真会误了大事。老大高三时，有一天我走进书房和他和颜悦色地说事，他却态度恶劣地回了我。我非常生气地说："你这样和大人讲话的吗？"结果他回我："你不就是用这种口气和我说话的吗？"这让我大吃一惊，虽然高中生讲话有点片面，但我反省了一下，我的确是经常这么和他吼的。现在学生不像以前那般对父母这么依顺，他们通常以比较平等的关系对待父母，所以我对他的态度也反映在他对我的态度上。我总是鼓励较少，急于指出他的不足。我不太容许他慢慢探索他自己的处事方式，想要把我认为最正确的经验完全强加于他。虽说他直接接受我的建议很多时候会少走弯路，但孩子总要经过自己的探索才会长大，这也是他们成为独立个体的重要的过程。等到我明白过来以后，我非常注意自己的讲话方式，以完全平等的态度和他沟通，了解他的想法，摆上我的观点，然后让他做最后的决定。这样经过好长一段时间，我们才重新取得他的信任。中学校长的另一个忠告是，理解你的孩子。他说，要是你每天只睡五个小时，你会有好的情绪吗？何况高中生的头脑还没有完全发育成熟，所以要是他们脾气有点坏，原谅他们。这也讲得非常有道理。我后来对老大的容忍都引起他弟弟的妒忌了。"为什么你对哥哥这么好？"这是弟弟一直要问我的问题。我就说，等你上了高中，我也这么对你，但你现在是初中生，还是要听我的。

高一结束时，老大决定放弃击剑，把精力集中到辩论上去。他在高二时，辩论没有取得很大成绩，几次参加州级比赛都失望而归，我们就劝他，是不是不要花这么多时间在辩论上？但是老大竟然很自信地说，"我有能力做好的。"他说，高年级的学生告诉他的，当你辩论训练到一定的程度，你可以流畅表达心中所想（You can speak your mind）。他说他今后也能做到这样的。但有一点进步是显而易见的。他变得非常爱去学校，上课若是有课堂发言评分的话，他一定拿到高分，整个人非常自信，讲话直视对方，进步极大。最重要的是，他每个周末西装革履地出门与人讨论医疗改革或移民法案，我很安心地知道他周末的时间花在正道上。他对玩游戏完全失去了兴趣，我不用盯在后面督促他温习功课。他已经长成有目标有行动的少年。

高三对每个高中生来讲都是最关键最辛苦的一年。老大所有的主课都是美国大学预修课程（AP class）。他要考 SAT 和 SAT 专项考试（SAT subjects）。AP 课在五月也有全国统考。与此同时，他还坚持每年考上新泽西州中部高中生管乐队（NJ regional band）。在辩论队，因为成绩的提高，他有更多周末要飞去外州参加全国比赛。有时辩论回来补功课，要到凌晨三四点才能入睡，一早六点半就又要起床上学。所以高三时老大都不坐校车，是我送他去学校的，为的是他能晚 15 分钟起床，在我车上他能再打个盹。他若不睡时，这是我与他沟通的最佳时间。高三取得的成就也令人满意，十月考 SAT，几近满分。他的所有 AP 考试都是满分 5 分。数学竞赛他也通过晋级考试。更重要的是，他申请到去纽约一个医疗中心实习 8 个星期，医疗中心从 600 多份申

两个儿子在老大的高中毕业典礼上

请中录取了 19 个高中生，非常不易，这是他决定读医的起点。但他也有一个很大的挫败。他和他已经读高四的搭档闯过无数关口取得了最重要的全国辩论赛决赛资格，但因为他搭档的大学已定便放弃了比赛，老大也失去了比赛资格。这种失落是无法用言语来安慰的。他放弃了物理竞赛资格和全州高中生管乐队（NJ all state band）考试资格，来准备辩论赛，结果竟然如此。我们非常庆幸他克服了这种巨大的失落情绪，继续在他可控的事情上努力做得更好。他在申请学校时也提到了他克服这个难关的经过，文章写得非常令人动容。

申请大学

高四申请大学的季节如期来到。老大是喜欢医科的，特别是神经科学，他每年暑假去医院做义工，包括纽约医疗中心的暑期实习经历，也坚定了这种志向。他也喜欢探讨各种公共政策。最理想的是从事医科和公共政策交叉的职业。有一点我们达成一致，接下来的四年他应该争取在一所一流的学校接受本科博雅教育（liberal arts education），然后再考虑今后的发展。老大熟悉美东的大部分名校，因为他每年都会去各大学参加各种高中生邀请赛。这次申请大学，我们只是在他高三暑假快结束时陪他再次参观了普林斯顿和哥伦比亚大学。他非常喜欢哥伦比亚严谨的校风和小班授课方式（small seminar class），学校又在纽约城，所以提前录取（ED）想要报考哥伦比亚大学。但是他暑假准备的论文（essay）都是普林斯顿的，加上普林斯顿每年稳定地从我们高中录取两名学生，在我们的劝说下，他报了普林斯顿。

十二月放榜的结果是延缓考虑（deferred）。他是和朋友一起等结果的，我给他短信，让他不要担心，他也宽慰我说，"是的，我还有机会"。但接下来当他真的写论文申请各个大学时，面对巨大的工作量，他有时非常后悔没有坚持申请他最喜欢的哥大，我们作为父母因为加入了意见也有一点愧疚。老大在年末的15天寒假中完成了所有学校的申请，他每天要写一到两篇论文。对重要的文章，我会读给他听，他一边踱步一边字斟句酌地修改。我和先生通过阅读他的文章，进一步了解了他的思想和抱负。这紧张的15天时间，是我们全家度过的最宝贵最难忘的假期。回看整个申请学校的过程，我现在汲取的教训是，在重大决策上，我们父母只能提供参考意见，孩子应该在不受干扰的情况下，做出他自己的决定。孩子自己最了解自己，当他喜欢一个学校时，写论文时自然流露出的真情实感是非常能打动人的。

后来儿子在二月收到哥大的提前录取信（likely letter）时，我们全家都欣喜若狂。接着在三月底他又幸运地收到布朗八年本医连读项目的录取。期间他还收到很多其他名校的录取书，我们只去了哥大和布朗为录取新生准备的欢迎活动（college stay）。在去这两个学校的新生活动时，我们发现一个明显的区别是，哥大各个种族的学生比较多，白人不占明显的多数。但是布朗的白人学生占多数，只有大概 40% 的有色人种学生。布朗对新生的欢迎活动组织得非常生动活泼，在校园里，我们碰上的学生看上去朝气蓬勃，快乐又阳光，家长们都喜欢这个学校。当然，布朗本医连读有许多优点，儿子既可在一个一流学校接受本科教育，读完四年后又不用考 MCAT，可以直升藤校医学院，他可以尽情享受大学的四年时光。所以儿子决定去布朗了！

在老大定下去布朗后，他没有在学业上有任何松懈。他在经历了申请大学的整个过程后，做事变得非常精益求精。他和他的辩论搭档还是马不停蹄地去各地参加各种比赛。没有了升学的压力，他们纯粹是享受这种活动。他们得到多次地区冠军，包括普林斯顿高中生邀请赛的冠军。在四月肯塔基举办的全美高中生辩论赛（National Tournament of Champions）中，他和搭档获得亚军，个人累计总成绩全国排名第三。辩论使他变得成熟自信，他也锻炼了沟通能力，交了很多品学兼优的校内校外的朋友。初中时他是一个安静的、在公开场合羞于表达的孩子，现在他最拿手的是站在讲台上滔滔不绝地阐述自己的观点。

现在老大在布朗生活得非常愉快。教授讲课既严肃又活泼，课余他参加校报的编辑和写作，担任当地高中生辩论队助教，组织中美领养家庭捐助活动等。布朗是美国第七古老的大学，它主要注重的是本科教育，它最重要的研究院是医学院。布朗觉得学生不能因为学医而减少接受本科教育的时间，所以它的连读是八年的。布朗另一个特别的项目是布朗／罗德岛艺术学校（Brown/RISD）双学位，5 年制的，也非常好。罗艺是全美最好的艺术学院，紧挨着布朗，走路都走得到。

孩子真是上天赠给父母的礼物，在他们的花样年华，他们几乎毫无保留地与我们分享了他们成长中经历的所有的喜怒哀乐。陪伴两个孩子长大，特别是经历了老大申请大学的过程，我也跟着一起成长，并珍藏有无数珍贵的记忆。我也加倍珍惜和老二在一起的时间。哥哥树立了榜样，弟弟也深受感染，我为此感到无比自豪。在老大羽翼丰满，离家独行时，我对他充满信心。我对老大说，现在你的未来完全掌握在自己的手中了，我们父母除了祝福，不再主动参与任何决定。只要你记住，当你觉得已经做得差不多的时候，为了在你身后充满期待的父母，请再多多努力一分。

石卫，在北京生长的浙江人。大学就读于浙江大学化学系。大学毕业后，在中国石油大学（北京）攻读应用化学硕士学位。硕士毕业后未曾干过一天所学专业。在北京一家报社从事专业编辑工作20余年。个人爱好读书、旅游、音乐，育有一子。儿子生长于北京，在西城区读完小学和初中，进入公立校国际部。现在美国哥伦比亚大学读书。

把选择权交给孩子

我儿子是一个超级普通的孩子，而且是地地道道地在国内读完小学和中学。中学毕业后，申请到了美国的大学，后转学到了纽约哥伦比亚大学，可能就是这番转学经历使他看起来有了一点不普通。

去年暑假前，儿子与我在视频聊天时，和我说起选课时的一点小纠结，对于是否要学有机化学他拿不定主意。虽然我和我先生都是学化学和化工的，但多年不干专业了，也给不了太多建议。在分析完利弊后，我告诉他主意还得自己拿。"你总是把决定权推给我！"儿子的一句略带抱怨的玩笑，突然让我反思起我这20年的育儿经。

与生俱来的犟男孩

说他普通，因为他和所有调皮男孩子一样，是老师办公室的"常客"；我也如这类孩子的家长，经常被叫到学校。去学校，难得听到对孩子的表扬，更多时候我需要赔着笑脸向老师、教导主任、校长赔礼道歉，"感谢"她们严加管教孩子。这样的经历从幼儿园开始，小学、初中，一直到高中才有了根本的改观，这是后话。

儿子出生前，我就预感到他会是一个很犟的孩子。怀孕8个月时，突然一天他的头顶到了我的胃，到医院一看果然成了臀位（胎位不正），而且那么大的胎儿已经很难转成正常胎位。不能顺产，我只能"挨了一刀"把他"生"了下来。满月那天，奶奶想让他穿上亲手做的小夹袄，他不从，哭得震天动地。

这一切只是开始。到了幼儿园，一次，因为饭没吃干净，老师过来要求他吃完，这个三四岁的孩子却一使劲把猝不及防的老师拱了一跟头。中午不爱睡午觉是许多孩子的通病，他倔到老师不得不坐在他的小床上，要求他闭上眼睛不折腾就行。小学时，一次他考卷写得不清楚，老师多扣了他的分，他不依不饶，非要和老师较真儿论理儿，最后闹到了教务处。还有一次，不记得因为什么事了，老师让他写检查，他坚决不写，我不得不到校长办公室教他写检查，才把他接回来。初中时，一日北京大雪，好不容易把他送到学校，我刚刚开车离开十来分钟，就被班主任电话要求立即回学校，他因为少了我一个签字又和老师僵住了。超堵车的大雪天，我又花了半个多小时才转回学校，他的第一节课已经耽误了，我上班也迟到了一个多小时。

这样的故事实在太多了。我在担心老师"召唤"的忐忑中，也时常对他发火。但调皮是男孩子的天性，发火也无济于事。后来索性顺其自然，在生活实践中逐步引导他，慢慢地告诉他，硬和老师顶牛是解决不了问题的，就如同我和他发火也改变不了他一样。换位思考，不但他需要，我也需要。

在他小学四五年级的时候，我们家搬到离他学校比较远的地方。在堵车的北京，上学放学都需要开车一个多小时，可是车上却成为我俩交流的好地方。开车途中，常常是广播相伴，从FM103.9交通广播到FM106.1央广新闻，遇到有意思的话题，我们会交谈甚至争论。有些话题、一些观点被他带到学校课堂的小组交流中，他成为同学中有观点有主见的孩子，赢得了同学的尊重、老师的认可。这种成就感也使他起伏不定的学习成绩慢慢稳定了下来。

游戏背后的成长故事

很多家长坚决反对孩子玩游戏，我却是儿子玩游戏的拥趸。除了他因为玩游戏造成作业写得太晚而耽误睡觉的情况外，我从来没有禁止过他玩电脑游戏。因为我的游戏瘾也不小，所以老公总说，儿子是受了我的遗传影响。

早在儿子小学二三年级，一次到同事家吃饭。同事老公在电脑公司工作，家里摆着三四台待调试的计算机，儿子羡慕极了，就在那间书房里不肯出来。后来人家送了他两张游戏盘，这才哄回了家。其中一个游戏叫《文明》，是关于欧洲各国之间的战争游戏，儿子对此爱不释手。

过了段时间，一次上学途中，广播里提到一个国家，儿子居然说出了大概位置和其周边国家情况，这对于一个小学生来说，应该不是靠课堂学习就能了解的。交流中，我意外发现了游戏的作用，以及从游戏引发的学习兴趣。趁着他对欧洲历史的好奇，我买了许多这方面的历史故事让他看，从连环画到人物故事，读书的兴趣就此点燃。我们也成了书店的常客，经常在周末奥数课后逛书店，王府井书店、西单图书大厦、中关村图书大厦是他每学期必去的地方，到现在每次寒暑假回国，他都会自己去转转。

没多久，儿子对欧洲历史已能讲得头头是道。高兴之余，我老爸——孩子的外公着起急来，光知道欧洲史，不了解中国历史，将来可怎么办。一次到父母家，外公很神秘地说要给儿子个惊喜，他们爷孙俩进了书房。等我找到儿子，他已经兴趣盎然地在玩游戏了，并且高兴地告诉我，外公送了他一个新游戏——《三国》。母亲把我叫到旁边说，就是想通过这游戏，让他把中国历史补上。当时认为，孩子将来总是要参加高考的，知识底子不能瘸腿。身为大学教授的外公外婆，真是对外孙的成长煞费苦心。

其实《三国》就是《文明》的中国翻版，游戏本身对儿子来说没有难度。但正如外公外婆所期盼的，儿子开始对三国故事感兴趣了。从四五年级开始，"三国"连环画、"三国"小学生读本、《三国演义》全本，我们家是一套接着一套地买，他全看了，三国前后的中国历史，他也逐步弄明白了。他的阅读习惯和读书速度在这一阶段有了很大的提高。

可惜的是，可能由于在《三国》方面用心太大，初中后学校要求读四大名著，他对另外三部著作毫无兴趣。《红楼梦》男孩子不感兴趣也就罢了，他说《水浒传》是打群架的，《西游记》是中国版神话，还远不如希腊神话有意思。没办法，也算有得有失。

阴错阳差走入国际班

在国内，小升初是对家长的一次煎熬，尤其是普通孩子的家长。儿子小学时，成绩平平，又很调皮，自然与各种奖项无缘。毫无亮点的孩子，平平凡凡的家长，自然与重点中学无缘了。幸好他们小学旁边的普通中学要办实验班，儿子在摸底考试排在前几名，顺利进了英语实验班。学校对实验班寄托的希望，也使儿子和他的同学们受到了近乎于重点校孩子的待遇。

到了中考阶段，一个极其偶然的机会，我们知道了北京少数公立重点高中有国际班。因为儿子的成绩一直在重点高中录取线边缘，我们动起了上国际班的脑筋。为了不影响孩子准备中考，我们始终没有将这个讯息告诉他。只是为了他能顺利通过国际班入学测试，我偷偷在新东方给他报了一个托福基础班（如果到时不去，是可退学费的）。

中考结束的第二天，我认真地和儿子谈了此事。因为有过到美国冬令营的经历，未来出国读学也是他的愿望之一，他毫不犹豫地接受了我的建议，去新东方上课。我也有个小私心，儿子在新东方上课，也解决了暑期我上班不方便安排他的问题。最终，中考成绩出来，他虽然过了市重点校的分数线，但他还是坚决地去了一所市重点中学国际班（当时国际班的录取分数线远远低于普通高考班），而且学校也是他自己选择的。

国际班就是以出国上大学为目的的高中。儿子中考那年，北京一共有三所重点中学的国际班进入了招生简章，据说还有许多学校有不独立于校本部的国际班，只是我们当时不了解，没有在这方面动更多的脑筋。这类国际班通常是一所中国高中找一所美国高中作为合作伙伴，课程包括中文高中课程，以便拿到国内高中毕业证，使孩子接受完整的国内12年制教育；同时还有一套英文高中课程，为将来出国读书做好衔接，不少学校还可以给孩子颁发一个美国高中毕业证书。这种国际班通常是国内高中管理层主导，尽管近年来国内高中在教学理念和课程设置上逐步向西方学校靠拢，但真正到合作办学层面，习惯于应试教育的学校，以及一群虽反对应试教育却离开应试又不知如何是好的家长，国际校的磨合期绝非一两年可以完成。记得前两年，有个朋友兴奋地告诉我，她儿子进了一所学校刚刚创办的国际班，我当即给她泼了盆凉水，希望他们不要成为实验室的"小白鼠"。今年春节拜年时，她在电话里突然和我提起此事，说被我不幸言中了，与美方中学合作出现裂痕，她儿子这届成为这次合作的唯一一届毕业班，好在她儿子已被心仪的美国大学录取。

回过头来，再说我儿子。从国际班开始他就住校，我也逐步适应了不与他每天朝夕相处的生活。孩子的成长过程是一个逐步独立于父母的过程，在这个过程中，父母要舍得放手。当母亲的一般容易惯着孩子，我先生总是提醒我：孩子能干的一定要他自己干。在孩子背得动书包后，我从没有帮他拿过书包；在孩子能够走到我办公室时，我就不再到校门口接他放学（第一次是在他后面悄悄地看着他走到我单位）；在孩子上高中后，他就开始了住校生活。虽然到高二、高三有不少孩子又向学校申请每天走读，但我儿子始终住在学校。平时见面少了，周末回到家里，我们却更亲了。这样的生活过渡，也使我在他去美国读书后，没有太大的落差。

到了高中，也许是他更加适应这种中西合璧的学习生活，儿子似乎进入了一种顺境。学校各种活动他都争着参加，模联、夏令营、试验小组自不必说，在我记忆中，他们还积极参与改善学校管理。当时他们学校随着招生人数的增加，食堂开饭时间又过于集中，学生抱怨很大。此时的儿子，已不再是那个矛盾的制造者，他带领几个同学协助老师设计优化开饭时间，调整食堂布局。虽然由于知识有限、经验不足，效果不甚明显，但他们在解决方案中做出的努力还是得到了学校的认可。类似的活动也锻炼了这批孩子。

自主申校引起的波澜

在国内，出国留学的申请大多由中介包揽，能力强一些的孩子，中介老师指导，自己撰写文书，再由指导老师把关。这应该是 90% 以上中国留学生（包括本科与研究生）的选择。尽管儿子学校因为是国际班，校长在入学时就说要锻炼孩子们的能力以便未来自主申校。但是绝大部分家长还是没有这个胆量，将孩子的未来彻彻底底交给孩子自己。

　　这一次，儿子的倔劲儿再一次显现。很早他就决定自己申校，并有条不紊地规划着自己的未来。作为家长，一方面，我们告诉他会鼎力支持，虽然我们的英语能力根本无法帮助他，但我知道思想上的沟通同样对他有帮助；另一方面，我们也要默默承受着各方传递来的担忧。首先是我们自己，老公几次和我交流，儿子这样究竟行不行，如果申不上学校怎么办，我们达成的共识是最多让儿子在国内多陪我们一年，有这样的心理才能让儿子放手一搏。其次是朋友，都是小留学生的家长，交谈中有人知道儿子要自己申校，好心的朋友们多次打电话提醒我们，一个小小的高中生面对的是有丰富申请经验的中介，风险太大了。再有是老师，一次家长会，负责外方教学管理的副校长告诉我，儿子的文书请她看过，她感觉差距还不小，最好还是找个中介吧。

　　对于老师的看法，我与儿子认真地交流了一次，他说文书已经请负责他们实验项目的外教以及副校长等多人看过，大家从不同角度提出了不少意见，他会逐步完善。但对于中介，他认为当时接手，也不可能比自己做得更好。我当时告诉儿子：到美国上学是你的愿望，既然是自己申校，你要保证能够把自己送得出去，如果没有学校录取你，你可就只能留在国内陪我了。这既是宽慰孩子，也是告诉他了底线。

　　对于其他人的担忧，我知道都是好心，我也参加过一些中介的推介活动，但我感到没有一个能够让儿子信服的。对于像他这样的孩子，如果不能令他信服，怎么可能让他接受指导。

　　当然敢斗胆让儿子自己闯，我也不是完全没有底的。儿子从高一的暑假，就参加了学校与其他机构组织的在加州大学伯克利分校举办的暑期班，这次活动，他见识了大学课程的自由选择，大学课堂的课业压力。到高二，虽然有机会去北极参加夏令营活动，但儿子念念不忘美国的大学课堂，提出想申请哈佛或耶鲁的暑期课程，我同意了（比北极活动还省钱），最终他去了耶鲁暑期班。

第二次活动，我认为有两个重大收获。其一是他实践了申请学校的全流程，虽然暑期班申请仅仅只能算是个简易流程，但孩子对于申请已有了粗浅的认识。其二是他有了未来的学习方向。由于从小对历史感兴趣，当刚决定到美国读大学时，他希望学历史，但我和先生都是理工科出身，深感儿子不适合到一个非母语国度学习文科。尤其是我先生，更是坚决反对。到耶鲁上课，他选的是一门历史、一门天文。原本对历史充满兴趣的儿子，这次却被天文课给迷住了，用他的话说美国大学里的天文课，需要极坚实的物理基础，原本儿子的物理就学得不错，这一次更是激发起他对物理的兴趣。

在耶鲁的这次暑期班上，他已在开始规划未来申请的学校，甚至把握机会与天文课教授交流了他的想法，教授也给他提了不少建议。在从机场回家的路上，他给我看了初步的择校名单，并头头是道地给我讲出他的理由。

叩开藤校之门，他是幸运儿

录取结果最终有惊无险，第一所录取他的是布兰迪斯大学。共有6所学校给他发了录取通知书，排名最靠前的是加州大学伯克利分校和洛杉矶分校。去美国东部上大学一直是他的愿望，最终他选择了布兰迪斯大学。这里还有一个小插曲。

国内孩子选择学校比较重视排名，而且加州这两所大学在国内影响力都非常大，几乎所有人给出的建议都是去加州，即使是作为父母的我们，也认为不去伯克利甚是可惜。但当时儿子在他的人人空间的

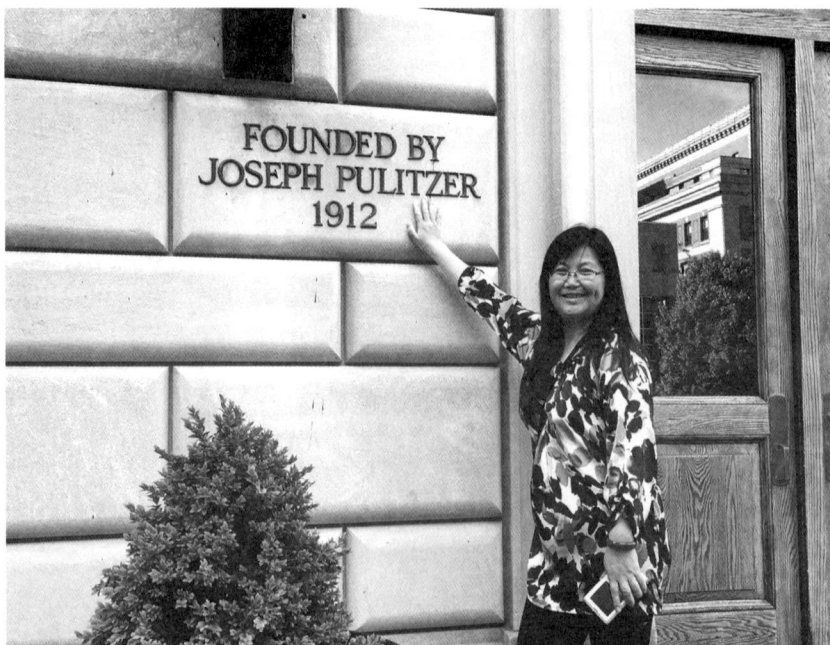

石卫在哥伦比亚大学

一句留言，让我站到了儿子一边。他写的大意是：我去过伯克利，也知道它有多么优秀，如果是去读研究生，我会毫不犹豫去那里，但现在不是。从这句话，我明白儿子择校并不盲目，读大学，适合才是最重要的。后来儿子决定转学时，我也曾问他是否后悔当初的选择，他说初衷不改。

儿子的标准化考试不是特别优秀，只能算是还不错。进入布兰迪斯后，他从小练就的学习能力，以及两次暑假到美的学习经历，使他很快适应了大学学习，并且可以说是游刃有余。一入学就听说上届有个学长转学去了耶鲁，多少有些不服输的儿子，也想尝试转学。申请学校对于他早已不是难事，他所面临的是转去哪里，以及为什么要去那里。

美国的寒假比国内早得多。寒假里，儿子详细和我谈了他的想法，分析了各种利弊，再一次说服了我。虽然在待人处事上，他还有诸多性格上的欠缺，但这种独立思考、缜密分析问题的能力，还是让我甚为欣喜。

转学的结果就是他走进了纽约哥伦比亚大学的课堂。由于他并不是一个出类拔萃的孩子，所以最开始哥大也只给他一个等待，我们也没有抱太大的希望，哥大的录取倒是让我们措手不及。因为飞机票是到波士顿的，儿子的行李也都在布兰迪斯同学的家里，这次转学成功也让我们忙活了好一阵。但终归欣喜多于焦虑。

事后，我也曾问过儿子如何看待这次转学成功，他只说他的运气比较好。我不否认运气的成分，但更多的我愿意相信是能力——学习能力、独立自主能力、分析判断能力，一个成功一定是多种因素的集合。

还有一件开心的事是，儿子高中毕业后的那个暑假，我们利用他省下来的中介费，全家玩了一趟英国。这次的签证办理、旅游策划、线路选择、酒店预订等全部由儿子完成，我们只是游客，看着他拿着地图带领我们游历伦敦大街小巷，再从伦敦到剑桥、巴斯，从约克到爱丁堡，我们还有什么不放心他在美国的学习生活呢。

严志红，本科毕业于南京大学人体生理专业，20世纪90年代初随丈夫来美国后，决定选择临床营养学为深造的方向，获得美国普度大学营养学专业硕士学位。从1987年开始，除了其中有一年在美国的一个营养保健品公司做新产品评估和推广外，其他时间都在大学里从事有关生理、营养、食品、运动和健康的科研、教学和实验室管理。

一直非常喜欢阅读育儿文章，特别是培养孩子心理素质的文章和书籍。坚信培养孩子的心理素质和各种能力是育儿的重心。目前在美国一州立大学从事实验室教学和管理工作，同时热衷于个性化的细胞营养和机体生理平衡康复的咨询服务。除在大学全职工作外，还喜欢听各种音乐、练瑜伽。

育有两个女儿，大女儿现在在普林斯顿大学读二年级，小女儿现在读高中二年级。两个女儿都是在美国普通公立中学接受的教育。

利用课外活动来培养孩子

我想和大家分享一些在利用课外活动来培养孩子的自信心，塑造孩子个性，挖掘孩子潜能方面，自己的一些体会和心得。

从家长的角度来看，我自己觉得在孩子不同的成长期，家长应该扮演不同的角色，可以起到不同的作用。经常有朋友问我什么时候让孩子开始学习以及学习什么好之类的问题。那么我的回答是，这要因孩子而异，因活动而异。拿我大女儿为例，我们来分析一下。

发现孩子的兴趣爱好

大女儿三岁开始学习体操，应该说体操是第一个她所接触到的比较正规的课外活动吧。当时也是因为她在的幼儿园安排了一个当地的汽车体操馆每周到她的幼儿园来给小朋友们上两次体操课。当时觉得反正也方便就给她报名参加了。

现在想起来，也不清楚她后来特别喜欢体操是不是跟那是她接触的第一个课外活动有关。后来每次搬家，总是要先去当地把体操馆找到。

四岁那年，开始准备学音乐，当时最初决定学钢琴。我也联系了当地的钢琴老师了，但是要搬家，她学琴的事情就耽搁下来了。她过完 5 岁生日，我们搬到现在的弗吉尼亚州。我就开始询问刚刚结识的几位中国朋友有关孩子学琴的事。很幸运地遇上了现在也已是藤妈藤

女儿清清于 2011 年的体操个人照

爸的一对朋友。他们介绍我去和当地的一个社区音乐学校的一个校长联系。那时还是打算想让老大学钢琴了，因为我们当时自己也不是很清楚，好像我们中国人讲到学音乐就是学钢琴。当时华人圈子里面大多数孩子都是学习钢琴。但是那位学校的校长给我建议，叫我带着女儿去听听不同的乐器，看看不同的老师上课。她也鼓励我带我孩子去观看一下她们学校的演出，让女儿自己看一下，然后了解一下不同的乐器，像钢琴、小提琴、大提琴等，让孩子自己选她想学什么乐器。

那么我就带着我大女儿先去听了钢琴老师的课，后来听了小提琴老师的课。去听完小提琴课，女儿自己跟我说她要学小提琴。她不喜欢学钢琴，她说钢琴声音太响、太闹。就这样，她就选择了小提琴作为她学习的乐器，学习音乐的工具。现在想起来这个让她自己选择要学习什么乐器的方法是很对的。

女儿小提琴学了两个月后，觉得很枯燥，也不想练习了，毕竟她才 5 岁。但是我和她说，咱们琴也买了，学费付了半年了，咱们起码学完半年吧。她就同意了。后来的三个月她稍微上手了，学得也非常快，就没有再提不学的事情了。大家都知道小提琴刚开始学时，上路难，刚刚开始拉，听不出什么，而且如果音拉不准，声音非常不好听，但是一旦上手就相对简单容易些。当时我也跟着她一起学习小提琴学了三个月，陪她练习，其实也是装样子的。

这样，女儿的小提琴学习一直坚持到高中毕业。即使后来她参加体操队，每周训练 16—20 个小时，功课又很多，其他活动也多，她也一直在练习小提琴。高一时，她曾经也有过放弃的念头，但是不是很强烈，我没有同意。我和她再次说，小提琴是你自己选择的，而且我们已经买了这么贵的琴（当时已经是成人的琴了），她也就坚持下来了。坚持练习小提琴这件事情，我想让她明白了，即使事情很多，只要合理安排，一切都是可能的。她学习了怎样合理安排她的时间，怎样取舍各种活动。

另外她的小提琴老师也在她能够坚持练习小提琴这件事上帮了忙。那位老师尽管刚刚开始几年对我女儿学琴的进度要求挺严格，但是最后几年也是非常宽松了。他总和我女儿开玩笑，叫她练体操时小心一点，不要弄伤了，扭了手，就会影响练习小提琴。可能也是因为他自己有这个年龄的孩子，理解这个阶段的孩子的生活。他可能也是想只要女儿能够坚持下来，那么进度慢一点也没有关系。女儿也参加音乐学校的弦乐队，那个老师就是比较严格的。当然因为那是一个乐队，你一个人拉不好，影响整个乐队，所以高中那几年，有时候女儿在私人小提琴课上经常练习弦乐队的曲子，我也从来不管。我的任务就是接送她和付学费，同时积极参加她们每次的演出。任何事情，只要坚持就有机会上另一个台阶。如果孩子有点天赋，那么可能成为专业，如果孩子没有天赋，那么就成为一种业余爱好。我自己观察，她在音乐方面有一点天赋，但是不多。作为家长，我觉得学音乐对孩子发展的好处太多了，只是希望她能够坚持，有音乐作为业余爱好，丰富她的业余生活。

事实证明，这是件很对的事情。音乐对她现在的大学生活很有帮助。上了大学，她去参加大学管弦音乐队、合唱团，结识新朋友。现在自己又自学尤克里里，这种乐器体积小，便于随身带。她现在能自弹自唱。这个是很好的减压方法。

她现在在大学里，功课很重，竞争很激烈，压力很大，但是她还是可以阳光自在，享受生活，总是比较开心。她知道合理安排她的时间，学习、娱乐、锻炼、交友都能顾上。

启发和引导孩子做最好的自己

另一项对我家老大影响很深的课外活动是体操。前面提到过，她从3岁开始学习体操，一直练习到高三，从比赛队退下来，开始在体操馆做教练。高三时候的退出，是她自己的决定。退出后，她自己又决定去参加学校田径队的撑杆跳。后来问她原因，她说，一是自己需要有点体育活动锻炼身体，二是她喜欢参加比赛。

其实我很难理解她说她喜欢比赛。因为她的比赛成绩，无论是这么多年参加的体操比赛，还是最后两年的撑杆跳，真的，她的成绩平平。和她在学习上总是在全年级前3名挺有反差的。不过，美国体操比赛系统也是挺有意思的。每次比赛，不仅分年龄段，还分时间段。所以有时候她会在她的年龄段和她的时间段得到前3名。这挺鼓励她的，奖牌大大小小也有上百个。

我想说的是，我也不知道她为什么会从小这么喜欢体操。但是我带她去试了，她发现了自己的兴趣和爱好，即使在其他人看来，成绩一般，但是她就是喜欢，也坚持下来了。对于体操，有一阵我和她商量不去比赛队，就参加一般体操队吧。一周16—20个小时的训练，实在太费时间。她和我说参加一般体操队枯燥。后来我们达成协议：我同意她继续参加严格的体操比赛队，她也要保证学习成绩好，同时小提琴该练习也要练习。

体操比赛的时间和后来撑杆跳比赛的时间经常与她周末弦乐队的排练有冲突。我们也订好协议：一个学期只准缺席两次弦乐队的排练。弦乐队的指挥也是这样要求。如果再有冲突，她必须放弃比赛。这些也都是她自己周全计划的，怎么样可以最大限度参加她喜欢的比赛，又不影响她在弦乐队的表现和位置。这些经历也锻炼了她做事情有很强的计划性。

简单总结来说，就是我们要明确为什么要带孩子去参加各项课外活动？从我自己来讲，不是为了他们成为一个专家。只是想让他们从中学习一点东西，同时可以培养一些能力，比如自信心。另外也可以塑造个性，锻炼领导能力和交流能力。

大家都知道，自信心，有个性，有领导能力，有交流能力都是非常重要的一些品质。那么如果讲到申请学校的话，这些品质都是藤校看中的。反过来说，如果你的孩子有这些素质，即使没有去藤校，到哪里都会有出息的。这些素质是真正的素质，不是包装可以包装出来的。这些素质能够帮助孩子今后不管做什么都有很高的成功率。

那么怎么样可以通过课外活动来帮助你的孩子建立自信心？我认为，孩子必须喜欢他从事的课外活动。从这个目的来讲，你的孩子学什么根本是没有关系的。不一定要学音乐，也不一定学游泳，学习画画，学习体操，学什么都可以的。

那你怎么知道孩子喜欢什么呢？家长在孩子小的时候要带孩子去接触不同的活动，提供给他不同的机会来发现他们的兴趣爱好在哪里。你让他学习任何东西的时候，要以他的乐趣为主，让他觉得开心。如果他觉得开心，他会坚持下去，然后你就可以观察到他是否这方面的天赋。

如果你带孩子参加了一个活动，他表现出不是很开心，并且试了几个月甚至半年了，就可以放弃。因为如果他不喜欢，他不会好好学，不会投入，那就不会有好成绩，这样反过来会影响他的自信心。相反地，如果他喜欢，他会投入，会做得很好，他会有成就感，有自信心。如果他真是在这方面有天赋，那么你也会发现了。不过大家都听过，即使有天才的孩子，如果不喜欢做某件事情，长久来看，也不会有太特别的成就。相反，孩子虽然在某方面没有天分，但是特别喜欢，经过努力练习，经常可以出成绩。

以我女儿练体操为例，上面讲了，她的比赛成绩不是最好的，但是她喜欢。她坚持练习，总是在进步，每年从低级进到高一级，这对她的自信心肯定有帮助。记得她在 6 年级的那一年，有一个高低杠动作，从高杠抓飞到低杠，她在比赛季节前期掌握了。但是在一次比赛中，不小心没有抓好，就掉了下来。身体没有一点受伤，但是心理有了阴影。她对那个动作开始害怕，不敢再做这个动作。但是因为她喜欢体操，她自己不想放弃，想升到高一级，最后通过教练的帮助，在同伴的鼓励之下，克服了心理障碍，在那个赛季结束之前又重新掌握了这个动作。最后，在州际比赛中顺利完成了此动作。说句题外话。我女儿从 3 岁开始练习体操到 16 岁退出，后来练习撑杆跳两年，都是危险挺大的体育活动。但她从来没有受过伤，包括这次从高低杠上掉下来。这一点也很重要。几乎她每个体操队的伙伴多多少少都受过伤。有些很有天分的同伴因为受伤只好退出，有些需要几个月调整，重新训练，自然影响进度。我想这个和我一直非常注意她的饮食和营养保健品的配合肯定有关系的，让她不会因为受伤而影响进度，影响成绩。她本身的身体素质对练体操并不是很有优势，如果因为受伤，无法参加正常训练，肯定影响进度，影响成绩，可能会落后同时进入同一级的体操队的伙伴很多，可能会影响她的自信心。所以保证孩子吃好，睡好，身体健康也是非常重要的。让孩子既可以胜任繁忙的学习生活，又可以奔走在各种课外活动之中。

我想这次高低杠的事情教育了她。只要用心、努力，困难是可以克服的。同时也练就了她勇于接受挑战的个性。不怕困难，自然就有助于培养她的自信心。还塑造了她只和自己比的个性，对她身心的健康发展有很帮助。最近又听到很优秀的孩子离我们而去，非常心痛。培养孩子有能力正确而客观地认识自己和同伴的成绩，不为那些事情而苦恼，非常重要。

但是如果我女儿不是这样喜欢体操，在成绩平平的情况下，可能会很影响她的自信心，也肯定不会坚持下来。当她很有兴趣地做这件事情时，即使成绩平平，她也不在乎。因为在过程中她体会到了乐趣。

那么，作为家长在小孩子课外活动的第二个阶段的角色，就是支持孩子的爱好。你如果发现你的孩子在某一方面特别感兴趣，你就要全力支持。即使你不喜欢这个活动，或者你感觉他没有什么天赋，或者你觉得对申请大学没有用，但是如果他特别喜欢，你就要完全支持他，从时间上、金钱上来支持。

体操比赛季是从每年的十月份到第二年的五月份。那些年，我们一个月起码出城一次，有时候出城两次。那么周末时间基本上都是陪着她到处跑。这对于普通家庭也是一笔不小的开支。作为父母的我们就想办法，尽自己的力量支持她。周末没有什么其他安排了，有机会我们就在体操馆做义工，找旅馆的折扣等。

那么从这一点来说，我觉得妈妈的交流能力，理财能力，安排好家里的整个经济、具体花销的能力，这些都是非常重要的。

孩子有了你的全面支持，才能坚持下来她喜欢的课外活动，通过课外活动培养自信心和塑造个性。

课外活动的老师的重要性

另外，最近我读了很多文章都讲了家庭和父母对影响孩子品质是非常重要的，这个是肯定的。家长对孩子的影响自然很大，但是，在孩子成长过程中，他们还是会和许多其他人打交道的，比如老师。因为我这篇文章分享的重心是课外活动，所以我也强调一下大家给孩子选老师的重要性。这个时候作为家长你要了解你孩子的个性和老师教学的方法，要观察孩子跟这个老师是不是融洽，老师是不是正面鼓励孩子。上面讲了，课外活动的目的不是成为专家，要以乐趣为主。如果老师太在意进展，忽视了孩子的乐趣，孩子也很难坚持下来的。

我认识有个美国朋友的家庭，为了给孩子好的练习和训练，每次单程两个小时的车程，每周三次送孩子去上课和练习。这个对我来讲真的是一种在金钱上还有时间上的非常不一般的投入。但是后来因为这个老师太注重比赛成绩，为了比赛名次，损伤了孩子的自尊心，孩子就放弃了，非常可惜。这不但影响了孩子的自信心，也阻碍了孩子才能的发展。

女儿清清于8年级参与社区服务活动

总之，孩子小的时候你要带着孩子去参加各种活动，活动的参与要以开心和培养兴趣为主，让孩子从中自己发现他喜欢的活动，能够一直坚持下来。一旦孩子表现出对一项活动的热爱，父母要尽全力支持他们，无论是时间上，还是金钱上，让孩子能够发挥出他的能力，取得成绩。这有助于培养孩子的自信心和塑造他们战胜自己，不怕失败，勇于挑战的个性。

另外，家长还要观察老师和孩子的关系，老师是否是以乐趣为主教学，否则也会影响孩子的发展。

现在还有一个现象。有些家为了方便接送，让家里几个孩子学一样东西，跟同一个老师。这有时候是可以的。但是如果有个孩子不喜欢，就不能这样子。如果发现你的孩子只是对此项活动平平淡淡，那么你就应该再带孩子去尝试其他活动，直到孩子发现一项他自己热爱的活动。这有时候是很不容易的。我想，在我大女儿的身上，我比较幸运，她很小就找到她热爱的活动。

如果你的孩子已经上了初中还没有发现一样热爱的活动，的确你能够做的不多了，但是还是有机会想办法让他们去发现一样自己喜欢的东西，不管是什么。如果孩子已经高中了，那么机会真是很少了，但是也不是不可能。因为培养孩子自信心和各种能力的方法很多，课外活动只是其中之一。我讲的只是很小的话题，还有其他途径培养孩子的自信心和塑造孩子的个性。

每个孩子自有自己的一条路，他们会走得好好的，给他们关心和支持，让他们自由成长就好。

女儿被普林斯顿大学提前录取的原因

前面与大家分享了大女儿从事课外活动的经历，以及课外活动对培养她的自信心、个性和各种能力的关系，那么她的个性和各种能力跟普大录取她有什么关系呢？我想普大或者其他一些藤校在决定是否录取一个孩子的时候，应该会从多个方面来考虑。那些专门负责录取的老师在决定选择这个孩子的时候，肯定是希望每个孩子进入学校以后，能够充分利用学校给学生提供的资源，在学业上更上一层楼，在个性的发展和各种能力的提高上也能够得到进一步的帮助。从学校毕业以后，对这个社会和世界能够做出贡献。老师们知道藤校的环境是非常有竞争性的，学业会非常有压力，那么他们希望孩子有很好的抗压能力，能够在众多从全世界选拔出来的顶尖优秀的孩子中间成功地走出自己的路。我想从我女儿的成长过程中，从她对体操的热爱，他

女儿清清在高中毕业典礼上

们应该是看到了她是个非常有毅力的孩子，而且对她自己喜欢的事情有热情和执着。她不怕困难，有了失败以后，能够重新调整，重新开始，继续进步，也不在乎和其他队友比成绩，只在乎提高自己。另外她也有非常明智的选择，她对自己的认识非常好，她能够决定从比赛队退下来，但是呢，她找到另外一种方式来继续她对体操的热爱。她选择做教练，把她自己对体操的热爱传播给下一批孩子。同时，她自己又选择进入学校撑杆跳运动队，给自己一个新的挑战，又表现出她自信上进，乐于接受挑战的个性。

另外，女儿在对各项课外活动的选择和参与中，学会了很好的时间管理。负责录取的老师们肯定看到她对时间的安排很好，做事情效率很高。她能够非常有效地合理安排她的功课，课外活动（包括体操训练和比赛，后来是撑杆跳训练和比赛，小提琴练习和弦乐队的练习），还能够上班做体操教练。另外她还是学校里两个学生社团的负责人。

在这么繁忙的学习，工作和从事课外活动的同时，她非常懂得合理调整自己，享受生活，也时时记得回报社会。许多家长和孩子们常常认为上了大学就没有必要花太多精力在课外活动和社区服务项目上了，许多人在中学做课外活动和社区服务只是为了申请大学。他们认为上了大学就是应该专心做和专业有关的事情。但是从培养一个孩子成长的长远目标来看，应该让她从事她喜欢的事情，从中在各方面得到各种锻炼。人生的成功并不是上了什么大学，得到了什么工作，而是你享受你每天做的事情，尽管有时候你会觉得很辛苦、很艰难。女儿上了大学以后，还一直坚持参加一些课外活动和社区服务，这些成了她生活中的一部分。这些看起来好像浪费时间的课外活动和社区服务工作，其实对她的成长是很有正面影响的。在大学里她仍然热衷参与管弦乐队及合唱团的活动，现在又和朋友组织了体操俱乐部，另外还去一个低收入人群的幼儿园做义工。她在大学的生活真的是丰富多彩。我想决定录取她的老师肯定也从她以前的经历中觉得她可以很好地在竞争激烈的普林斯顿大学平衡她的生活，能够在各方面得到更多的锻炼，在挑战自己，战胜自己的过程中快乐开心地成长。

最后用我女儿自己的一句话来结束我这篇文章。"It is never going to be easy, you just do it."大概意思是，学习和生活永远不会容易，你积极努力去做就好了。

杨丽华，现为上海大学工业设计专业教师。1995 年毕业于华东师范大学法政系，获法学硕士学位，同年进入上海大学工作；1998 年考入华东师范大学心理系攻读基础心理学博士学位，在撰写毕业论文阶段，因四岁的儿子被诊断为"智力发育迟缓"，回归家庭，开始对儿子进行个案研究，进行了儿童发展心理、学习心理、认知心理过程等理论的学习与案例应用研究。因为意识到家庭教育对孩子重塑的巨大潜力，现致力于家庭教育指导。

儿子小牛，经历由学习困难学生到优秀学生的转变，毕业于美国匡溪中学（Cranbrook Schools）。在校期间，担任校交响乐队悠风号首席，校爵士乐队长号首席，参加校游泳队（Varsity），参与组织并主持多项社会活动。以优等荣誉生（Cum Laude）、美国国家 AP 学者（National AP Scholar）等成绩毕业，并于 2015 年 12 月被宾夕法尼亚大学提前录取。

逆袭人生，从母亲陪伴开始

当你的孩子站在起点，不知如何奔跑，或没有能力奔跑时，望着渐跑渐远的队伍，你该如何？

2003 年 9 月，当小牛站在他人生的起跑点上的时候，小小的他显得那么弱小，那么怯生生。真正让我感到他的羸弱的是两份诊断意见："智力发展迟缓"和"因幼儿不能配合，智力检测无结果"。

我的心里充满焦虑与担忧。是耐心等着他？还是坚定地拉起他的手，一起跑过一段，直到他自己学会奔跑？

我作为母亲，别无选择，除了坚定地拉起他的小手，尝试着起步，尝试着奔跑。

而小牛从最初紧拉我的手，磕磕绊绊，到最后摆动双臂，奋力前行，用了 10 年。直到他 16 岁，只身一人去美国读高中。在克瑞布鲁克中学（Cranbrook Schools），他继续奔跑了三年，一路的跌倒和腾跃，一路上的欢笑泪水，都只有独自承担，就这样他一直跑进了宾夕法尼亚大学。

而我，站在他的路边，泪眼相送，除了祝福，还是祝福：未来他的脚步会越来越矫健，越来越自如，越来越坚定。

小牛考进了藤校，祝贺者众，请教者众，有的家长更是恳切建议：杨老师，你写点什么，让我们参考吧。我不以为然，藤校不过是孩子一个新的起点，他未来的路还有那么那么长，实在不值得写，再说，我的人生的中年阶段也才刚刚开始，真的来不及向后看。但当陈屹老师找我约稿时，说：孩子进藤校不算什么，以后孩子的路孩子自己走，可是你写点什么，去帮助那么多曾像你一样有困惑的家长，这多有价值！我惭愧，于是决定写点什么。

如果读者想从我这里获得如何申请藤校的窍门，那么一定是失望的。我从来不知申请藤校的窍门，我只知我的孩子他踏踏实实，用心在生活，用心在学习。

我写的是一个被怀疑智力发展迟缓的幼儿如何逆袭的故事，这过程，有困惑、有痛苦、有欣喜、有泪水。如果正好读到这本书的读者正在为孩子的学习问题感到头疼，那么我的这篇随笔在帮助家长如何看待孩子，如何帮助孩子方面能有点用处，我也便对得起陈屹老师的期望了。

幼儿园送儿子进全托，是我心中永远的痛

彼时，我在边工作边读心理学博士。同所有那个年龄的孩子的父母一样，憧憬着孩子的未来。他是那么聪明可爱，当然会一切顺利，而我只要为他规划好大方向，为他选择好学校，然后给他讲讲故事、陪他运动运动，他就会成为一名健康、快乐的阳光小男生。

我的憧憬在他上幼儿园中班时戛然而止。总工会幼儿园，上海最好的幼儿园之一，寄宿制，老师很负责任，常常同家长电话联系。有一天老师电话中同我闲聊起班里的一个小朋友，说："他比小牛还怪呢！"一句话，引起我的警觉。虽然老师为失言道歉，但我警觉到，小牛在幼儿园的处境不大美妙。后来发生了一系列的事件，使我明白，我的小牛，他的幼儿园生活不大顺利，学本领很慢，不会拍皮球，不会串珠子，自己吃饭穿衣总是一团糟，上课不能注意听讲，老搞不清

楚规则，也不大与其他小朋友玩，总之，各方面能力差，在老师眼里是个问题孩子。

我的儿子，他是问题孩子？！

他曾是那么爱笑，那么懂事，那么好奇，那么聪明：他总是一边大笑着"妈妈妈妈，我的好妈妈"，一边奔进我怀里；两岁时，就想出把拖鞋先扔下楼梯下楼后再穿的办法，因为穿拖鞋下楼梯不方便；两岁半时因为对酱油瓶感兴趣，把酱油全倒在了厨房地板上，意识到闯祸后主动提出今天不去骑马马了；不足三岁时，就能全文背诵《小鹿斑比》《小飞象》；进了幼儿园一年，他就成了问题孩子？

尽管不甘，在经历了一系列测试后，我最终接受了这个现实，我的宝贝他可能不是一个天资出众的孩子，至少在幼儿阶段，他可能发展比别人迟缓，他可能存在学习困难，他需要帮助。

不得不承认，那时的我是非常焦虑的。我相信没有一个母亲面对这种处境时会不焦虑。我的焦虑还来自于我不能对任何人倾诉我所面临的问题，在一切没有定论以前，我不能让别人给我儿子打上"弱智"的标签。

我以完成博士学业为借口，从学校回家了。但我并没有将精力放在博士论文上，我全力以赴开始了我的另一项个案研究——我儿子的智力发展状况。因为我想弄清楚，我的儿子他是怎么了？真的智力有问题？

幼儿园生活在我坚持将儿子半周放幼儿园半周接回家的情况下结束。在此期间，我研读对比幼儿智力发展常模，的确寻找到小牛的差距，有些差距还比较大，比如注意力品质、小动作发展。这些差距从何而来？也许是孩子发展的个体差异，他本来就比同班的孩子小将近一岁，有差异可以接受。

我开始对他进行针对性的训练，包括言语语言、数理逻辑、视觉空间、身体动觉、音乐节奏、人际交往等方面，期望他很快达到幼儿常模标准。我遇到的第一个问题是他完全不能配合，他要么是顾左右而言他，要么是说我不会，要么就是直接走开。他在拒绝学习，并且极力避免与我的目光接触，他看上去消极又没有信心。很显然这不是一个智力问题，而是心理问题。是什么阻止了他的好奇心，他的探索欲？他在逃避什么？是批评，是责骂，是不安全感，还是没有信心？

我内心充满自责与愧疚。我曾经以为，最好的家教就是父母拥有自我、实现自我的价值，并把这种理念通过身体力行传递给孩子。而孩子自然会成长，特别是在那么好的幼儿园里，一定会顺利。但事实证明，我不是一位称职的母亲。

我下定决心，用尽全力去弥补。我无时无刻不在表达我的爱，我拥抱他，亲吻他。我认为他需要肯定，就常和先生事先约好一起赞美他；我认为他需要安全感，就一直陪伴他，把他抱在怀里睡。为了让他能配合训练，我把一切都变成游戏，与他一起疯一起玩……慢慢地，他参与了进来。

我带他进行感觉统合训练，学游泳，学钢琴，学骑自行车，学轮滑，学拍皮球，学拧瓶盖，玩走迷宫游戏，与他一起寻找物体中的不同类，与他一起学习颜色形状……他慢慢地开始尝试，开始配合，我相信一切会好起来。

再一次打击是他的小学入学测试，推荐人给我带来了学校怀疑他智力的消息，我一边极力否认，一边感到慌乱无助，还好学校最后还是接收了他。

匆忙中，他站在了人生跑道的起点，我看到他的茫然无措。我心痛地看着，担忧着孩子的未来。

看到有的家长说："我们很庆幸有一个好孩子。"或者说："我们从不多给压力，不多加关注，稍加指点引导，孩子就一路前行。"我真的羡慕这些孩子的父母。

作为高校老师，我很清楚我们整个社会对孩子的评价体系的单一与苛刻，不是一定要屈从社会的标准，而是很明白他在这个评价体系中将要承受的压力与伤害。他会受到小朋友的排斥，这一点在幼儿园已初露端倪。小朋友嘲笑他，不允许他一起玩玩具。他会被老师另眼相待，幼儿园老师未能掩饰的评价已说明问题。我不能让儿子就这样，在人生一开始时就因为"跟不上"失去老师、学生的认可，失去对自己的信心。

也许我只需要耐心等待，等待他有一天会开窍，但我怕他在那一天到来以前，便已失去信心，很多学习不良的孩子就是这种状况，他们在无助下选择放弃。我决心要帮他，也只有我能帮他。我要让他跟上同龄小伙伴的步伐，哪怕是由我拉着他奔跑！只要他跟上了，如果有一天他智力发展了，发现也没有掉队太多，才不至于很早就放弃终点的风景。

于是我放下一切，冲上他的跑道，拉起他的小手。

家庭教育体会：人群中会有小比例的孩子不需要父母操多少心，稍加点拨，便一切都顺利。但是这样幸运的父母并不多，大多数的孩子在初入小学阶段会遇到这样那样的适应困难，也许是学习上的，也许是动作上的，也许是人际交往上的。父母要及时伸出手帮助孩子一起渡过难关，既可以教会他方法，又可以增强他的信心，否则等孩子试图多方寻求方法而不得，失去信心，决定放弃时，再重建信心，难度会大许多。

找回自信，从学会学习开始

这时的小牛，与我在一起时很放松，很快乐，但在人群中，他就显得比较内向，比较被动，比较没有信心。

小牛的小学是区里最好的小学之一，他又在重点班级，班里学生家长都很重视孩子的学习。我决定先引领着他学会学习，帮助他在学习上建立自信。

学会学习，就是养成好的学习习惯，掌握好的学习方法，进行自我学习的能力。

学会做作业，这是学会学习的第一步。

教会小牛做作业，是颇费了些周折的。他遇到了与很多小朋友一样的问题，作业拖拉，效率不高。我于是陪同他做作业，探究其做作业的过程，发现他态度比较认真，只是明显力不从心：有时是上课的内容他没掌握，有时则是规则没弄明白，有时是他经常写错字，就来回擦，来回重写。还有就是每天要做的订正作业太多，不是错别字重抄，就是格式错误要重做，这一切的症结都在于他没有掌握上课的内容，没有弄清楚学习规则，所以我得首先确保他每天学习的内容理解并消化。

于是他每天放学后，我有了新工作，做一个谦虚好学的学生，叫他"周老师"，让他教我他当天在学校学习的内容，这样很容易就能从中发现他没掌握的或掌握不扎实的地方，然后装作不明白，引导他一遍遍学习，直到他基本弄懂，然后再做作业。我的态度谦虚而友好，很快，这样做的好处就显现出来，他做作业的准确性提高了，到校或回家的订正作业少了，作业的速度提高了，得到老师的肯定与表扬多了。就这样，一二年级时，他在班里成绩就不算很糟糕。

而最大收获是他越来越喜欢做老师，变得开朗与快乐，常常寻找一切机会学习新的东西，给我讲课，得到我的崇拜与赞美。而他不会的又常常是我恰巧会的，所以他也乐意向我请教。到他慢慢明白我让他做老师的用意时，他已经不需要老师的角色也能主动要求与我讨论他当天没有掌握的地方了。

学会寻找问题解决的方法，在数学学习中尤为重要。

我在读博士时关于认知心理课程学习的好处便显现出来，可运用有关记忆、思维、问题解决、言语理解等理论，运用出声思考等方法探测他认知过程的特点与存在的问题，引导他向前发展。

如他学习简便运算时，弄不明白为什么 $97 \times 27+3 \times 27=100 \times 27$，我知道是他的抽象思维能力还没有教学大纲要求的那么好，其实后来发现他们班弄不清楚这转化过程的不止他一个。我把抽象的数学问题变成形象的思维问题，问他，97 个苹果加上 3 个苹果，是几个？他毫不犹豫地回答 100 个。然后，我让他观察前面数式，引导他发现 27 这个相同的数字，告诉他把 27 换成苹果，这样就得到 100 个苹果，然后把苹果再换回 27。经过举一反三的练习，他很快便掌握了这一则简便运算方法，不再需要苹果这个媒介了。

我使用的这些方法常常使他很兴奋，他会把这些方法介绍给其他小朋友。建立概念之间的联系，寻求公式数值后面的规则，成为他的又一兴趣点。虽然他的计算还常常错误百出，但他能够理解小学的数学思想了。

阅读，是终生学习的方式。

相比较数学，我更重视他的语言能力，语言将是他一生与人交流、表达自我、进行思维的工具。而语言能力，离不开阅读。在阅读中可以体味生活，在阅读中可以学会生活，在阅读中可以提高文学、艺术的审美情趣，在阅读中可以形成追求真善美的价值观。

在他上小学开始识拼音后，我便不再简单地读书给他听，而是让他参与进来，和我一起读带拼音的儿童书。最初采用我读一段，他读一段的方式，遇到他不会的字读拼音即可，不知不觉读了很多书，有迪士尼故事系列，有成语故事系列，有唐诗赏析系列，他也学会了很多字。

二年级时他的识字量大大增加，就开始读无拼音书籍了。从我读一段，他读一段，慢慢过渡到他读两段我读一段，再过渡到他单独读一整章。我们一起读完了《淘气包埃米尔》《窗边的小豆豆》《爱的教育》《草房子》等，他在读到埃米尔如何带着妹妹淘气时咯咯笑的样子，还有埃米尔在大雪夜独自拉着拖车送阿尔弗雷德去看医生时他哽咽的声音，都还那么清晰的在我的记忆里。

大量的阅读使得他的语言越来越丰富，他开始能够讲述他在幼儿园里的孤单与无助，讲的时候会流泪，我便明白，阅读使他学会表达，他开始走出幼儿园的阴影。

三年级时，他已经是班里最好的学生之一，这使他体会到成功与快乐。

学会自学，是孩子自我教育自我发展的开始。

他比较早接触英语，在幼儿园时便有华师大的留学生来家中陪他玩，教他一些简单的英语，到小学就开始一起读故事，读的是华师大出版社出版的黑猫阶梯阅读系列。我还听从朋友的建议，让他去学习夏恩英语教育的自然拼音拼读课程，从此以后，他看见单词基本会读，会读就会写，记忆单词变得很容易。

老外很爱笑很爱说很会玩，会教他画画，开他玩笑，一起玩电子游戏，一起读英文版的 *Peter Pan*、*The secret Garden*、*The wind in the willows*。他爱上英语，引导他进行自学的时机来了，这是我在做的在学习上放手的准备。

在四五年级时，小牛利用周末和假期跟着视频自学了《新概念英语》第一、二册。这个自学不仅仅是看看视频那么简单，他学会做听课笔记，记录语法要点，分析文中的任何一个句子。周末或假期时，每日清晨至少半小时晨读，大声朗读学过的课文，每次至少读十篇，补新去旧，最后熟练到每篇课文仅凭语感便能背诵。每次上新课前复习旧课的笔记。而他在学校优秀的英语成绩又强化了他自学英语的兴趣。

拥有自学能力极大地丰富了他的学习兴趣，到中学时，他的自学能力进一步提高，他几乎可以自学任何他想学习的知识，包括美国高中入学标准化测试基本都是他通过自学完成。

家庭教育体会：培养孩子的学习能力，是帮助学校适应困难孩子的一个很好的入口。首先，这吻合了社会与学校的评价体系。不是为了迎合这种体系，而是受到体系的认可，孩子会觉得安全没有压力。其次，这种认可能增加孩子的自信，这种自信可以迁移到孩子的其他方面。引导学习困难的孩子学习是件极需要耐心的事儿，家长要学习些方法。

个性养成，从品德教育开始

我一直都知道，我不可能陪跑太久，到青春期前，如果他还不能学会自己奔跑，才会是真正的问题，他得学会独自面对他的生活。良好的个性品质才能陪伴他的一生，在他遇到困难时，给他支持，指引他克服一切阻碍，坚定地奔向他的人生终点。

塑造孩子良好的个性品质，必须通过家庭更为自觉主动的品德教育。

我决定采取的是主题教育法，这样容易把家庭教育的目标具体化，并且易操作。每一个主题都可以包含价值观、人格和行为习惯等不同的要求。我是从儒家文化中寻找并确定了"仁、义、礼、信"这四个主题的。

每个主题的实施我们都采用了通过家庭会议的形式正式启动，这样做的好处在于，既营造了家庭教育民主的气氛，又给孩子传达一种信息：父母的态度明确、认真。

第一个主题就是"信"的教育。这个信，就是诚信，包含了诚实和守信两个基本含义。

我们深知，最好的德育是父母的知行合一。在教育孩子的过程中，我们一直力求对孩子描述事实的真相，从来不为权宜之计，去哄瞒孩子，这样就建立了我们与孩子相互信任坦诚交流的基础。在小家伙3岁时，有一段时间，先生住院，我每天下午去医院探望，小家伙不愿我离开，抱着我哭，要与我一起去，我总是会很认真地告诉他：宝贝，爸爸住在医院里，他也想念妈妈，我得去看看他，妈妈爱你，妈妈也爱爸爸。医院有规定，你因为太小不能去，妈妈两个小时后便回来陪你。他总是懂事地点点头，眼里含着泪水，与我道别："妈妈，早点回来，我也爱爸爸。"这样，他接受的是事实、是真相。经常看到有的家长用去的地方有老虎，或偷偷溜走，或让家人把孩子哄开的方式，来解决此类问题。孩子慢慢就会知道，爸妈在骗他，会失去对爸妈的信任。我们对孩子做到守信，答应他的，一定会做到，若是条件不允许，也会向他说明情况，获得他的谅解，寻求弥补方法。

但品德教育仅仅是靠身教还不足够，应该有更为系统、更为主动的言传。小学生的教育不能只是讲大道理，品德教育应该根植于孩子的日常生活，并被孩子所理解，所遵循。

在家庭会议上，我们告诉他"信"是一个很美的字，让他讲讲对"信"的理解，然后引出诚信与守信两个词。让他评价爸妈是否做到了"信"，谈谈对爸妈做到"信"的感觉如何？在他认可爸妈行为的基础上，我们也肯定他的诚信，并且告诉他我们将永远信任他，鼓励他继续努力做到不说谎，说话算话。

信的教育大概维持了半年的时间。我们把诚信的教育融进了日常生活中，采取的教育形式多种多样，讲有关诚信的故事（狼来了），做角色扮演游戏（把孩子的表现编进小明小红的故事，让他做出价值判断），根据生活中发生的新闻、事件随时进行教育（田林四小的悲剧事件），行为的指导（班级中关于男女生的传闻）等。

在这期间，我收到过他给我写的一封信，谈他曾经做错的一件事，并且向我保证，以后不会再失去"信"。他用"信"的方式解决了一次"不信"事件，这让我非常欣慰，他已经开始把"信"当作人生信条。

包括家长惧怕的电子游戏，我都给与他充分的信任。我没有通过藏电脑、断网线、禁止使用手机等措施来使他远离电子游戏。相反，我会尽可能地为他提供玩游戏的便利，会在第一时间升网速，会第一时间给他买游戏机，甚至会和他一起打游戏。在假期比较宽松的时间，有时甚至打通宵。我不畏电子产品如虎，从小学三年级，他便拥有自己的手机。因为我知道，在这个时代，电子产品是他们生活的一部分，我们不可能永远隔绝他们，并且这些产品是他接触高科技的最直接的方式。所以我不反对他拥有电子产品，也不反对他玩，只是把玩当作他娱乐放松的一部分，这是他的权利，但会规定他玩的时间与场合。而他充分回应我的信任，不把玩电子游戏当作是唯一的娱乐方式，也不会因为我不在家就缺乏自制力。这是我们之间建立的相互诚信的关系的成功。

练习钢琴也是这样，每天的任务不管我在不在家，他都会主动完成。这也是相互间的信任。

在整个小学阶段，我们完成了"义"的教育，具体为对自己负责，对家庭负责，对他人负责等几个阶段；完成了"仁"的教育，包括爱自己，爱同学，爱家，爱国等几个阶段；完成了"礼"的教育，包括尊重、谦让、礼仪等内容。每个主题延续半年到一年半，完成的标准是这些品质稳定持续地表现在孩子的言行中。当然主题完成不是一个主题教育的绝对结束，每个主题一直贯穿在其他主题的教育中，只是每一个阶段的侧重点不同。

小牛的初中与高中生活非常顺利，尤其他的青春期非常顺利，没有出现明显的逆反，总是温厚有礼，坦然理性，这毫无疑问得益于我们持续的品德教育。

家庭教育体会：很多家庭认为品德教育太空太假太土气，我却非常认可品德教育需言传身教、需要有意识正面教育的观点。你给予孩子的，都会存储在他的记忆深处，在他的成长过程中，润物细无声地发挥作用。随着孩子的成长，我们对孩子的期许开始多维，我们希望孩子能够沉稳大气、理性有度、宽容坦荡。因为我们都知道，人生路上不仅仅需要一个善跑者，还需要一个有情怀的善跑者，而这些只能是早期品德教育的水到渠成的结果。

2013年8月，刚满16岁的他离开家，远渡重洋去异乡读书。我不担心他会失控，我不担心他会蹉跎岁月，因为我相信他拥有的个性品质会陪伴他一生。

而他，用他的行动回应了我的信任。

杨明蓉，赴美二十余年，育有两女。赴美前，在中国某电子元器件工厂工作。来美初期，曾做过管家、保姆、收银员和洗衣工。后来，在美国某汽车公司从事汽车元件设计工作数年。曾辞去工作专心照顾两个孩子。目前，在家附近的牙医诊所工作。

大女儿就读于普林斯顿大学，本准备学习经济专业，后对中国文化产生浓厚兴趣，感叹中华文化之博大精深，虽生长于异国，她身为炎黄子孙愿为继承和传播中华文化，尽自己一点微薄之力，故在三年级时改入东亚系。在校任普林斯顿大学日报业务经理，主管报刊的发行和商业运作。同时，也是一家非营利性商业咨询机构的负责人。二女儿现就读于公立高中 11 年级。目前，她是爵士乐队长笛手，校报主编，高中智力竞赛俱乐部负责人，游泳救生员。

润物细无声：女儿成长手记

　　有人问我关于教育孩子的方法。说实话，这是一个难以回答的问题。因为许多家庭遇到的一些问题，在我家从没发生过。有一天，小女儿突然说："妈妈，为什么你们并没严格地管教我们，但我们自己就知道该怎么做。平时很少插手我们的事，但是我们一切顺利，并没有别的孩子出现的问题，也没有什么压力。我真担心你把我们宠坏了。"是啊！我也在想这问题，我这母亲当得挺轻松，在培养孩子上，真没费太大劲，都是顺其自然。不过，除了孩子的天资和幸运外，应该有些什么原因吧。

　　于是，我仔细回想了这些年的经历。我想，在家庭中，有些最基本的道理，最应该遵守的原则，孩子最应该养成的习惯，父母最应该以身作则的事情，要非常重视。这些最基本的事情，如果没有做到，那在孩子的成长过程中必定问题不断。

　　我们属于普通中产阶层，有房屋贷款、汽车贷款。除了各种税和保险外，收入有限。孩子是普普通通的孩子，学区是普普通通的学区。孩子读公立学校，去最便宜的夏令营，没有参加各种"高大上"的竞赛。孩子们读高中后，除了学习，所有假期都在做义工。大女儿除了考SAT前读过几天考试技巧班外，没有读过任何别的补习班。我们并没有特别去"奔藤"，就按普通人的标准去培养孩子，所以也没有给她们压力。培养孩子是长期的投资，金钱和精力都需要付出。有些东西并非靠金钱就能得到，比如，良好的习惯，家庭环境，家风家教，父母的素质，才是孩子成材的关键所在。当然，还有孩子的天资和努力。做事先做人，进入"藤校"还不算是成材，要想走得好，走得远，需要更多的人生历练。与人品、教养、善良和感恩相比，"奔藤"并不重要，不读名校也会有精彩的人生。平时的点点滴滴做到了，自会水到渠成。下面是一些平时教育孩子的故事和感悟，与读者朋友分享。不过，每个孩子和家庭不尽相同，我所讲的故事和感悟并不适合每个人，在此只作参考，不可复制。

家庭环境对孩子成长的影响

这里所说的家庭环境，并非只是经济条件，还包括父母的受教育程度，素质和人品，为人处事的方式，也包括父母和孩子的朋友圈，周围的邻居，等等。近朱者赤，近墨者黑。物以类聚，人以群分。在不同环境下成长，人生观、价值观，与人相处之道，都不尽相同。孩子们耳濡目染，日益熏陶，逐渐形成与之匹配的人格。去年女儿回国过年，有许多亲戚朋友，请她去吃团年饭。回来后，与我讲起赴宴时的趣事。她讲到不同家庭的气氛，其中有些家庭给她留下深刻印象，跟这些家人在一起感觉特别舒服。当中有位爷爷的书法作品之美如诗如画。我告诉她这位老先生是她父亲的姑父，是颜氏后人。颜氏家族中有无数名人，比如孔子的弟子颜回，还有书法大家颜真卿。这位老先生的书法绝对不会差，而他本身是位好医生。他非常厚道，做人低调，言谈举止透着儒雅之风。在上世纪八十年代初，他太太的后母病重，由于太太工作走不开，也需要照顾孩子，他从外地到成都一直陪伴在病床左右。作为女婿，工作那么忙的医生，确实让我们感动。女

与女儿一起的阅读时光

儿又说，还有一个家庭也非常棒，对她好热情，交谈得特别愉快，一位爷爷用流利的英语，讲到许多经济学方面的问题。我告诉她，那是舅爷爷，他从二十世纪五十年代就搞经济，获得新中国最早一批经济师职称。另外，他非常博学多才，谈古论今，古今中外的事什么都知道，不意外你们会交谈得那么愉快。我小时候也特别喜欢与舅舅聊天，其父也就是女儿的曾外祖父早年留学归国，在二十世纪三四十年代，就涉足金融行业，也是一位风度翩翩的绅士。当年"文革"刚结束，曾外祖父已经八十岁高龄，与他的三位兄弟一起回到老家，照顾行动不便的老母好几年，直到母亲一百零几岁终老。这些家有个共同点，就是儿女都有自己的事业，都有良好的素质和教养，尊老爱幼，家庭和睦，低调不张扬，平和大气。女儿说：一个家庭的家风、家教和素质，是用金钱买不到的，是可以世代相传成百上千年的。权力和财富都是身外之物，不可能长久拥有。是啊！我只希望我的孩子明白这些道理，有更多的内在涵养，以内心深处的底蕴来支撑她们的人生，淡然从容地面对生活。除了这些，我们作为父母平时与人相处，应该为人善良，宽容大度。总之，父母亲是孩子的榜样。要想孩子成大器，父母自己也需要不断学习提高。另外，和谐温馨的家庭气氛，也为孩子建起挡风避雨的港湾。这样，孩子才有安全感，在这种情况下学习生活，会更加的平和淡定。这对孩子今后的人生也有很大影响。冯友兰先生把人分为四个境界，一为自然境界，二为功利境界，三为道德境界，四为天地境界。以我自己的理解：一部分人为第一境界，自私自利只为自己活。多数人为第二境界，为名为利辛苦奋斗，努力工作。少数人进入第三境界，除了有自己的事业，还有大爱和高尚的品德，以助人为乐。能进入第四境界者少之又少，淡泊名利，坦然淡定，无任何杂念，不计较任何个人得失，与天地同在。与培养孩子一样，什么境界的父母，培养什么境界的孩子。要想培养出高境界的孩子，父母先得修炼到更高境界。我从不敢认为自己有多高的境界，多么的高尚，但是我希望朝着这个方向，与孩子一起努力。

良好的习惯和正确的价值观

现今常常听到的一句话是：不让孩子输在起跑线上。我非常赞同，但我所认为的起跑线，并非是从小就学各种才艺，填鸭式地灌输知识。有家长抱怨读高中的孩子，出现这样那样的问题。我总是心里想，当初你在干什么？现在说这些是不是太晚了点？你的孩子已经输在起跑线上了。

有件事对我启发很大。一位家境很好的妈妈告诉我，她的三个孩子有段时间学习不好，请了位家教，成绩很快上去了。后来有幸认识了这位老师，相互比较熟了后，我问她教那几个孩子的秘诀。她大笑，悄悄地告诉我，我什么都没有做，就是陪他们做功课，检查功课，复习预习一下而已。现在习惯养成了，我根本就不用做什么。不过这家人平时把孩子全交给管家来照顾，问题并不能彻底解决，成绩是上去了，但父母不花时间在孩子身上，许多好习惯没有教，还会有其他问题出现。

我在一家诊所工作，看到过各种各样的孩子。大部分美国人和一些美籍华裔的孩子，是非常守规矩的，从两三岁到十几岁的都有，非常配合医生，孩子都自己进来就诊，家长在外等候。但有些咱们中国人的孩子就比较难搞，孩子不配合，父母甚至祖父母都跟进来，孩子还越闹越来劲，我们劝家长出去等家长还不高兴。在候诊时，孩子跑来跑去，大声喧哗，大人也不制止。

良好的习惯对孩子的一生有重大影响，而这些习惯是靠咱们家长从小给培养起来的。有了这些好习惯，那就赢在了起跑线上。

这些习惯包括生活习惯，学习习惯，也包括品德教养的习惯。

生活习惯应该从小培养，逐渐生活自理，做简单的家务，爱卫生爱整洁。记得两个女儿都曾戴隐形眼镜和矫正牙齿。开始时年龄比较小，医生说怕她们清理不干净，让我多盯着她们，但我后来发现她们严格地按医生的要求，做得非常好，也就不再过问了。大女儿上大学时，第一年一个人住一个房间，每次我们去发现，她的房间总是干净整洁，窗台上养了盆绿色植物，五斗柜上的花瓶里插着绢花。墙上是一幅她自己画的牡丹图，另外一面墙上有幅她写的书法作品，字的旁边是个提示板，写着她要记住的事和一些名人名言。窗棂上面吊着一个别致的灯笼，书桌上常常有一小束鲜花，只要价格合适，她总是买一小束来装饰房间。宿舍的楼下有个公用厨房。她常常在周末买点爱吃的东西，自己做来与同学们分享。她把自己的生活安排得那么好，这与从小就养成好的生活习惯是分不开的。

从小在生活上养成的好习惯，使孩子能够在以后的生活中，更加自信，有更多的生活乐趣，更有审美，更有独立生活的能力，更容易与人相处。谁会喜欢自己都不能照顾自己，不爱卫生和整洁，除了学习什么都不会的枯燥乏味之人呢？

学习习惯包括阅读习惯，按时准时完成功课的习惯，认真做好每件事的习惯。

两个孩子的英文成绩一直不错。这跟她们有良好的阅读习惯分不开，很小我就念书给她们听，然后看图画书，听录音带读书，看报刊杂志……。有空就读书，在家里每个角落都放上书，包括卫生间，每次她们找到一本书就很高兴地读了起来。慢慢地不管去哪里，只要有时间她们总是读书，她们一人有一个漂亮的背包，总是放着她们想读的书，走到哪儿读到哪儿。孩子读的书一定要与她们的阅读能力相配，太简单太难都不利于阅读，一般她们都是自己选择爱读的书。后来我培养她们关心时事，看报刊杂志。家里总是订几种报纸和杂志，我会要求她们哪些可以看看标题，哪些泛读，哪些精读。

她们从小就知道必须按时完成功课。不管去做什么事必须准时，如果有什么问题，一定要先打电话告知。她们除上课外，也学习些才艺和中文。我们一般是一旦决定学这个东西，就必须准时去学，不是迫不得已，绝不缺课。有时孩子跟同学有聚会，或者要去看表演或者电影，如果与这些时间冲突，她们自己就推掉了，知道事先安排好的课是不能随便取消的。以至于学了多年钢琴和十年中文，基本没有缺过课。

记得有年去旅行，回来第二天就开学，当时早早到了机场，拿到登机牌。后来发现那班飞机超员，航空公司与我们商量，能否晚一天走，安排我们吃住，并每人退还一千元左右，留在下次任何时候用。加起来四千元，真是很大的诱惑，但全家商量后，决定不能为了钱让孩子缺课，必须按时回校上课。

做每件事一定要尽力做好，不见得拿到第一，但一定得认真努力做好。小学时，她们每人有本黄色的本子，每次作业或者考试有问题，就让她们在本子上重做，并随时翻看，不忘自己所犯的错误。在学习才艺上，我反复强调，如果不好好学就不学，没有必要花时间、金钱和精力在上面。如果真的有兴趣，就必须学好。

从小养成的学习习惯，使她们不管是在学校，还是在学习才艺上，或者学任何东西，都能拿回比较好的成绩。特别是从小养成的阅读习惯，不仅使她们学习成绩优异，也学到许多课本上没有的知识，从而通情达理，许多事不用多讲，一点就通。

孩子品德、素质、习惯的培养，应该包括尊老爱幼的习惯，与人愉快交流的习惯，公共场所得体自控的习惯。

我们家很幸运，一直有老人来来回回在家里住，也给孩子提供了如何与祖父母相处的机会。当然，与老人相处交流，父母亲的所作所为是孩子的榜样。两个孩子这么多年与老人们相处愉快！爷爷生病住院，女儿也专门回去陪伴爷爷，推爷爷去散步，听爷爷讲故事，给爷爷剪脚指甲……现在外婆一人在国内，女儿只要放假就会去国内陪伴外婆几天，与外婆去逛街，吃小吃，祖孙俩玩得非常开心。她们的表弟表妹比她们小很多，她们从小就与表弟表妹玩得很好，并教他们许多东西，也常常帮叔叔阿姨照看他们。

一些规矩从小就要培养，礼貌用语尤其重要，只有这样，才能更容易与人相处和交流。在交流过程中，要教孩子换位思考，才能让孩子大度宽容，不自私自利，从而会有更多的朋友，而真正的好朋友会对孩子一生都有帮助。

孩子总是要去公共场所和亲友家，在这些地方的公德意识，体现了一个家庭的素质和教养。对别人的尊重和配合，控制自己的言行，与小朋友和睦相处都需要从小养成习惯。我的孩子在外面一般比较自律，该活跃时活跃，该安静时安静，能认真按要求配合做好一些事。在外面进出门时帮忙扶一下门，用过的东西放回原处，去商店买衣服，看后和试后整理好放回去，这些都是从小养成的习惯。

这些习惯养成后，自然而然，孩子走到那里，都是受欢迎的。在别人眼里是有家教和高素质的孩子，这对她们今后的发展，起到非常积极的作用。

关于价值观，包括直接的消费观，以及待人处事上的取舍和选择。孩子们由于周围环境和家庭情况不同，也就形成了不同的价值观。正确的价值观是决定孩子一生是否幸福快乐的关键。

有许多婚姻不幸的家庭，问题就是出在夫妻价值观的不同。人们说不是一家人不进一家门，婚姻要门当户对，这是绝对要遵循的原则。所谓门当户对，并非是权力金钱上的门当户对，而是相同背景出来的孩子，价值观也相近，这才是幸福婚姻的基础。

有家长说孩子学了各种各样的才艺，但就没有一样学好学精，每学一样就半途而废。细找原因，发现有些家长急功近利，孩子学一样东西，急着出成绩，没有在竞赛拿奖，没有考上什么级，就觉得老师不行，赶紧换老师，不行又换，换来换去时间耽误，钱也花了，孩子也无所适从。这些家长总认为不能白花钱。可学习才艺是培养孩子的修养，为他们人生添彩，是个长期的投资，不是能立竿见影地见到结果的。有时什么好处都要想占到，一点不吃亏的做法，实际上失去的更多。

还有位家长抱怨，没有人愿意陪她孩子玩，有同学生日全班同学都请了，也不请她孩子，自己孩子办生日聚会也有好多家长推辞不来。后来才知道这位妈妈以前常拿垃圾食品和过期食物给孩子。大家怎么敢与她孩子玩？这些事孩子都看在眼里，为点小钱让孩子失去朋友，真是不值啊！

金钱不是万能的，但没有钱是万万不能的。人们都懂这个道理，怎么样让孩子勤俭节约，不乱花钱，又不能斤斤计较，把钱看得过重，同时生活要有档次。这是我们和孩子都应该面对的问题。

我和先生都没有乱花钱的习惯，平时也比较省，但该花的肯定花。花在孩子的教育上，给老人买东西，带孩子出去旅行，去看戏看电影，品尝美食……我们还是舍得，但在其他方面就比较抠门。像我们这种中产阶层，虽不富裕，但基本的衣食住行，孩子的学习费用，是能够负担的。孩子从来没有尝过穷日子的滋味。所以我们从小还是一直灌输勤俭节约的观念，同时也有意淡化金钱的概念。我们家孩子做家务和考好成绩都没有物质奖励，这是她们应该的。零花钱一直放在一个小布袋子里，全家人谁需要就自己去拿，用得差不多后再放些进去，这么多年孩子从来没有多拿，或者去买不该买的东西。我在亚马逊上有账户，她们需要什么东西自己去订，也从没有乱来过。这几年圣诞节和生日都没给她们买礼物，她们说需要什么自己随时可以买。反而我们总收到她们用打工的钱给我们买的礼物。女孩子总是爱美的，花钱穿着打扮也是很正常的，不过总还是要让她们知道有个度，并不是什么东西都要买名牌，只要穿出自己的特色和个性，真没有必要去跟风追潮流。我们家两个孩子在这方面从来没有提过要求，有时朋友会送些名牌东西给她们，有些就给我带回国送了人，不是不喜欢，是觉得学生没有必要穿戴这些。女儿就读的大学有许多富豪和名人的孩子，这些孩子也并非一身名牌和奢侈品。

大女儿去年暑假在纽约实习，公司付房租，住在一个比较贵的公寓里。公司给了她较高的薪酬，还给了卡专门用于坐出租车。但她还是坐地铁上下班，下班时还从中间跳出来，去便宜点的超市买食物，然后再回地铁，三小时内地铁是不再计费的。因为她住的附近的食物都很贵，虽然有许多著名餐馆，也不便宜，所以她还是自己做饭。我说你可以坐出租车，反正公司付钱，她说不是公事，不能用公司的卡，虽然公司不过问。公私分明，不该占的便宜绝不占，这点还真是个好习惯。

当今社会是个极功利和物质的社会，我们难免会被许多东西所引诱。这种情况下如何让孩子把握好自己，不至于为一些眼前利益而放弃原则，由于眼光的短浅而丢失更好的发展机会，由于在与人相处中斤斤计较，绝不吃亏而丧失合作伙伴，影响事业发展。这些都应该从小事做起，逐渐形成自己的得失观。

我家老二今年十一年级，考 PSAT，对学生来讲非常重要，关系到奖学金等。在考试的前天晚上，我发现她计算器的电池用了很久，怕到时没有电，就晚上赶去买了给她。第二天考试时，有位同学的计算器没有电了，她就顺手把自己的新电池给她了，考完后也没有要回来，好几位同学都说她太傻，万一她自己的计算器也没电，麻烦就大了。她说别人有困难就顺手帮了，不会去想太多。一次老师给了她们很具挑战性的题，说可以翻书查资料再做。其他同学都在网上找答案，直接写上都得了高分。而她偏要自己边学边做，有好几道做错了，扣了好多分。老师很生气，只有她一人考那么差，就说我不相信这是你，让她第二天下课去谈谈。我让她告诉老师其他同学是抄的网上答案，十一年级成绩那么重要，不能因此丢分。她说这样其他同学都会被罚，虽然被扣分，但是自己会做了就是收获。这两者中，她有她自己的选择。

大女儿有次把身上所有的钱借给同学，然后回来向我们借。我当然很生气，那么多钱不跟我们商量就借出去了，她告诉我们那位白人同学真是遇到麻烦，需要一笔钱。白人父母不会像华人父母总会在经济上支持，同学父母不会给，同学也不想向父母开口。我问她如果别人不还你怎么办？她说没有什么，他确实有困难，我刚好能帮他，不会为这事烦恼，以后有能力还是会借钱给需要帮助的朋友。听她这样讲，我就放心了！也很高兴对待朋友和金钱上她有自己的主见！

今年夏天大女儿即将大学毕业，她在去年申请了些工作，也拿到了几个不错的入职通知。但是她告诉我们，想暂时不工作，做一些自己想做的事，也许会与几个同学合伙创业。我问她是否需要资金帮助，她说不要，几个同学每人投点小钱，从头开始，一点点做，想享受那个过程。她说对生活要求不高，能够简单的有吃有住就行，刚开始赚不够生活费，可能再做做家教来维持生活，不管成不成总该试试吧！对于她这种想法，作为父母真为她担心，但这是她自己的选择，如果阻止也许会给她留下终身遗憾。

总之，在孩子成长过程中，他们的价值观逐渐形成。我们做家长的，首先自己得有正确的价值观，孩子耳濡目染，也自然会对金钱、朋友和事业等，有正确的观点和选择，这对他们的事业和家庭将起重要作用。

参加社会活动和回馈社会

我们中国有句话叫：滴水之恩，当涌泉相报。拥有一颗感恩的心，人生才会有意义。当年我们一无所有来到美国，经过一番努力，有了自己的家。如今安居乐业，孩子们受到高水准的教育，有自己的房子、车子。这归功于这个社会对我们的接纳。生命中的一半在这里度过，打心眼里觉得应该感恩和回馈这个社会。要做个好公民，也应尽公民的职责。

当年刚来时，在美国人家里打工，他们总是积极参与社区活动，出钱出力为社区办事，同时也为教会做不少事情，在他们的带动下，我们也逐渐参加一些社会活动、教会活动，为社区的公益活动尽点绵薄之力。尤其是有了孩子之后更是带着她们参加，让她们从小就知道我为大家，大家为我。尽力而为地给需要帮助的人提供帮助，同时自己有事也得到别人的帮助，让孩子生活在友爱、愉快的环境中。

女儿最早开始做义工是在五六岁时参加女童军，我们常带她们去老人院看望老人，与老人们讲故事和玩游戏。在感恩节会去为无家可归的人做晚餐。这些活动每年会有几次，一直到初中。在初中时，我与两位妈妈成立了一家华人的非营利机构，主要是义务为一些国内刚来的华人提供帮助，帮助他们解决些生活难题，早日安顿下来。后来又搞了些文化活动，组织当地华人在中国传统节日的娱乐，与国内学校和文艺团体的交流。为社区办中国文化日，去学校演出中国音乐舞蹈，还为国内地震灾区捐款，组织募捐活动……

当时所有活动都是全家出动，女儿当时十二岁左右，也帮忙做了不少事。她同时也在我们镇的教育基金会做义工，这些工作包括策划活动安排、处理文件资料、中英文翻译、活动当天的组织安排和捐款等。这些活动，女儿都是利用节假日和周末去。在进入高中后，真正开始算义工小时数了。她在一家医院连续做了四个暑假的义工，最后一年已经被大学录取，并没有算小时数，她还是坚持去。刚开始是推病人，带病人去检查，送别人订的花去病房。然后去了临终关怀病房，照顾即将离开的病人，安抚病人和家属的情绪。

在这里有几个女儿讲的小故事。她说有一次推了一位年轻的脑癌患者，是长得很帅的白人小伙子，大概二十多岁。女儿去他的病房，对他说：早上好！你看起来气色不错。他也很开心地给女儿聊了几句。然后女儿推他去做检查，一路上他俩也愉快地交谈着，每过一道门小伙子总是伸手帮忙扶一下，看得出来是个很阳光和乐于助人的男孩子，他的母亲一直跟随着他们。到了检查室，女儿把他推进去后，就在外面等，也就跟小伙子的母亲聊了起来。这位母亲讲了儿子的病情，知道没有太多日子了，看得出来那种发自肺腑的悲伤，女儿一直安慰着她。后来检查完毕，女儿又推小伙子回病房，在路上他悄悄告诉女儿，其实这检查已经没有什么意义了，我知道我的情况，我只是让妈妈好受些。没有几天小伙子走了，女儿看到那母亲在默默收拾儿子的遗物。本来想去安慰她几句，可自己控制不住地让眼泪流了下来。她回家流着泪给我讲这个故事后，说：妈妈我终于感觉到父母对孩子的爱，我再也不惹你们生气，不让你们伤心，我爱你和爸爸！

还有一次，她去接一位七十多岁的老人家做检查，她的老伴陪伴着她。老人家由于患癌多年，病情反反复复，是医院的常客，由于多次的放疗化疗，人看起来非常憔悴，也很难看。在女儿把她扶上轮椅，盖上毯子后，她老伴还不放心，又重新再整理了一下，一路上他一直都小心地用手护着妻子，到了检查室，他拉着妻子的手，恋恋不舍地让女儿把她送进去。在等待的时间里，他一直站起来向里面张望。检查结束，门一打开他一下子就冲过去拉着妻子的手，脸上显出放心的表情。女儿那天回来，告诉我这事，感慨地说：爱情好伟大啊！我以后一定要找到一个能白头偕老的伴侣！

还有一次她去 VIP 病房送花，这家医院是全世界著名的癌症专科医院，所以常常有世界各地来的名人富豪就医。他们的 VIP 病房是单独的套房，有客厅、厨房等，配有管家、保镖和厨师，非常豪华。那天她去送花的病房住的是一位名人，她进去后，刚好那位名人在客厅里，就请她坐下聊了一会儿，问了一些学习上的问题和考学校的事，非常客气，和蔼可亲。女儿回来后就讲，越是这种人越有教养和风度，简直是我的偶像，我也要成为那种人。

最后一年她去了临终关怀病房，常常有病人过世，头天好好的，第二天就不行了。病人身上插满了管子，极其痛苦，所以她非常用心地照顾好病人，也轻言细语地安慰病人，尽量让病人好受一点。她给病人端茶送水，倒屎倒尿，还给刚去世的病人穿衣服。病人亲属什么样的都有，有冷漠无情地来要遗产的，在那儿彼此反目争吵的，也有许多温暖的亲情让人感动。她回来最大的感触就是：有钱买不到健康的身体，买不到亲情。有的穷人家庭反而有亲情在，可见家庭教育多重要啊！

从以上几个小故事不难看出，让孩子去做义工，虽然是付出了许多，但孩子的收获也非常大，有些人生的道理，在家里是感受不到的。而这些东西恰恰是他们人生道路上很重要的组成部分。

在她这么多年的义工活动中，她学到了许多在书本学不到的东西。从刚开始的帮助弱者，尊敬老人，到后来锻炼了良好的沟通能力，如何与人相处之道，策划组织活动的能力。特别是在医院临终关怀做义工后，她对人生对社会许多事情的感悟，帮她建立起自己的人生价值观。在医院看到的许多事让她明白许多道理，这些是我们平时没法教的。这些经历使她变得自信、宽容大度、不贪小利，为人平和善良，善于为别人着想，也有了良好的组织交际能力。我认为做义工并非是为了能用这段经历去申请个好大学。她在社会服务中学到的东西，让她终身受益！

情商和责任感的培养

情商是指情绪商数，主要是指人在情绪、意志、耐受挫折等方面的品质。人与人之间的情商并无明显的先天差别，更多是靠后天的培养而成。情商是由五种特征构成的：自我意识、控制情绪、自我激励、认知他人情绪和处理相互关系。一个好的领导者对情商的要求也高，对于组织管理者而言，情商是重要构成部分之一。人的成功百分之八十取决于情商。

孩子的情商，很大程度上取决于父母的情商如何。然后再根据孩子的情况，加以调教。如果父母本身就不具备良好的情商，很难在这方面对孩子有正确的引导。父母要帮助孩子正确地认识自己，有哪些长处短处，从而扬长避短。在孩子有情绪时让他们放松，学会控制自己的情绪，不要有过激的言行。使孩子不管在做什么事时，都充满热情和自信，随时激励自己，做得更好。同时对别人的情绪尽量了解并帮助排解，宽容大度地静下来解决问题。更应该知道与不同性格、不同层次的人如何交流沟通，发挥不同人的潜能。我们做父母的并非只需要把孩子的衣食住行和学习搞好，更重要的是应多花时间跟他们在一起，观察他们的言行，交流思想，沟通和帮助他们解决成长中遇到的问题，才能让孩子在今后的发展中，走得更好更远。

去年暑假大女儿在华尔街实习，实习快结束时，公司的实习生都紧张和焦虑，期待能拿到公司的聘书。她所实习的公司，去年招了八位暑假实习生，当中有五位即将毕业的MBA学生，另外三位为顶尖藤校今年即将毕业的本科生。五位 MBA 学生逐一被约谈，都被该公司聘用，个个回来兴高采烈，一块石头终于落地，放下心来。然后是女儿和另外两位本科生分别被告知，对不起，你们没有被聘用，你们还有机会，把机会留给 MBA 学生吧！女儿的失落心情可想而知，但她笑了笑说，不管怎样，我在这里学到了许多东西，非常感谢你们对我的照顾，然后得体地回到自己的办公桌前，继续写她准备给大家的感谢卡。

一会儿，另外一位本科生哭着冲了出来，趴在办公桌上伤心地哭着。女儿起身去端了杯咖啡，拿了几张面巾纸，开始安慰她。这时，约谈的办公室里传来了争吵声，原来是另外一位本科生与主管争了起来，她说既然你们只要 MBA 为什么要招我们来做实习生，这简直是在玩我们，我很忙，花这十个礼拜在这儿简直就是浪费！女儿与她来自同一所藤校，她迅速冲进主管办公室，拖着她就走，并叫她不要再讲了。整个下午三个本科生都在一起，在女儿的劝说下另两位也安静了下来。快下班时，女儿接到电话，是五位 MBA 打来的，请她晚上一起去晚餐。在餐馆的交谈中他们都觉得在短短十周的相处中，大家已成为好友，让她继续与他们保持联络。

第二天中午，主管找到女儿，问她能否一起去吃午餐。在午餐时，主管告诉她，并非你干得不好，在八位实习生中，做得最好的策划案是你的，我们已经决定用了，但是你本身是喜欢挑战性工作的人，如果给你这工作，肯定只是你的后路之一，如果有更好的，你肯定会放弃我们。说到这儿，女儿的心情好了许多，虽然表面上看她很平静。但是公司肯定了她的工作，这点就证明了自己的实力。在最后一天工作时，女儿对所有这段时间帮助过她的人，都给了一张感谢卡，并顺便聊了几句。

快下班时，主管来叫女儿去办公室，她到那里一看，除主管外，还有三位领导，也就是说主管的老板，老板的老板，老板的老板的老板都在。他们首先谢谢她这两天帮忙做的安抚工作，让他们的工作得以顺利进行。然后给了女儿一份文件，里面是一些合适她的职位，附有联系方式，这些职位有本公司也有其他公司的。他们说，让她自己去申请，我们会联合推荐你，并会回答任何问题，最后说如果明年你毕业时，你没有找到合适的工作，愿意回来，可以来找我们。

我并不知道女儿的下一步会怎么走，以后结果如何，但是在情商方面，我们从小的培养，对她这次处理这个事情肯定是有帮助的。

责任和担当对任何人都是非常重要的，如果没有这个品质，在事业和生活上，一定问题不断。责任感包括对家庭、社会和事业等方面的责任感。对于孩子们来讲，无论是对待父母、老师还是同学，都应该知道自己的责任和担当。每个人处在不同位置，就有相应的责任所在，孩子是学生、别人的同学或者朋友、儿子或者女儿、家庭中的一员。在不同的位置出现时，就有不同的责任。作为家长有必要给他们强调在不同情况下，他们应该承担的责任。不管做什么事，都应负责，对没有做好造成不良结果的，应该有勇气去担当责任。任何事在承诺后，就该认真负责地完成它。总之，应对自己负责，对别人负责！

我常常给她们讲，作为妈妈，作为妻子，作为女儿和媳妇，作为雇员，我做到了些什么。那你们，作为学生、女儿、家庭的一员，应该做到些什么？把它明确地整理出来，自己常常对照看看，还有哪些没有做到。同时也应该给他们机会让他们去担当一些事。有些事情父母一直包办的话，他们也就顺理成章地不再过问了。

记得小时候我们去旅行，我习惯让她们自己先把带的东西找出来，放在一起，然后我再看缺什么。后来发现她们能够把这事搞定，就教她们打包装箱，并在出发前叮嘱她们，分配好谁负责拿哪件行李，当时妹妹三四岁，给她的任务是记住有几件行李。所以她在路上和旅馆一直数，好几次忘了行李，都是她及时发现提醒我们的。

去年小女儿去普林斯顿大学参加一个科学发明比赛。有好多高中参加，每个高中去了十几二十个学生。比赛时五个学生一组，自由组合。每个小组发明一个生活用品，从构想到图纸，都要有科学依据，包括用什么技术，以及工艺流程。然后拿出来评比，选出其中可行的项目，再去实验室实际操作，制作样品。再下一步就是市场销售环节，最后评出优秀产品，申请专利。

当时她的几个好朋友，也都是在学校学习不错比较聪明的孩子，大家就想组一队，但多一个人，看大家僵持不下，女儿就说你们组吧，我再与其他同学组。她平时是比较内向腼腆不太爱出头的孩子，也比较胆小。可能因为是老二，总是活在姐姐的阴影下。后来她与另外四个同学组成了一队，是她自己主动去找的这几位同学。令人惊叹的是，女儿那组最后赢得了比赛。

回来我细问女儿是怎么回事？她当时是怎么想的？她说：如果我再随便与剩下那些同学组团，肯定不可能赢。因为那些同学与她好朋友那团比，并不是学习特别好的同学，我一下子就觉得自己有责任配一个最佳组合。所以就主动找了分别在商科、工程、美术、口才方面比较好的几位同学，他们都奇怪我为什么选他们，平时不太熟，但我知道他们在这些方面不错，我当时已经想到做什么产品了。所以我们几个分工合作，我先把方案讲出来，再把每部分分给不同的同学做。我们把每一项都做到最好，只是最后出了一点问题，我把整个产品情况交给那位口才很好的同学讲解，他讲得非常好，但当别人提问时，他答不出来了，我只得站出来解释，好在是我自己想出来的东西所以答得非常好，我第一次当着那么多人，讲了那么久，突然发现我嘴不是那么笨，好高兴啊！

这件事使我觉得，有好多孩子，不是缺乏责任感和担当，实际上，如果给他们机会和任务，他们是有能力完成的。

在挫折中历练并战胜自己

中国父母比较喜欢为孩子创造条件，让孩子在成长过程中少走弯路，也为自己的孩子去争取各种机会，生怕错过了什么。这样做有利有弊，有利是孩子顺顺利利，过得愉快轻松没有压力，弊在于孩子总要踏入社会，肯定会遇到这样那样的问题，从来没有经过挫折和逆境，如何应对这些挑战呢？我认为父母给予太多，过问太多，绝对是弊大于利！

我有位亲戚，家境优裕，人又聪明又帅气，当初父母花了不少心血栽培他。他也学习成绩优异，才艺超群，家里摆满了他得的奖品。他一直是父母的骄傲！从小学到高中就读私立名校，也是有领导才能的好学生，大学也是名校毕业。然而工作后，一切得从底层做起，他就受不了，认为自己是干大事的，大材小用了。于是，他总是干一段时间就辞职，再找工作，没有一件工作踏实做下来，都五十多岁的年龄了，还不能完全自立。这个原因就是他一直太顺利了，没有面对挫折、迎接挑战的能力。这与他父母从小的教育有很大关系，只注重成绩和才艺的培养，忽略了心理素质教育，以至于他认为自己就是最好的，没有人能与我比，在真正遇到问题和比他更优秀的人时，完全不知道该如何应对。

大女儿从小到大，学习一直很顺利，在学校也是几个俱乐部的负责人，常常代表同学发表演讲，又顺利进入名校。我们总觉得她一直在象牙塔顶端，总想让她历练一下，磨磨她的性子。她初中三年每年的暑假都去中国夏令营，但是都有人接送，有老师照顾，与许多美籍华裔的孩子一起。她也跟我们回去过几次，但也都有家人在旁边照顾。她对中国文化很感兴趣，所以我们就请朋友帮忙，大一暑假时在国内某博物馆给她找到暑假实习。

那时，她需要自己去中国，自己面对新环境，自己每天挤公交，自己找吃的，并寄住在朋友家，与朋友的家人相处，也要与中国的同事和领导相处。她刚去时连街都不敢过，吃也不习惯，出去买东西和办事，也不知怎么讲，虽然会些中文，但情况还是不同。去工作后，起初她以为只需要把各展馆的讲解记下来，用英文接待国外游客就算过关。哪知道领导说，你既然要想提高中文表达能力，应该用中文也能讲解。大家知道，一个大型博物馆有成千上万的展品，讲解员要求记很多东西，还得了解各展品的来龙去脉，面对不同游客的提问，对于她来讲，真不容易。头两三周，她没日没夜地记，又一个馆一个馆地看，听其他讲解员讲，并记录。经过几周的努力，终于能用流利的中文讲解，每天接待几个团，一次一两个小时。同时她也接待了一些外国团，其中有来自欧洲的博物馆工作人员，她的讲解得到了许多好评。我朋友专门去那里听她讲解，并录音录像回来给我们看。

经过这次实习，一下觉得她成熟稳重了不少，也算是对她的一次历练。

我们平时常常会遇到一些事情，一时想不开，容易钻牛角尖。在孩子遇到困难时，或者在学校遇到不公平待遇时，我们一般都让她们自己去应对解决。除每学期的家长会外，我们从来不会为孩子的事去找老师和学校。在遇到问题时，有时孩子会抱怨老师或其他人，为自己找借口，我总是告诉她们，你们不是生活在真空中，这些事不管走到哪里都会发生，不能总怪别人，自己得把这事解决好，必须自己面对。有些事情得自己想通，不可怨天尤人，得战胜自己。所以后来她们遇到麻烦事，自己就想办法解决，并把这些事当成是对自己的考验。她们还开玩笑说：我不遇到，总有其他同学遇到，就当是做件好事，救别人一命嘛！

前段时间我有件事想不通，郁闷了好久。我有一个朋友的女儿连续三年暑假在哥大做实验，后来又在那里工作了两年。我先生每天早上接她，把她送到楼下，再回到高速公路开车去上班，总是要耽误半个多小时。我的小女儿这学期每周有两天学校有活动，没有校车。她通常有同学妈妈帮忙送回来，有时我不忙也可以去接她，但是就怕万一有时没有人接。所以我就告诉这位朋友，说有时可能要请她帮忙接一下女儿，因为她在家不上班。但她说这个时间是高峰期，路上车多，而且正是做晚饭的时间，不可能帮我去接。我当时就震惊得说不出话来，眼泪就流下来了。心想我们帮了你女儿好几年，你连帮我一次都不行。为这事我一直耿耿于怀。过节时大女儿回来，我把这事讲给她听，她说：我最近也遇到一些麻烦事，申请了些东西，但是都不成功，是屡战屡败，心情也不好。但是怎么办，还是得硬着头皮做啊！这位阿姨这样做确实有点儿不近人情。但是你为什么帮别人忙，就要人家一定得回报呢！你不这样想，不也就没事了！况且这么多年来，这位阿姨对我和妹妹也不错，为什么不想想别人对你的好，而只去想不好的呢！听了她这番话，我好像一下子就想通了，不再为这事烦恼，心情一下也就好了起来。所以孩子大了，他们对许多事情，从另外一个角度来看，反而能解决问题。所以我认为从小让孩子有挫折感，想办法历练他们，训练他们解决问题的能力，在挑战中战胜自己，会对他们今后的工作和生活有巨大帮助的。

结束语

以上是我在培养孩子中的感想和故事，希望对妈妈们有用。在对她们的培养中，有得有失，有快乐也有烦恼。当年丢掉工作照顾孩子和家，现在孩子大了，想要再回去做自己的专业，然而现代技术日新月异，已经不可能了。但看到孩子健康成长，家庭和睦，也感觉值得。孩子们现在跟我就像朋友一样相处，生活充满了幸福感！我想，作为母亲，还有什么可奢求的呢！我的女儿们从目前来看一切顺利，但以后她们到底如何，还得进入社会这个大学校去实践。将来她们还会遇到这样那样的问题，只要有良好的心态，我相信她们一定会有精彩的人生。小女儿今年要申请大学了，希望她能顺利进入她向往的学校。

张晨晖，江苏省小学语文特级教师。从事小学语文教学实践与研究近30年。曾获江苏省、全国课堂教学大赛一等奖，全国美文诵读大赛二等奖，另有多节示范课曾在教育部组织的优课展播中和全国教育电视台播放，并多次应邀在省内外作观摩教学和讲座。参与编写国标本苏教版小学语文教材，曾出版个人的教学实践文集《教海，那一缕微曦》，另主编、参编图书三十余本。

女儿陈旻茜，高中毕业于美国罗德岛州朴茨茅斯教会学校（Portsmouth Abbey School），现就读于杜克大学二年级，攻读文化人类学专业。喜爱旅游、读书、写作，热衷公益。初中毕业时，出版游记《小鬼游天下》，于2011年用稿费创立"千书牵手"公益服务团，旨在为西部地区的中小学校捐赠图书，并于每年暑假带领团员进行回访、交流和上课。目前，"千书牵手"公益服务团已经募集资金为西藏、新疆和青海的58所中小学共捐赠了六万多册图书。

女儿与书相伴的故事

读大量的书

孩子和成人一样，是用语言进行思维的。思维的清晰度和语言的清晰度成正比，语言越清晰，思维就越清晰，而阅读恰好可以帮助孩子的语言增速发育。人们学习新知识有赖于已有的知识背景，那些喜爱大量阅读的人，在分析问题、陈述问题和学习知识的时候，往往比不读书或读书少的人快得多。

所以，多年的从教经验让我一直坚信"酷爱阅读的孩子，学习更有爆发力""读书是应试的最好对策"。同时，作为一个教育工作者，我更相信读书对人精神成长的影响。一直喜欢美国诗人惠特曼的诗歌《有一个孩子向前走去》，尤其是其中的"有个天天向前走的孩子／他只要观看某一个东西／他就变成了那个东西／在当天或当天某个时候／那个对象就成为他的一部分／或者继续许多年或一个个世纪连绵不已"。

所以，从女儿降临人世起，我就一直希望让书陪伴她的成长。

首先是陪伴阅读，即从婴幼儿期启蒙整本书的阅读。我不赞成孩子的早期阅读只停留在文字层面，或粗浅的图片认读层面。女儿还没学会说话，我就开始给她读整本的图画书。我喜欢抱着或是搂着她，和她一起翻阅那一本本薄薄的图画书，一边翻阅，一边讲述短小有趣的故事，不管她能否听懂，一直坚持，一页一页地翻，一句一句地讲……

渐渐地她也会翻阅，也会讲述，尽管口齿不清，尽管断断续续，但是，她跟书有了亲近感。彩色的图画带给孩子视觉、心灵上的感受与记忆是黑白的文字所不能替代的。图画书的阅读和各种玩具一起陪伴了女儿的整个婴幼时期。那些优秀的图画书给尚小的女儿带来了愉悦和幸福感，对开发她的认识能力、想象力和阅读能力都起了不可估量的作用。尽管那时的图画书远没有现今的丰富和精致。

儿童是最富于想象和联想的，在他们通过想象而诗化的世界里，花儿会笑、鸟儿会唱、草儿会舞、鱼儿会说……儿童诗反映的生活内容、进行的艺术构思、展开的联想和想象、运用的文学语言等，都符合儿童的年龄特征，适合于儿童听赏、吟诵、阅读。我喜欢选一些儿童诗给女儿读。那时整本的儿童诗不多见，我便将一些童诗和民谣打印、剪贴、装订于硬纸板上，做成一本本独一无二的、五颜六色的、各种形状的"书"，让这些书变身玩具陪伴女儿。儿童诗词语精炼、准确、恰当，声音节奏朗朗上口，这样的语言表达方式也潜移默化地影响着女儿，幼小的女儿渐渐会用诗歌的语言来表达自己认识的世界。

千百年来传唱不衰的古诗词和历代童蒙读物是我国优秀文化中瑰丽的奇葩，幼儿时期诵读一些中华经典，还能在传统文化与价值观方面对孩子产生潜移默化的影响。联合国教科文组织于 20 世纪末将《三字经》等列入"世界儿童道德教育丛书"，可见其影响深远。女儿幼儿期间，我选择了《三字经》《声律启蒙》给她读，开始她自然是不愿接受的，我便不断地放录音，有意无意地让她的耳边不断有此环绕，似背景音乐。忽有一日，女儿也会断断续续诵读不少。

然后是独立阅读，即从入学第一天起坚持整本书的阅读。其实，女儿生性好动，与小汽车、变形金刚等玩具相比，书肯定不是她的首选。而且，她自小就拒绝认读生字卡片之类的"学习游戏"，所以，

全家在女儿的高中毕业典礼上

女儿高中毕业时，全家到女儿的友好家庭做客

虽然一直有书相伴，她也会翻阅书本、听讲故事，并懂得爱护书籍，但是一直识字很少。真正的整本书的独立阅读是从小学开始的。入学第一天起，我们便定下每日的"读书时间"，开始是共同朗读，学了拼音后，她便按照学校的要求坚持独立阅读注音读物。一字一字拼读，很慢，字不连句，句不知义，一个短小的故事甚至要读上几天。但凡事贵在坚持，有量变才有质变。坚持着，坚持着，女儿的阅读速度渐快，识字量也加大。所以，一年后，便能独立阅读纯文字的读物。为了激发她的阅读兴趣，拥有读书的成就感，我们让她拥有自己的书架，放上很多短小的、很薄的、故事性很强的插画图书，有些书只有几万字。女儿很快能够读完一本又一本，一套又一套。书架上书的摆放也是用心的，目之所及的最佳位置是重点推荐的，最上面是读过的，下面是还没有读过的。每有小伙伴或亲朋好友来访，我们会将她的小书架向客人做介绍。如此，在女儿获得小小的满足感、成就感的同时，她也获得了继续阅读下去的动力。因为，小孩子最初的学习的原动力除了兴趣，还有成人的认可与鼓励。

第三是广泛阅读。一、二年级时，女儿的阅读以寓言、神话、童话故事为主。中年级以后，我们便给她推荐了国内外各种优秀的儿童文学作品。选择这些作品最简单的方法就是将各类获奖小说囊括其中：国际安徒生奖、纽伯瑞儿童文学奖、卡内基文学奖、德国青年文学奖、美国图书馆协会奖、法国圣·埃克苏佩里奖、美国六项读者评选大奖、奥地利国家儿童与青年文学奖……这些获奖小说应该是属于孩子"一辈子的书"。我们对照刘绪源先生在《儿童文学的三大母题》中提出的"爱的母题""顽童的母题""自然的母题"来选择这些小说。

"爱的母题"的作品，如《白雪公主》《战马》《我的妈妈是精灵》等，叙述语言充满童心与母爱的氛围，情节曲折但不过于刺激，结构上往往采用反复回旋的方式，"遇到难题绕道走"是其基本构思方法：王子、仙女的降临，宝石、魔法棒的出现、亲人的帮助……所有的问题都可以得到完满的解决。作品里传达出的爱意滋养了女儿的心灵与情感。

"顽童母题"的作品，其价值在于使儿童释放与生俱来的渴望自由、无拘无束的天性，如瑞典作家林格伦的《长袜子皮皮》三部曲和《小飞人卡尔松》三部曲。儿童平时所受到的压抑和束缚，委屈和愤懑，在大人面前根本无法表达的无名火，在阅读这类作品中得以突破、宣泄。作品传达的"奇异狂想"的艺术氛围激荡着女儿，使她自小无拘无束，渴望冲破束缚。

"自然母题"的作品表现的对象是自然万物。如加拿大的《西顿动物故事》，以及中国沈石溪的动物小说系列。对儿童来说，徜徉于这类作品，会流连忘返，他们以轻松的、旁观式的、又充满兴趣的心态阅读，能获得超脱感、惊异感、神秘感、亲近感。那些关于大自然的文学作品里传达出的"悠远率真"的艺术氛围激发了女儿对大自然的敬畏之情以及对自然的探索热情。

人只有吸取多种营养才能健康成长，儿童也只有在各种母题的作品的熏陶下经受丰富的体验，心灵才会变得柔软又坚韧、聪慧又务实、自信又博大。除了读优秀的少儿文学，女儿的书架上也有一些少儿版的文学名著以及名人传记。同时，文摘类的杂志以及科普类、科幻类的读物都有涉及。

感性化、浅层次的功利性阅读，会扼杀了孩子阅读的兴趣；片面的、强制性的掌柜式阅读，会湮灭了孩子阅读的智慧……女儿小学高年级之后，阅读越来越庞杂，我向来尊重女儿的阅读选择：喜欢读网络文学你就读吧，喜欢读漫画书你也读吧……但是只要那些优秀的、经典的书籍不离开女儿的视线，会有一天，她会自己心甘情愿地"回来"。

但是这个过程，我是放手让女儿自己经历了一番。营造宽松的阅读氛围，调动自主的阅读兴趣，是让女儿喜欢读书的关键。其实，进入中学后，女儿的阅读书目完全是自主选择，阅读已经真正成为"悦读"。

最后是交流阅读，即让读书卡记录整本书的阅读。读与思共，思与读随，没有思考的阅读称不上真正的阅读。所以，自亲子伴读始，我们就一直交流着阅读，从故事情节、故事人物，到故事改编、故事续编……当女儿的阅读数量远远超出我们时，为了能与她对上话，我们便通过网络了解书评。为了扩大交流范围，获得更多的彼此间的读书信息，我们时常召集几个同龄孩子定期进行读书交流，或在家里，或在旅途中。

书读多了，有时面对书架上读过的书会突然无从回忆，或是对一些书的情节有似曾相识的感觉，我便让女儿记录读书卡，但这不同于读后感或是摘抄。据说毁掉一首好歌的方法就是把它当闹铃，而毁掉一本好书的方法就是把它划进考试范围。任何功利性、强迫性的做法都会适得其反。我便制作了精美的小小的读书卡片，树叶形、心形、水果形……打上小孔，可以悬挂、可以装订。没有具体要求，没有条条框框，只要记录了就行，一张卡片就意味着读完一本书。可以随性地或写或画，一两句即可，三五句更好。在孩子们的互相交流中，他们渐渐会比较出如何记录最好。于是卡片变大，内容变丰富，甚至出现了同类型作品的比较，不同作家的比较，不同国家文化的比较，等等。最后，读书卡的记录成了孩子内心的需要。就如女儿中考期间，面对繁重的课业负担，她喜欢暂时将作业丢一边，从书架上随意取出读过的一本书翻翻，然后记录一张读书卡，她觉得这样的方式能够让自己的心静下来，让后续的学习更加高效。而这一切，我们从不干涉。任何时候，与升学无关的书籍从没离开过女儿的房间。

孩子得到一片阳光就会灿烂，就看你如何去给予。在阅读的过程中，女儿用自己的阅历和知识去审视、对比、评判书中的内容，将此记录于一张张卡片中，如今这些厚厚的卡片如书一般置于女儿的书架上，它也成为图书的一部分，记录和见证着女儿的读书历程。

写自己的书

事情始于一次偶然。女儿小学一年级的国庆节，我们去游了北京。回来面对一沓照片，她开心地向家人逐一介绍。我忽闪一念，建议她从每个景点的照片中挑选一张，剪贴成了一份《首都之旅》。编好后，我又建议她给照片注上说明。于是，照片上就留下了她稚嫩的笔迹和话语："天安门广场鲜花盛开，多漂亮！""人民英雄纪念碑真高！""在北海公园看到白塔、湖水、小船、绿树红墙，就想起《让我们荡起双桨》这首歌。"……这是女儿编的第一份小报。节后，她把小报带到了学校，在老师的鼓励和同学们的羡慕中，她初尝了成功的喜悦。

这年寒假，我们又外出旅游。一天傍晚，在一处断崖前，女儿突然驻足静默，少顷，她转身对我说："妈妈，在这儿给我拍张照，照片下面就写：这景色多美呀，就像一幅五彩的画！连画家都画不出来。"我愕然，这才注意到，这不起眼的断崖在夕阳的余晖中，映衬着石缝间生长出的五彩的植物，恰似一幅油画！这是女儿的发现——她还想编报！为了编报她开始有意识地观察、感悟！于是，旅游被赋予了新的内涵。回到家，女儿只用了一天时间就编出了她的第二份小报。当然，照片下的说明已不再是一句话，而是几句话了。

二年级的寒假，我们再次旅游，途中，她更是有心地观察述说。这时，我意识到，她的表达不能停留于编报给照片写说明的形式。但是，写完整的文章对只读了一年半书的她来讲难度和跨度又太大，我唯恐扼杀了她的积极性。我一向认为，对孩子的教育切不可操之过急。适度的超前会让孩子体验到攀登后成功的喜悦，孩子能以更积极的态度和兴趣投入到下一轮的攀登；操之过急则让孩子感到畏惧和高不可攀，易采取放弃的态度，也就失去了再体验的兴趣。而一旦失去了这种兴趣就是花数倍力气也难以唤回。所以，呵护孩子的兴趣比激发孩子的兴趣更重要！我就决定让她从写一段话开始：把一个景点的见闻分成几段来写，对她来讲一段话就是一篇文章。然后，我帮她用大字体把短短的一段话打印成满满的一页，再附上很多照片，最后把这一页一页装订起来，再附上漂亮的封面，上面打印着"我的第一本书——福建之旅"——女儿的"第一本书"诞生了。

教育的机会无处不在。那年暑假，我昔日的学生带着他的大学毕业论文来看我。我故意让女儿把她的"书"拿出来给大哥哥看。在大哥哥的夸赞中，女儿竟然惭愧了：哥哥的毕业论文厚厚的，那才叫书呢，自己的那么薄，哪能叫书啊！她又暗下决心：要编厚厚的书。

于是，我们有了二年级暑假的大连之行，也有了女儿编的第二本"书"。从大连回来，连续三天，女儿就和同伴每天写作近十小时，写了十二篇短文，共计六千多字。手指写酸了、写红了，甩甩小手继续写，竟然没显出一丝厌烦，同伴们还边写边比。而那时她只是未满八周岁的二年级的孩子，无论是作文的遣词造句，还是写作的耐力毅力都超出了她的年龄。但是我知道，女儿智力平常并无过人之处，只是比同龄孩子多了一份写作的兴趣和编"书"的愿望。我再次帮她做了封面，做了目录，又把照片编辑进去，成了二十几页的《迷人的大连》。当然，我把她的厚厚的原稿也装订起来，那是更为珍贵的纪念。

后来，每年的寒暑假，旅游成了我们的必修课。旅游线路的选择、

在柬埔寨，享受母女同游的幸福时光

当地人文习俗的了解均来自于她和伙伴们查找的资料；在旅途中，她们会认真听导游讲解、主动对话，并用心感悟，每晚回到住处会习惯性地记录当天所见所闻的关键词；回来后对照着关键词、照片、录像，写作游记也就成了顺理成章的事情了。

偶有一日，女儿将自小到大的游记进行整理，竟有近二十万字了！恰逢女儿以优秀的成绩初中毕业，在我的同行好友和出版社编辑的鼓动下，女儿将游记汇编成了《小鬼游天下》一书，作为自己小学和初中生活的一种纪念。

遗憾的是，女儿小学毕业那年暑假所写的《欧洲五国游》近三万字的手稿不慎遗失，后来也试图补写，但每每动笔，都感觉缺少了当初的那份灵动和感悟，只能作罢。这也给了她深深的感触：游记要趁热打铁，及时记录，否则很多细节和感悟会淡忘、消失。同时她也越发意识到文字记录的重要性。所以，女儿渐渐有了用文字记录的习惯，在她的电脑里，不止游记，生活中的点点滴滴，开心的、郁闷的、值得思考的，均有记录。中考获知成绩后，写下了五千多字的《走过中考》，平白朴实的文字记录下了初三最后阶段备考的心路历程，她说以后每遇大型考试，这段文字会给自己启发和反思。其实，这正是文字记录的意义所在。

捐优秀的书

在《小鬼游天下》这本书的后勒口上，女儿写道："一本书／几元钱／一份爱心暖人间／感谢您购买此书／我将用此书的稿酬／为西部希望学校筹建图书馆"，这是她的心愿。这缘于在西藏旅游时，她遇到一个小小年纪便开始摆摊谋生的同龄女孩，女儿越发感觉读书的幸福，便生出为西部地区学校捐书的念头。这也缘于她自小参与的一系列捐书活动：起初是因为读书交流会上，要将自己阅读过的书写上推荐理由与小伙伴进行图书漂移；后来参加各种形式的捐书活动，总是将自己读过的书一摞一摞往外捐；再后来，因为曾获得全国无线电通信比赛的冠军和省"金钥匙"科技比赛的特等奖，在小学毕业时获得了第一笔奖学金1000元，她便用这笔资金购书100册，并动员班级同学凑齐500册书寄往西部的一所希望小学；2008年汶川地震后，她在第一时间向她所在中学的全体同学发出倡议为震区的学生捐书捐文具用品；2009年，她作为当时年纪最小的一名成员随我市"社会妈妈"团回访汶川，在那里与自己捐资助学的妹妹见面交流。那次，她也是带去许多书……

2010年底，《小鬼游天下》正式出版后，女儿一直在履行着自己

张晨晖参与女儿的"千书牵手"项目，在西藏给孩子们上课

的诺言：2011 年开始走访一些学校进行演讲与签名售书，6 月，用第一批的稿费购书 3000 册寄往拉萨一中。而这 3000 册书的挑选也是颇费周折：我们本来是请一家大型的图书机构定的书单，但是被女儿否定了，她说，要将最好的书介绍给拉萨的同学，宁缺毋滥，不能为了凑数字。于是女儿自己精心挑选，好在她有着丰厚的阅读积淀，还有一批同龄的喜欢阅读小伙伴的协助。于是书的数量在减少，而质量在提高。同年暑假，她与一位同在美国读高中的北京同学一起回访拉萨。在拉萨一中，面对摆放了整面墙书，女儿跟该校学生侃侃而谈，互动交流。这些书，女儿几乎都读过，都能说出一二。她的阅读量，她对书的研读思考再次让我惊讶，甚至骄傲。

那年暑假，她和同学还共同为两所小学分别捐书 1000 册，后来将此项目命名为"千书牵手"。之后，她陆陆续续将所有的稿费近 20 万元全部用于购书捐赠。这个过程中，还不断吸引了小伙伴的参与以及一些企业的赞助。至今，女儿与同伴三次回访西藏，一次回访新疆，一次回访青海，一共为58所中小学筹集新书6万余册。如今"千书牵手"也正式注册为公益服务团，捐书活动还在继续中。

回顾女儿与书结缘的故事，我引用《小鬼游天下》的编辑潘安老师的话："由此书、此作者，我们引发出一种育人的方法。"这在该书的序、后记以及正文中有所交代：玩是小孩子的天性，那就旅游去吧；旅游中，高谈阔论，游兴大发，那就记下来吧；咔嚓拍下来，贴起来，补上照片说明，不会的就注上拼音，这是编报；将片段连起来，图文并茂，装订成册，可以回忆，可以炫耀，这是编书；白天旅游，晚上写游记，孩子们比着写，瞧瞧谁写得好，形成约定；持续八年，百炼成钢，洋洋洒洒动辄数万字，一展旅途的无限风光与心灵对话，形成惯性。游记写得不满意，找相关的书看；游记写好了，作文有了资本，语文有了兴趣，别的课齐头并进，成绩名列前茅，而且踊跃参与各种活动。找到兴趣的一个按钮，撬起学习与成人的整个链条，因旅游而写游记而能作文而善语文而各科成绩优异而参加各种活动，这是一条"可以借鉴的成长之路"。

　　张连英，三个儿子的母亲，曾经是任职于美国制药公司的研究人员。现在在美国新泽西州做房地产交易的经纪人。自上世纪90年代初出国以来，先后在瑞典、加拿大及美国生活。在瑞典的卡罗林斯卡医学院取得医学化学硕士学位。最为骄傲的是在国外抚育了三个健康上进的儿子。大儿子于2009年从康奈尔大学毕业，获计算机科学以及语言学双学士学位。二儿子于2012年12月13日被哈佛大学提前录取。2013年就读哈佛大学，于2015年休学创业。三儿子现在是10年级学生，学习成绩优秀，是学校最高乐队小号手以及游泳队的队员。

　　张女士在国外二十多年，不仅在自己的专业方面取得学位，更涉足了作为母亲应该学习的其他领域，坚信言传身教的道理，要求孩子做到的，自己以身作则。业余时间在中文学校担任11年的老师，同时担任4年的校董事会成员。组织主持社区的大型活动，任职于社区的董事会。进修学习营养学知识、项目经理管理课程、父母教练课程，取得了包括新泽西州房地产经纪执照在内的许多证书。这些都给她在培养孩子方面提供了强大的支持。

好习惯的培养是成就孩子一生的关键

　　记得大儿子在大二夏天实习的时候，和一个印度同事合租一个公寓，他简直不能忍受那个人的种种行为——不爱干净，乱扔东西，厨房用完不收拾。他说："妈妈我真感谢你对我这些习惯的培训。希望你继续对两个弟弟做同样的事情。"同样的话，每次学校家长会我都从孩子们的老师那里听到，"无论你现在在做什么，请继续，你的孩子是我最喜欢教的学生之一"。

　　还有很多家长问我怎样把孩子送到康奈尔和哈佛，有三个孩子要教育，为什么我还有时间干自己想干的事情？

　　实际上，我在对三个儿子的日常教育引导过程中，并不是把上"藤校"作为目的，而是把孩子的基本素质，做人的基本功，看得更重要。三个孩子经常把他们的小伙伴是否有生活常识当作交友的标准。即使他们的同学学习再好，很有才艺，如果没有生活常识他们也不和人家走得过近，相反，对于很有教养的同学即使学习成绩一般他们也愿意交往。

　　把三个儿子培养成三个好丈夫是我的目标。我经常开玩笑说："不想让未来的儿媳妇骂我。"

　　因为孩子们自律性很强，每个人都知道自己要什么，所以在他们升学的道路上，作为家长的我们，只是陪伴支持。我想之所以他们能够在正确的轨道上前进和他们小时候养成的好习惯是分不开的。

生活习惯要重视

好的生活习惯包括：懂礼貌，爱劳动，讲卫生，做事有效率，注意细节。

认识我们的人都夸我家的儿子们懂礼貌，他们不仅在家里和客人打招呼，即使在外边遇到认识的长辈也都热情地打招呼，而且是用中文打招呼。我们夫妇二人十分好客，在家里请客吃饭是我们最大的爱好之一。每次请客前我会给儿子们交代客人的情况，有小朋友的会让他们照顾，同时让他们收拾好自己的房间和游戏室。我们会把大人介绍给他们。有时候和他们相关的客人离开时也要求他们送一下。对于帮助过的我们的人，都采取各种形式表示感谢。每次有朋友开车送儿子们回家，他们都会表示感谢，老大老二都会目送汽车离开，而老三在进门之前也会和朋友招招手，表示安全到家和感谢。逢中国节假日、老人生日，孩子们都打电话问候。老三经常教我说正确的英语，以示更有礼貌。打招呼看来简单，做到落落大方的打招呼，对于内向的人来说并非易事。老三十四岁那年，在一次社区活动中，他的钢琴老师有两年没见他，直呼他长大成人了，因为他会像大人一样和老师打招呼。主动打招呼，与被动打招呼的状态是不一样的。老大老二与人打招呼显得热情自信，而老三还很拘谨。我相信，随着年龄的增长，他会像哥哥们一样，游刃有余地显示绅士风度。

很多习惯也是有遗传的，我们有非常好的基因，双方老人以及我们夫妇都是闲不住的人。如果处理不好，就会使得好事变坏事，父母大包大揽，儿女坐享其成。

经常看一些文章讲，国外的孩子做家务赚钱，身边也有一些朋友在做这样的事情。我是坚决反对孩子帮父母做家务拿报酬这件事的。

我觉得，一定要让孩子知道，帮助父母是他们的责任就像父母生养他们是一样的，这里没有交易。三个孩子会自己收拾他们的房间，再大一点他们会帮我打扫整个房子，尤其是在暑期时间，他们的主要任务之一是帮我收拾屋子。洗完衣服以后我会让他们自己领取自己的衣服袜子，这样他们也就帮我整理了衣服。如有他们力所能及的事情，在不耽误他们写作业的情况下，尽量让他们自己来做。吃饭摆桌子、盛饭这些小事也要他们帮忙。采购回家，卸车也是他们的任务之一，孩子们都很有眼色帮助父母。在我过生日的时候，两个小的都曾经送给我他们的优惠券，我可以自由地让他们帮我做事情。

实际上，干净整洁这个习惯是有阶段性的。很幸运，我家三个孩子都爱干净整洁，起码在他们12岁之后，他们的房间从没有乱得插不进脚。看见他们房间乱，我很少给他们收拾，只是提醒他们，次数多了我就大呼小叫了。为了安宁，他们也就只好打扫自己的房间。个人卫生方面，有一种说法是，12岁前父母逼着洗澡，12岁之后，不让洗都不行。我们家的三个宝，正是这一俗语的真实写照。穿衣打扮这些事，按说与男孩不太沾边，可是我们家这三个却各自有自己的追求。小时候不介意穿戴，都是妈妈做主，大一点就不那么好办了，而我一律遵从他们的意愿，只要干净整洁，不花大钱就行了。

人的性格是天生的，三个儿子都继承了老公的天性，性格偏内向，除了老二性格上有点我的影子，那两个都是不温不火。他们做事认真，追求完美。这就不得不说做事的效率，性格慢不代表做事慢。老公就是高效率做事的模范。我们夫妇二人做事的效率比较高，从不拖拉，很少迟到。孩子们做事的风格也就有样学样了。首先，我们从不叫孩子起床，自打他们上学就是自己上闹钟起床，总是早早就起，有时没听到闹钟被叫起床，那就是争分夺秒。他们做事时间观念很强，不仅是上学，也包括参加各种活动、朋友约会。他们会把迟到当作很大的缺点。

两个大的孩子离家以后，都很快地适应了独立生活，而且在大学宿舍里都能够保持个人清洁，同时能督促室友做好卫生。与同学一起租房子度假，他们也都是负责人，有很强的生活能力。现在，三儿子在家也是做饭的一把好手。

个人素质要全面发展

个人素质包括与人沟通交流交际的能力，作为男孩子更要有独立思考以及自控的能力，还要多才多艺。

与人沟通交流需要技巧，但更是一种习惯。记得有个朋友对我说，他们家的孩子都不爱讲话，不爱说学校的事情，我们家的孩子都爱说话，所以我才能和他们聊天。实际上这个意思要反过来表达，我知道怎么和他们聊天，所以他们才爱讲话。三个儿子，和我有说不完的话，而和他们的父亲只是有事说事，很少聊天，如果聊几句，也很牵强。从孩子出生我就和他们交流很多，而且语气是平等的，尽管他们不能和我交谈，但他们可以和我交流。我兴高采烈的语气，和蔼可亲的态度，夸张的表情，都使他们非常愉快。等他们长大了，与我交流的习惯已经建立了，而且，在我们家绝对是用中文交流，所以我们的儿子都是会说不会写的文盲。聊天，尤其是和青少年聊天，是需要技巧的，尽量少问是与否的问题，在问问题时，尽量要具体。多了解学校的事情，了解孩子朋友的事情。多谈一些自己朋友以及工作中正面的事情，让孩子了解你的世界。因为我经常和孩子开玩笑，老公总是笑话我和孩子说话"不靠谱"。教导小孩与不熟悉的人沟通是一个挑战，我家老大和老三很内向，但是老大在我们搬过很多次家以后，已经练就了很快与人沟通的本领。而老三仍然需要磨练，从三个孩子的经历可以看出与人沟通交流的习惯与技巧是可以在后天培养的。老二曾经告诉我，他每次在聚会时遇到陌生人要主动打招呼都要有思想斗争。可是他在领导才能方面取得的成绩很难想象他是那样的人。他在一千多优秀高中生中演讲拉票获得议员的位置，需要多少的磨练啊。

一个人最重要的基本功就是与人沟通、交朋友的能力。交际能力的培养应该仅次于孩子的身体健康，实际上是精神健康的表现。交往能力强，对孩子来说是最大的优点。在孩子的成长过程中，我们非常注重孩子们交朋友。鼓励孩子们带朋友回家，鼓励孩子们帮助同学，老公更是教育儿子们在金钱上不计较，不算计。对于三个男孩子的母亲担心的是他们与女孩子的交往能力，在这方面我做的有可能有些夸张，我会鼓励孩子们交女朋友。我家的儿子从小女性朋友不断，他们很受女孩子的喜爱。我家老大在高中三年级时（相当于国内高中二年级），已经有了和女生交往的经验。尽管老公那时候以学习紧张为由反对，但我是全力支持。

老二交女朋友就更早了，从七年级到高中没断过，交女朋友也没耽误任何事，哈佛考上了，女朋友也找到了。小三更早，从二年级就告诉我他被女孩"Crash"（撞）了。这词我还真是从他那里学到的。到了六年级就开始为女孩买礼品了。开始还不告诉我，我毫不留情地拆穿他。"知道你妈是谁吗？你这点小把戏太嫩了。你不要买的太便宜，要花点钱买这个好的！"于是，小老三高高兴兴地拿着我给他小女友买的礼品。

老大与我们辗转三个国家，换过10所学校，会讲7种语言，朋友零零散散，所交往的男女朋友基本都是西方人。老二老三的生活环境相对稳定，懂事后在我们的社区基本没有搬家，所交朋友也都是背景相同的亚裔朋友。

三个孩子独立思考以及具有自控能力的生活习惯是我们在日常生活中，点点滴滴培养起来的。尽管我自己很能干，但很多事情不包办，放手让他们做自己的事情。爷爷奶奶来探亲时，有时会包办一切，我也总是提醒他们，这是害孩子不是帮孩子。尽管我们的孩子乖巧听话，不叛逆但做事很有主见。我们不强迫孩子做任何他们不喜欢的事情，但是一旦开始我们会让他们按照当初的承诺坚持到底。老三从小就很有主意，在过四岁生日的时候，他要一个玩具，我们带他到两个商店去买都没找到，他竟然不要任何生日礼物了。老二在八岁的时候就和我讨论人要不要出名，他认为人出名没好处，很多想干的事都干不了，最后告诉我他不想成为著名人物。老大更是有老大哥的风范，不仅自己做事有主张，而且引导两个弟弟做与众不同的事情。老大比老二大7岁，从弟弟出生就懂得照顾弟弟，帮妈妈做事。老大在斯德哥尔摩上小学时，刚上一年级，因为爸爸出差，不能送他去学校，小小年纪就自己坐公车去上学。生弟弟的时候，夜里两点我们去医院，七岁的他自己一人待在家里。上中学时，家里不能满足他买游戏的要求，他就自学计算机程序，自己做游戏。他还自学网页设计，把自己喜欢的游戏做成网站与同学分享。高中时自己搭建计算机。二弟上小学时，他鼓励二弟画漫画，并为二弟建网站；小弟弟六年级时，他出钱买元件让小弟自己组装计算机。

男孩子都爱玩电子游戏，如何控制他们不过度地玩，在他们小时候就要做到。父母要有权威，说到做到，孩子才能有自控力。新游戏出来，一定要等到特殊的时间才能买，像生日、节日、暑期以及出门旅行长途开车时，等等。如果发现他们打游戏时间过长，也会提醒他们停止。

我们知道他们需要时间存储游戏，所以总是给出充裕的时间。大家互相谅解，很少发生冲突。三个孩子都没有花钱上过夏令营，暑假除全家度假外，都由他们自己安排。这样，一方面他们有足够的睡眠时间，另一方面他们能学会自己规划时间。每次由他们自己制定计划，如需要买什么东西，像书、软件，还有做项目所需的硬件等也非常容易满足，因为他们不去夏令营省下的钱可以由他们支配。一般来说，在他们自己的计划中都有网上学习和读书。老二六年级时，我在网上给他找了写作比赛的网站，竟然还得了第一名，我想如法炮制给老三，却没有结果。老三更喜欢自由地学习。孩子们也不滥用我们的信任，一直做得很好。

对于孩子们自己要做的事情，作为父母我们都采取沟通和支持的态度。老大大学毕业后，工作三年就决定辞去工作去周游世界，到有机农场去做学徒。这在按着传统套路走过来的我们真的是一个大的震惊，经过认真的沟通，我们支持他游历了三大洲。最后，他定居在美国的西部。至于老二更是让我们始料不及，竟然在大二上了一半的时候，从哈佛休学创业。不久，老大又辞去工作加入到老二的公司，兄弟俩一起创业。作为父母虽然为他们的未来担心，但是也为他们这种独立思考、积极上进的精神而感到骄傲！

在美国的中国孩子个个身怀绝技，琴棋书画样样精通。我们也不可免俗地使孩子们加入到这个行列。

老大开始学钢琴时已经九岁了，在他学琴的过程中，也有人劝我们找中国或者俄罗斯老师，但我们想也不是非让孩子学出个名堂，只要让他陶冶一下情操也就可以了。后来他又学会了吹黑管、弹吉他，和高中同学成立过乐队。在周游世界回来以后，他又学了唱歌，用自己的亲身经历作词作曲配器出了两个唱片。他在自己的家里做了个录

二儿子在白宫受到奥巴马总统的接见

音棚，业余时间自娱自乐。

老大学画画也坚持了很多年，现在家里挂的都是他的画。在体育方面，他的特长是排球和玩舢板。

老二学琴是他自己自愿的。本来有老大做样，我们也不准备让他开始得太早，无奈，他看见哥哥和他的小朋友都会弹琴，很是羡慕，就在不到七岁的时候上了贼船。这期间也想过放弃，也恨练琴，但在我们的威逼利诱下，坚持到了五年，他根本不想停下来，但是因为我不想再给他上钢琴私课，而上萨克斯的私课，所以他必须放弃。他一直是学校乐队的第一把交椅。他体育选择了击剑，也坚持了五年，在全新泽西高中生花剑比赛中，连续两年是第七名。

三儿子也坚持学钢琴五年，现在主攻小号。在私课老师的教导下已经进入高级乐队。体育项目是游泳，也坚持了七年。

通过儿子们的才艺学习过程，我认为除了孩子是某方面的天才，或者孩子极不喜欢的科目这两种极端现象。如果只是让孩子提高修养，则可以根据孩子的兴趣，以及运用恰当的方法，是能够达到修身养性、提高自信心的目的的。

在学校一定要做好学生

每个人都要有社会功能，是学生就要做个好学生。好学生的定义很简单：就是做一个学生该做的事情，让老师同学接纳你喜欢你。至于学习成绩，只要努力学习，成绩的好坏确实和智商有关系，而且智商是遗传的。我们最注重孩子的学习态度，学习方法都由他们自己来摸索建立。

三个孩子在校的学习，从来没有让我们操一点心，除了参加必要的 SAT 补习班（在他们爸爸的强压下），也没有额外地多花钱。他们每次都极为注意自己的学习成绩，认真对待每次考试。每年的家长老师见面会，都会变成孩子们的表彰大会。下面是我 2004 年参加完某次家长会的感想：

> 作为三个孩子的母亲，不仅要操持生活上的琐事，更重要的是要关注孩子们的教育问题。在每个人的成长过程中，老师起着非常关键性的作用。我自己的成长经历使我深信不疑老师的作用胜过父母。了解自己的孩子在老师心目中的地位是关心孩子教育的重要环节。

在国内，老大上单位的幼儿园也没有什么家长老师见面制度。对孩子在幼儿园的表现也只能从与老师只言片语中了解。到了瑞典，老大从上幼儿园到小学，年年有老师家长见面会。他们很重视这样的交流会，专门请汉语翻译，细细讲解孩子的表现。从吃饭到游戏以及性格，面面俱到。从老师那里我知道了儿子有领导才能，他能把所有的孩子组织起来做游戏。我问是不是因为他大，老师说比他大的也服从他的指挥。主要是他有主意，聪明。每每这样的见面会让我高兴不已。老公是个沉得住气的人，总是说所有的中国孩子都一样，而且外国人不说孩子的坏话。我颇不以为然，就算都好我也高兴，而且还告诉儿子我高兴的心情。至于外国人不说孩子的坏话我不同意，这样兴师动众的见面会（停课两个半天，老师加班到半夜）不可能就只说好的不说坏的。后来到了北美，这样的形式一直延续着。老师对儿子的赞美使我心中充满了感激，感谢上天赐予我这样的好儿子，感谢老师们的辛勤劳动。

老二因为从小身体很弱，一直没有上过幼儿园。直到上学前班我们才有了和老师接触的机会。那时是在蒙特利尔学校讲法语，老二常因为不懂法语而做错题。他不懂时不问老师只问同学。但在老师眼里他仍然是个很好的学生。

到了美国，每一学年的开始，都会请家长去返校夜（back to school night）。我的同事总笑我一晚上跑小学，一晚上又要去高中的事实，警告我最好不要把对小学老师讲的话讲给高中老师听。给我印象最深的是高中的返校夜。家长们人手一份自己孩子的课程表，每个教室都要跑一遍。因为老大选的课程，每天要跑很多的路，甚至从一栋楼跑到另外一栋楼，这真让我见识了美国高中的气派。见过老大的所有老师，了解了所有的上课程序，回到家再和他讨论对他老师的印象。能有机会和他探讨一些学校的事情，我感到很欣慰。

小学的返校夜，相对来说比较简单。校长介绍一下老师，然后家长去孩子们的教室，一个老师既教英语又教数学。老二是个"天才"学生，数学到另外一个教室去上，还有一门专门为"天才"学生设立的课程。

每年的十一月中旬，学校给家长发送成绩单。小学直接由学生带回家，高中通过邮局寄给家长。每年老二的成绩都令人骄傲。老大高中一年级时英语得了76分。我感到担忧，于是让老大和英语老师定了时间，我要去了解一下原因。老师不明白我为什么要担心，说老大是个非常优秀的学生，因为他一直学法语，还不太熟悉英语写作的技巧，他会追上来的。果然，在以后的几年里，他一直都在修大学英语（AP ENGLISH）。看老大的成绩单，我有中彩的感觉。老师的评语使我很兴奋，所以我一直也没有什么问题去找任何一科的老师。直到今年十一月份，我决定去见老大的意大利语老师。当老大和老师约时间时，老师感到很奇怪，问老大我要见她的原因（老大的意大利语是100分）。傻小子当然说不出一二三来，回来问我为什么。我告诉他，因为他总是讲意大利语老师的好话，我想见见真人。其实我有自己的目的，我见过这个老师，她很年轻，在我的印象中也就是刚踏出校门的学生。美国高中和大学差不多，学生都很成熟，老大这么热衷上意大利语课，该不会是看上了那个小姑娘。后来，从儿子那里得知，老师的年纪并不小了。老公说我心眼脏，但我不能不防。即使只是了解一下儿子喜欢什么样的人，也是很值得的。

2004年11月23日，晚上7点至7点半，我和老公先见了老二的两个老师，我们又一次复习了一遍赞美学生的英语单词，直到老师说她没有更好的英语单词来描绘了。我又一次兴奋不已，老公又一次沉着地重申中国孩子都一样的道理。

我和意大利语老师见面的时间是8点，在高中的图书馆。果然不出我所料，这个老师是个非常有活力的姑娘。我告诉她因为她的意大利语课，儿子甚至不喜欢我做的饭而只喜欢意大利面条。她为我的幽默而大笑。她告诉我，不仅是她，所有教过老大外语（包括法语、西班牙语）的老师都认为他是一个不可多得的学生。他谦虚的美德尤其使他更受欢迎，他在语言上非常有天赋，能触类旁通。老师对我说，"记住，无论你做了什么，都是正确的，我希望我的儿子会像你的一样"。最后一句话使我更开心，她没有说希望她的男朋友像老大一样。

我家小三儿一直是姥姥带着，没有捞到机会去幼儿园。今年上了中文学校的学前班，因为他的老师是我的同事，自然也在一起讨论小三儿的表现。他很聪明，但不太合群。只和熟悉的同学交流，我想将来随着年龄的增长会好的。

我很欣慰，因为儿子们在老师们眼里个个都是好样的，我们对孩子的中文学习十分重视，尽管由于环境的局限性，孩子平时不用读写，忘得光光的，我们还是一直坚持和孩子们用中文交流。在国外这些年，我一直致力于中文教学。有十二年的时间，每个周末我都在中文学校教孩子们学中文。后来，我又教西人的孩子学中文。我严格遵守不和孩子讲英语的原则。我的三个孩子和我一起在中文学校学习成长。

高中四年，孩子们变化非常大，这是和美国的教育体系分不开的。高中不仅是为上大学做准备，更是为学生走向社会打基础。孩子们不仅学文化，最让我们欣慰的是，他们在这四年里，社交能力、领导能力都得到大大提高。

老大以全年级第三名的成绩毕业，荣获高中学校语言部的奖学金，被康奈尔大学录取，以 GPA4.0 的成绩得到计算机和语言学的双学士学位。老二以全年级第二名的成绩，11 门 AP 课，取得各种州立和国家级的奖项，并在白宫受到奥巴马总统的接见，最终，以一次就考了 SAT 2400 分的好成绩在 2013 年被哈佛提前录取。老三还在上高中 10 年级，自己非常有计划地学习和工作，做哥哥们没做过的事情，利用假期打工。

我始终认为，一个有想法又有自控力的孩子无论到哪里上学，都会有很好的未来。一个好的父母就是为孩子将来的独立打下好的基础！而这基础就是好的生活与学习习惯及独立思考的习惯。

赵燕春，本科就读于北京大学图书馆学情报学系，后于日本图书馆情报大学获情报学硕士学位。现为美国新泽西州21世纪房地产公司西温莎办公室房地产经纪，专精大普林斯顿学区房的买卖出租及投资业务。育有两子。两个儿子均幼年随父母来美，经历美国幼儿园、小学、中学及大学教育。大儿子毕业于美国康奈尔大学，现在美国高科技公司任职。小儿子目前就读于美国杜克大学本科二年级。

静待花开："不听话"也是优点

现在回忆孩子的成长过程，有一种旁观者的悠然自得，这种悠然是经历了暴风雨洗礼过的悠然。我希望在我身处冲突的早年，就懂得这些今天看来很简单明了的道理。然而，应了那句话——不经过风雨，怎能见彩虹呢？人生没有如果，也没有可能重来。现在，我写下我们的经历，希望会对年轻的父母有些借鉴作用吧。同时，也是对儿子们成长经历的美好纪念。

我家的两个儿子，都是在幼儿园时期随我们从日本移居到美国新泽西州的。从幼儿园一路上到高中，都是在新泽西州顶尖学区的公立校就读。大学一个在康奈尔就读，一个在杜克大学就读，都是美国的私立大学。大儿子已毕业，在高科技公司任职。小儿子在读本科二年级。

大儿子是属于聪明伶俐的一类孩子，领悟力很强，学东西一点就透，动手能力强，做事看起来永远是轻松的。脑子快顺带着做事也快，说话逻辑性很强。他是富有创造力的那种孩子，你永远猜不透下一秒他会出什么招。在同龄人中属于有幽默感的，很得老师们的青睐，同学中人缘也好，能玩能学，不属于正统的学霸。比如，在他们上文学课学莎士比亚的《王子复仇记》时，他就被大家指定出演王子哈姆雷特。

相信很多家长读到这里，已经看见自己孩子的影子啦。

阅读力和专注力

我就先讲讲大儿子吧。

大儿子不到一岁，就会和爷爷顶嘴。爷爷曾经批评他要轻轻拉玩具车，不然楼下邻居会提意见。然后，有一次，爷爷在钉钉子，儿子便把手指放在嘴上，表示"嘘"的意思，并告诉爷爷楼下有意见。这惹得大家哈哈大笑：未满一岁的男孩，说的句子够长，应用的场合也够准确。他两岁半便能娴熟地使用手工小剪刀做各种各样的剪纸手工，然后爸爸来帮忙粘贴。那时，家里贴满了他的作品。我们那时候在日本上班太忙，因此，儿子在四岁之前，没有学过数字和文字。我们做晚饭时，他总会全神贯注地做他自己的事：涂鸦、剪纸、玩积木、拼图、看动画片，永远有他自己做不完的事。然后，吃完饭他就喜欢听故事，还有问不完的问题，是我们家的"十万个为什么"。心灵手巧这个词，用在他身上，还挺合适的。是手指灵巧的配合开发了大脑，还是灵巧的手指只是高速转动的大脑的一种反应？我们不知道。

从两岁半到五岁之间，大儿子每天最喜欢听爸爸妈妈讲故事。古今中外的故事他都喜欢听，像小马过河、海尔兄弟、樱桃小丸子、蜡笔小新以及安徒生童话，等等。儿子听得多了之后，还喜欢讲故事给别人听。他能完整叙述故事的关键性情节，叙述得具有连贯性和逻辑性，词汇模仿也相当准确。

在三岁的时候，大儿子的关注力就能维持一到两个小时。对于三岁的男孩子，这很了不起。他在做事情的时候，周围的人和事都不在他的听觉和视觉范围里，他完全沉浸在自己的事情中。这点很像他爸爸，或许是遗传基因好吧。

他的童年是快乐自由的。从来没有因为该学什么受到过批评，父母祖父母都对他疼爱有加，让他自由地成长。规矩礼貌上，他秉承了家里的一贯传统，活泼又温文尔雅。

大儿子五岁开始在美国新泽西北部上私立学前班。他在来美之前没有学过英语，上学两个月后，他的英语阅读及文法，就在班上名列前茅，比土生土长的美国娃还好。让我们狠狠地惊喜了一把。

这个时期，他还是爱听故事和十万个为什么。因为会阅读了，每周大人小孩会一起去镇上的公共图书馆借阅儿童读物。儿子的周阅读量在20—30 本书左右，一个月能读近百本书，且乐此不疲。我们也给他订阅了 5—6 种少儿新闻、科技类等杂志。这时，儿子自己会在书架上选喜欢的书了，也开始读少儿科技、天文地理、生物和生理卫生方面的书。

我记得儿子二年级的时候，他选了一本相当厚的生理卫生书，是关于孩子是怎么生出来的，搞得我们挺紧张的。不过，我们预读了一下内容，发现真是本翔实又得体的好科普读物。我们感叹了一下美国的少儿读物含金量之高，既能严肃认真地讲科学，语言逻辑又适合少儿阅读。

儿子这个时期读的书，我都会浏览一下，有意无意中会让他给我讲讲他读到了什么，我则有意点出文章的中心思想，以及主要结构是怎么串起来的，到哪里找关键词和句子等小技巧。我们给他讲故事时，会有意分成简洁版和详细版分别讲给他听，让他既可以体会文章的骨架逻辑，又可以体会文章中生动的描述。我们也会和他比赛，读同一篇文章，看谁读得快，并且能清晰复述主要内容，目的是想激发他速读的热情。

那时候，儿子最大的愿望之一，是有一个自己的实验室，能做很多他喜欢的小科学实验，有各种各样的仪器、试管和五颜六色的液体。可惜，这个愿望，我们买了房子以后也没有为他实现。

大儿子在五岁以后，开始了一个新的爱好——读说明书。所有的说明书，不管是家用电器的，还是家具、家居用品的，他都爱先睹为快。家里新买的组装家具，儿子会自告奋勇帮爸爸解读说明书，然后指挥爸爸组装，哪个先哪个后，谁和谁挨着，父子俩有商有量，儿子自信的口气，让你不觉得他只有 5 岁，而是 15 岁、25 岁。

儿子最喜欢的玩具就属乐高了。他课后最大的乐趣，就是沉浸在他的乐高王国，设计组装各种各样的小东西。我们从来看不到他犹豫，他总是自信满满地快手组装，好像脑子里有一张清晰的设计图一样。我真搞不懂，那成千上万的小组件，怎么都能装在他的小脑瓜里信手拈来呢？我也会被邀请和他一起组装乐高玩具，但我常常是头脑空空，不知道要组装什么东西，对着各种颜色各种形状的组件，无从下手。那时，我真感叹儿子的设计能力和组装能力，每天能变换出无穷无尽的设计方案，并乐此不疲。

所以，发现孩子的天分需要家长用心的观察和耐心的陪伴。

束缚与放手

小学时期，我们给儿子们加了课后小灶和作业，占去他们很多时间，玩耍的时间被挤掉了一部分。好在大儿子动作快，还是有时间玩的。他在家没有玩够，在课堂上就开始玩了。因为觉得老师教的东西都会了，他就开始不太听讲，常常说话，让老师头疼，也开始不做作业，做些淘气的事。我想，这也是小孩子能表达他不满的有限的选择了吧。家长一厢情愿地加码，让孩子和家长有了隔阂，老大表现在学习上的专注力下降。那时，我们试着讲道理让孩子理解课外作业的益处，但是没有用。

　　到了初中，随着青春期逆反的开始，老大自主的个性也突显出来。忘记是因为什么事，和老大单独在他的卧室聊天，我们沉默了很久，一向硬朗的老大，竟然默默地流眼泪。儿子擦不干的眼泪，让我突然意识到：是我的错，不是孩子的错。孩子是无力对抗家长的，一定是超出了他能忍受的范围，让他无法自在地做自己，亦或他觉得在自己最亲的妈妈眼中，自己总是不够好的，觉得委屈。和儿子的谈话无法继续，我的心也乱了。后来先生建议放手学习上的事，充分相信儿子，让他自己管自己。说起来容易啊，对我来说，放手有多恐惧有多难啊。

　　和儿子谈正经事，我们都是正式预约时间，安静地坐下来谈的。我们告诉老大，我们放权给他自己，但请保持学业上的一定水准，试行看看。自此以后，我们基本没有过问孩子在校内的学习，包括什么时候交作业，什么时候考试，也不查看成绩单。如果要看成绩单，都是向儿子要拷贝，不搞偷袭，不搞地下侦察。

　　对我这可是个巨大考验：就是看在眼里，急在心里，但是不能批评论断，只有耐心守望等待。这个过程持续了整个初中三年，老大的成绩一直不错，他也在重获自主权之后，寻找自主与自律的平衡。我也学到了宝贵的功课：对儿子有信心，对我们决意要做的粗线条育儿有信心，对我们的家风有信心。现在回头看，先生的建议太可贵了：老大在和父母来来回回的摩擦中，学会了坦然面对权威，保持自己的本色，也恢复了他自我管理的好习惯。父母表示出的对他的尊重和信任，让他开心。

　　这种平等的关系，随着儿子年龄的增长，越发可贵。高中以后，家里晚餐的时间成了全家人交流的时间，儿子会主动说些令他们开心的事，学校里好笑的事，和他们相关的活动，爸爸会说些办公室里发生的事，讨论人情世故，也会谈股票投资的亏与赢。儿子偶尔会分享他正在做的挣钱的买卖，挣了多少了，有多少点击量。多数时候，他的商业活动都是秘密进行的，我们都是后知后觉。就像现在，大儿子自己在公司里参与什么项目，对我们都是保密的，他说这都是公司的高级机密。

我很庆幸，听从了先生的建议，尽量控制唠叨。对于重要的事，自己想清楚了，归纳整理好，坐下来和儿子彻底谈一次，不再反复。亲密和谐的家庭亲子关系，比起成绩、名校，重要很多。

打游戏和学习

老大爱打游戏。从初中打到大学。大学还是学校游戏竞技队的，参加全美高校游戏赛。这会影响学习吗？我想，占掉很多时间和精力是肯定的。他说游戏是智力训练，要讲求战略战术，团队配合。他老爸不信，试着玩了一把，头晕眼花地退下来了。我们和他协商的结果，就是周末可以打，但是不能耽误正经事。什么是正经事？家长和孩子的定义有很大差距呀。其实就是互让一步，不要过分的意思。打游戏并没有影响儿子出去和朋友们吃饭、玩耍，凡有聚会，他都可以迅速离开游戏，享受聚会时人和人的交往。说明游戏没有阻碍儿子的社交，只是他娱乐的方式之一而已。这也是我们不坚持反对游戏的理由之一。儿子能和父母坐下来，对于自己的责任权益讨价还价，互相协商，达成协议，也是我们教会他如何与他人，尤其是成年人，有效沟通的一个案例训练。他不必阳奉阴违地偷偷玩游戏，做作业时可以专心有效率，多出来的时间自己自由支配。

听到他在游戏时和队友大声通话，左包抄，右掩护的，小胜时朗声大笑。他与队友们互相鼓励时，恍惚觉得他们真成了大兵，男子汉味十足，我成了儿子的粉丝。

与女性朋友的交往

儿子从中学开始，身边就没有断过女生。他也从不掩饰和女生一起玩耍，因为这个，邻居阿姨还经常给我打电话汇报。我问儿子是不是女朋友，多数时候儿子都说是要好的女性朋友，不是女朋友。其实他的这些女性朋友个个都很优秀，有很成熟的，有调皮活泼的。家长着急是担心孩子出格，或者影响学习。其实女生占学生的一半比例，学会和女生相处，是个终身有用的技能。我甚至觉得少男少女的爱情，是值得珍惜的，因为毫无功利，纯粹就是喜欢。没有经历过这种纯真的好感，反而是人生遗憾。我们家是不鼓励，也不禁止：感情的事谁能挡得住呢。依然用老套路，坐下来聊。跟他聊一下家长怕的是什么，希望他在那个底线之内，这样对他的将来有什么影响，以及如何处理分手且仍然与女生保持友谊。如果遇到棘手的问题，请他记住：父母是值得信任的第一人选，会帮他解决问题。

这么早和孩子聊恋爱，是很有压力的，也不知道他能听懂多少。不过这谈话内容涉及到的，都是一个家庭最根本的价值观和道德观，是很严肃的话题，我们用易懂的方式传递给15岁的孩子，有多少家庭能完整地走一遭？现在回想起来，我们是幸运的，孩子也是幸运的。

是的，我是老大的粉丝，欣赏他的坦坦荡荡，不在乎别人的眼光和论断，我行我素。

进入高中后，我知道他是认真喜欢过一个女孩子的。他特意带回家来玩。这个女孩子，人漂亮不说，还十分懂礼貌，会待人处事。那时候，因为儿子会开车了，家长总有看不到的时候。我们和儿子说，最好不要和女朋友独处一室，如果放学想来家里玩，请先通知家长，我们就尽量赶回家，到对方家里也一样。他们的活动也尽量在客厅等公共开放区，不要进卧室，更不应该关门。因为人性是经不起考验的。在这方面，我们征求孩子的理解，也相安无事。

高三舞会和高四毕业舞会，儿子玩得都很开心，带着自己的女朋友，不过两次是不同的女朋友了。

老大在高中和大学阶段，包括现在工作，他的好朋友圈里，总是男女参半，多是各方面出色又活泼会生活的人，相处非常愉快。我想，这受益于我们早早就不避讳和他谈与女生交往的经历。

选课与 GPA

很多家长为高中选课苦恼。想要保持高 GPA，就要尽量拿 A，而比较挑战性的 AP 课或荣誉课，很可能会拿不到 A。

对于这个，孩子怎么想呢？这点很重要，也能体现出孩子的性格。

作为家长，我做了调查。我到学区网站了解高中整体课程设置，向前辈的妈妈们学习经验。孩子读八年级时，即要进入高中前，选高中第一学期课时，坐下来和孩子聊，把我做好的表格四年课程进度给他看。主要是从高中毕业时想达到的课程水平往回倒，各个年级需要怎样一个渐进又彼此合理链接的过程。最后决定权交给儿子。我的意图是教会他怎么调查，怎么策划，清楚自己的目标，才不会人云亦云，犹豫不定，反复无常。以后每年选课前我们会和儿子一起，做一次回顾与调整。高中四年儿子的选课一路精进，基本是按照他自己在八年级时订的计划走的，减少了很多不必要的选择痛苦。能把自己写在纸上的计划，变成现实，儿子自己也很有成就感。当然，做计划时，也考虑到临时退课改课的可能，容许失败并选好退路。

这样的好处是让孩子有自己当家做主的良好感觉，家长把关键的方法以商量的方式传递给儿子，避免了操纵孩子的嫌疑，减少家庭矛盾。这样，我们就顺理成章地把家长起草的方案交给了儿子。经过儿子审批修改，这个方案就变成了儿子自己的方案，执行效果也完全是主动积极的。

顺便提一下，儿子选课是以兴趣和挑战自己为主线的。他没有烦恼GPA，把学校里能选的数学、科学、计算机、英语、历史等最难的课都囊括了。最后他所选修的13门AP课程，有12门获得了满分5分，并获得了AP最高荣誉奖。

通过高中选课的规划，儿子学会了"从全局做计划，站在终点看起点"的方法。因此，到了大学选课，儿子自己完全独立规划，三年半毕业，学了两个专业。找工作也有自己的章法，完全独立、坚定又不盲从，也从没有怨天尤人，一路保持阳光心态，很令人欣慰。

这样的放手，不是放羊，是家长有步骤地"传帮带"，抓核心方法论，放手细节，放手执行。经过大儿子高中四年的实践，修正及效果观察，我们完全可以轻描淡写地说：孩子上大学后，我们什么都不用管，因为家长前面的功课已经做足了，孩子会安全地单飞了。

老二选课时，我们如法炮制，训练他全盘筹划的方法，加上哥哥榜样的力量，也毫无悬念地完成了。哥俩有商有量，很省心。小儿子最终以前百分之五（全班400人）的优异成绩完成了高中学业。

课外活动

学乐器的孩子，十八般武艺集一身的孩子，数也数不清吧。关键是孩子长大以后，可以自己做主的时候，还有多少人在继续弹琴呢？我的老大温和地问过我这个问题。60美金一小时的钢琴课，一上就是十几年，到底意义是什么呢？家长付出的是金钱：一年五十二周，每周 60 美金，一年 3000 美金。十年 3 万美金。老大学了十三年。这还不算比赛前的加课，还有乐理课的费用，以及表演时家长的赞助费。孩子十三年如一日，几乎每天要练琴，无论学校功课多忙，多少工要打，多少课后活动要参加，多少项目到期交作业，每周都要面对钢琴老师的考试。这是怎样一种意志的磨炼啊，我从心里佩服他们。

我见过主动练琴一坐就是三四个小时的孩子。相比之下，儿子属于随性的，小时候半小时到一小时，高中也就还是半小时到一小时的练习量。考过了英国皇家音乐学院的八级证书，属于有天赋，但不是很拼命的类型。每每临近比赛，老师比他还急，拼命挤压，而他在最后一分钟总能超水平发挥出彩，是让老师又爱又恨的一种学生。

是不是也很像你家的孩子？告诉你一个秘密，家长是有办法减压的。每次送儿子去钢琴课，我都紧张得不敢进门，因为禁不住老师的批评挑剔，神经快崩断了。把儿子推上去，我坐门外车上等。有时老师生气，上完课会追出门和我数落儿子功课没做足。儿子三年级以后基本我们就不会关注他练琴了，凭自觉。老师的批评我也是左耳进右耳出，不怎么严肃地抱怨儿子，我知道儿子已经够受了。只要他不说停课，我们就支持他弹下去，让他以自己的节奏进阶。除了十年磨一剑的耐力功夫之外，学钢琴也让他深深体会"没有付出，没有回报"的道理。借助老师的压力，继续向前走，磨练了坚韧力，是不是？关键是，常年持续的练习，直到能弹好听的大曲子，也算脱离了无聊枯燥的初级阶段，登高眺远看到好风光了。其实做什么都是一个道理，超越了无聊的初级阶段，才能有乐趣可言，重要的是坚持。

老二的钢琴，是不同的老师教的。为什么不能同一个老师教两个儿子，一次送两个，多省事。但是，两个儿子的天赋和个性不同，我们尽量避免让他们互相比较的事发生，一个老师肯定会比较兄弟俩，而且当着兄弟的面被人挑肥拣瘦的修理，实在有损光荣形象，对哪个儿子身心都没好处。我们尽量为儿子创造隔离不比较的环境，跟随不同老师，学习不同技能，让每个孩子都有自由快乐的天空成长，直到他们成熟为有较强的自信自知的成人。希望我们良苦的用心，总有一天会被儿子们表扬一把。等吧，路还长呢。

早慧和晚熟

再说说老二吧。

老二是个慢热型的孩子。因为生日小，刚好在报名截止日期的前几天的生日，成为年级里最小的几个学生之一，一直有种在后边像小尾巴被拖着的感觉。

一年级班上的演出，一排十几个孩子连说带唱地极生动地表演着，老二站在舞台当中左顾右盼，偶尔张一下嘴巴说个一句半句的，我猜他根本没记住几个词，很好笑。

三年级的学生可以通过考试进数学天才班，全年级800多人只有3%—5%可以通过考核，课程从四年级到高中十二年级，学到多元微积分，相当于大学二年级课程。每年天才班都会根据成绩淘汰学生，到高中九年级时，有50%的学生可以留下来，其他都回到荣誉数学班了。

老大在我们刚刚搬家到新学区一个月就参加了考试，顺利进入天才班。轮到老二，我们就提前复习准备了一下，很遗憾老二没有通过考试。知道天才班的课业很重，进度也很快，我们就安慰老二，说绝大多数人不需要那么大的压力，一样可以学好数学。我们对老二在学业上，从来没有要求，只要认真做学校的课业就好。

进入中学后，老二对自己要做的事有了想法，主动要求我们帮他规划一下，因为他还没有忘记天才班的事。九年级，很多从三年级就进入天才班的孩子，苦于压力和保持高中好成绩的考量，主动退出或被劝退的有一半。

我家的宝贝老二，进入九年级前的那个暑假，参加天才班八年级期末数学考试，得到满分的 A，顺利进入天才班。这件事让我们跌破眼镜。因为天才班的孩子们从四年级开始，就享受着最好的教育资源、最好的老师，超前两年的前卫的教材，优先的竞赛机会，从四年级到八年级五年的不对等资源，与荣誉数学班拉开的差距可不是一点半点。老二是按照天才班的教学进度和标准，班外自学啊。我们应老二的要求，给他买了天才班的数学课本，除此之外，没有提供任何补习的资源。我真的很佩服老二，觉得我是小看了他，能在大家都急流勇退的时候，有勇气逆流而上，挑战自己，不动声色地把这件事做到这么完美。他收到老师的电话通知时，只是开心地微微笑了笑。然后，我高兴得都哭了，因为太意外了，也太感动了：这么小的孩子能把一个五年计划实现了，需要怎样的自律和使命感啊，还有什么是这种坚持不能达到的事情吗？这种荣辱不惊的成熟也让我成了老二的粉丝。老二真是太有男人味啦！

老二在天才班里，数学成绩一直名列前茅，直到高中毕业。也应了那句话：天才出于勤奋。

我很庆幸，我们用放养的方式带大了老二。对于自律型的孩子，家长无为的方式，给予他足够的空间和时间，让他自行规划，按照自己的节奏快乐成长。

孩子们成长过程有很多有趣的事，随着升学和青春期的高高低低，似乎美好温馨的记忆都淡了，记住的都是曲折。有机会安静下来，记录儿子们的成长故事，是一种幸福。儿子们是我们生活的一部分，曾经是那样满手满心地占据了我们的生活，忙得透不过气；如今，儿子们离开家去开始各自独立的生活，走得是那样突然又义无反顾，倒是让人留恋起过去的忙碌了。

陪伴儿子们长大成人的过程，是我们自我成长修炼的过程。我感谢孩子们，让我有幸学会了忍耐，学会了善待弱小的人，学会了忙碌中设置优先顺序，学会了对自己家人畅快地表达爱意，学会了有的放矢的鼓励，学会了守望和等待，学会了谦卑和感恩。儿子们开始了他们各自多彩的生活，妈妈依然会像你们十八岁之前一样，每一天在祷告中陪伴你们，为你们祝福。生活依然欢快地奔跑着，我们也要随儿子们一起，继续成长，成为更好的自己，过有趣的生活。

郑莉敏，上海人。1986 年毕业于中国科技大学生物系，获学士学位，1991 年在美国普度大学获得生物化学博士学位。后在弗吉尼亚理工大学做博士后研究员，做分子生物学和含金属蛋白酶的结构和功能分析研究。1998 起在工业界从事致病厌氧菌的研究及人与动物的医学诊断试剂研发、临床研究和 FDA 设计控制、FDA 及 USDA 产品申报等工作，2013 年退出工业界。

2005 年起在得克萨斯州圣安东尼奥市的各个学校做义工服务，2009 年起业余做华裔学生个性化申请美国初高中及大学的顾问工作。2012 年起撰写博客，有多篇介绍育儿、美国中小学教育和申请大学的文章。爱好阅读，喜欢 DIY。

大女儿于 2013 年被哈佛大学录取，小女儿于 2016 年被阿默赫斯特学院录取。

热情能干的女儿们

大女儿于 2012 年底被哈佛大学 EA 录取，有很多朋友要求介绍经验。说句实话，被哈佛录取不是我们能预料到的，更不是我们多年准备的。我们和孩子们都只是普通人，过着平凡的生活，也有大大小小的如意和不如意。仔细回想起来，在多年教育孩子的过程中我们有时并不知道该怎么做，但我们清楚地知道不该怎么做。

比如，不该让孩子自我中心，目无他人，不懂感恩。我和先生要孩子相对晚些，在没有孩子的时候，已经看够了飞机上、商店里、饭店里、演出场所以及中国学生学者联谊会活动时的熊孩子，我们想着我们的孩子肯定不能这样胡闹。在职场上，我们也看到有些刚出校门的年轻人因为以自我为中心，往往因为一些小事而遭人侧目，从而失去很多发展机会，我们就想着我们必须把自己的孩子培养成为受欢迎的、人人愿意帮助的人。所以在孩子的行为上我们的要求比较高。但是同时我们一直注意照顾孩子们的自尊心，批评的时候绝对是私下单独分析讨论，不会当着众人的面不给孩子们面子。而且在我们家，从来都没有"别人家的孩子"，只有自己的孩子。

比如，在学校的最基本的教育以外，不该逼着孩子做自己不喜欢的事情。想一想这世界上可以学的东西太多了，孩子总会找到一两样自己特别喜欢的，学习自己喜欢的东西是享受而不是折磨。若是必须头悬梁锥刺股，那还不如多休息，明天干点别的。再者，我们自己都是个性比较强的人，不喜欢被强迫做事情，"己所不欲勿施于人"中的人当然包括自己心爱的孩子们。而且我们也发现给孩子们选择的机会，他们其实会选择做对自己有利的决定。

又比如不该只是表扬孩子们的优秀，而应该尽量鼓励孩子们的进步，因为优秀是横向比较，而进步是纵向比较。横向比较也会有积极意义，但是副作用很大，假如比所有看得见的孩子都优秀了，是不是可以得意洋洋不求上进了？假如比来比去比不过"别人家的孩子"，那岂不是可以破罐子破摔完全放弃了？而纵向比较是比上一个星期弹这个曲子好听了，是比上一次写的文章更有文采了，是比去年的想法成熟多了，这种比较方法是一辈子不会停止的激励。

等到孩子上了高中，在成长这辆车上他们自己做了驾驶员，家长坐在副驾驶位置甚至于后排，让孩子天马行空，探索自己的方向而不是重复走别人家孩子的成功道路。这样的孩子的人生，上不上藤校都会很精彩的。

至于大女儿本人，在我们看来别无专长，唯有为人热情主动，爱心泛滥，多管闲事，肯干敢干能干而已。而我们做的只是小心谨慎，不阻碍她的发展，我们理解、鼓励、信任、尊重。

大女儿是我的小帮手

大女儿第一次"做事体"，是她两岁之前的事情。当时我们老房子的壁橱都很小，有了孩子之后，东西多了，就放不下了，所以买了一个需自己组装的壁橱分格组装套件，自己回来装在壁橱里，以便更多更整齐地放衣物。那个下午我和先生正在照着说明书做抽屉盒子呢，就见女儿拿了一把螺丝刀放在地板上的木料的洞洞里东戳一戳，西戳一戳，戳进去了还顺手转一转，口中念念有词："贝贝做事体，贝贝做事体。"她说的是上海话。

当时我们两个看得忍俊不禁，先生更是一把抱起大女儿，在她胖嘟嘟的脸上深深地亲了一口。她狠狠地瞪她爸爸一眼，挣扎下来，立即继续做她的"事体"。我们看她做得认真，也就让她做下去了，只是分了一个人在她的背后时时关注她，唯恐她在杂物乱堆的地上绊一跤，或手里的螺丝刀伤了她。那天我们花了几乎是平时两倍的时间才装好了壁橱分格装置，但是我们觉得这个时间花得很值。回想起来，我们理解了孩子的要求，给了她一个和爸爸妈妈在一起的经历，而这个经历又是和做事联系在一起的。很多年后读了一本心理学的书，说到孩子喜欢和爸爸妈妈在一起，而且对和爸爸妈妈一起做过的事情有长久的好感，心里面不禁偷偷高兴，我们歪打正着，赚了！不由得把好处扳手指头算起来：一是鼓励了她热情的"工作"态度，二是保护了她的好奇心，三是满足了她要和大人在一起的要求并把"做事"变成她一个愉快的体验，四是信任了孩子判断力执行力，当然这个信任是在几个小时提心吊胆时刻准备着扑上去抢险之后，松了一口气才想起来的。

大女儿两岁半时带她回上海，有一天看见爷爷在小院子里剥蚕豆，不知道她是喜欢玩蚕豆壳，还是喜欢坐那把小椅子，她也要在旁边剥。爷爷手把手地教了她以后就让她自己玩。大女儿没有走开，一口气和爷爷一起剥了近两个小时，直到那一大堆豆子都变成了豆仁。那天晚上她吃着豆子，开心地说，"这一粒是我剥的……这一粒是爷爷剥的，这一粒又是我剥的……"不知道她是怎么分得出来的。一桌的男女老少都在说她的好，她有的听得懂，有的听不懂，但表扬她的神情让她得意洋洋啊。

有小妹妹的时候大女儿三岁半，她太高兴自己有个活的娃娃玩了。

当时我给她们做了两套一样的裙子，她很喜欢。在月子里有一天我有机会打了个瞌睡，竟然发现妹妹和她都穿了一样的裙子。"是你给妹妹换的吗？"我惊奇地问。"是啊，就像你平时做的一样，先给她穿一个袖子，把扣子塞到她背后，穿另一个袖子以后把她这样翻，再给她扣上扣子。""妹妹没有意见吗？""没有，她只叫了一声。"大女儿信心满满，我赶紧从头到脚捏一遍小女儿，看她没有痛楚，还挺开心，才放心下来。"宝贝你真能干！下次小心妹妹，不要弄痛她，她就不会抗议了。"

很多事情挡是挡不住的，不如因势利导，妈妈也多个小帮手。后来，我就带着她给妹妹喂奶、换尿布、洗澡、穿衣，边告诉她怎么做妹妹会比较舒服，也看着让她试试。结果，大女儿四岁时就可以自己独立洗澡穿衣，而且做得像模像样，充分取得我们的信任，根本不需要我们操心了。有一次，她喝了巧克力牛奶有些过敏，在厕所里呕吐掉了以后自己清理了地上溅出来的点滴。等我看见墙上的痕迹问她，她才告诉我她吐过了，说："噢，我已经弄干净了。"

大女儿五六岁的时候爸爸带她去钓鱼，小孩子没有耐心根本坐不住，爸爸就教她清理钓上来的鱼，用剪刀破开鱼肚，拉出内脏包括鱼鳃扔垃圾桶，然后把鱼放入冰桶。爸爸先做一遍给她看，然后把剪刀交给了大女儿。小家伙干得有条不紊，也不怕鱼黏糊糊的。清理了两条鱼以后，爸爸不用再看着了，就全部放给了她做，自己专心看鱼竿。那天爸爸和朋友钓的十几条鱼除了第一条外全都是大女儿收拾的。回家当然是吃自己清理的鱼啦。

大女儿六岁多时我们搬家卖老房子，中介建议除去老墙纸换新的墙粉，小地方找人帮忙很麻烦，就自己做。大女儿要求和我们一起铲除墙纸，我们也就让她参与了。结果她一个半天自己弄清了一面墙，比我们干得还快还好。我们好奇地问她怎么做的，她做示范，"这样……这样……"，我们就跟着学啊，我们很尊重她。孩子的自信就是这样一点一点来的啊。

记得那时候女儿们周末早上早早起来，大女儿会给自己和妹妹倒麦片加牛奶吃早饭，然后开了电视机放迪士尼动画片和妹妹一起看。她已经学会，也同时教妹妹照顾爸爸妈妈，知道让我们周末晚点起来，多休息一下。这样，爸爸妈妈就可以睡到八点了，有女如此，幸福啊！等到爸爸妈妈吃了早饭，大家就可以一起种花剪草植树，做饺子烤蛋糕蒸烧卖。一家人万圣节前雕刻南瓜，感恩节后悬挂彩灯，圣诞节装饰圣诞树，做姜面包糖房子，都是自己动手，生活得丰富多彩。

家里做事多了，大女儿在学校也主动热情地帮助老师同学，而且工作都做得很漂亮，深受信任和尊重。这些信任和尊重又从正面加强了她的自信心和动力。妹妹班里搞活动，老师或者同学家长就找我，问可不可以邀请我家大女儿一起去。我想我家老大怎么人缘这么好，连妹妹的派对都有的去，后来才知道她去了，活动组织者可以少一大半的事情啊。这个现象一直到高中她太忙了才慢慢消失。

我们感觉大多数孩子小时候都是好动的，就像小猫小狗一样，对世界充满着好奇心，都想试一试玩一玩，这是他们的学习的过程。在这个过程中有的家长怕伤害了孩子，这个不行那个不要，种种限制，孩子没有机会练习，好动好奇的特性也渐渐磨灭，然后家长又要求他们长大成人后正确地做这样做那样，这简直是太强人所难了。

我们在孩子长大的过程中，知道不该抑制孩子的天性，花一些时间观察，花一些精力指点，顺其自然，理解、鼓励、信任、尊重，我们得到的回报是我们的女儿们非常能干，我们可以放心地交给她们任何事情，她们都会处理得很好。

合同书与责任

很多事情第一次做都是有趣的，但是做多了就变得没有多大意思了，尤其是必须做的，逃也逃不掉的事。我很怕自己烦，尤其是怕自己必须唠叨。早就在育儿书上读过"家长不要做恶人，让规矩和工具做恶人"的教训，那就订规矩来当作工具吧。这里说的工具是订合同。

大女儿十岁时，我们和她签了一份她这辈子的第一份合同书。合同书的大意是她负责做一些家务，具体已经记不清了，无非是把厨房里的垃圾拿出去、把洗碗机里干净的碗筷放好之类，而我们付给她一定的钱做"工资"。当然假如忘记做了是要扣钱的，扣的比一天挣的要多。这个"工资"是现金，可以用来买自己喜欢的小东西，也可以把一部分储蓄起来，买圣诞礼物生日礼物等。一开始她不习惯，会忘记。在被扣了几次钱之后，尤其是在想好了要买自己喜欢的小东西，却被扣"工资"不能及时买以后，就做得比较好了。以后年年有新的合同，"工作"有改动，"工资"有涨，直到高中以后她自己有真的工资收入、不再在乎这一点小钱，才放弃了。

合同书里当然还有我的附加条件，比如有的家务事是不拿工资也必须做的，整理收拾自己的房间，吃完饭把自己的碗筷收拾好放进洗碗机，等等。大女儿10岁起就自己每周洗衣服、床单、毛巾，等等，进行自我管理。

这些合同起了好几个作用。一是代替我们做监督，鼓励让孩子们做好他们平时不太愿意做的重复劳动，培养责任心，而培养责任心是一个人成长道路上重要的一部分。二是让孩子们接触钱，有些理财的概念，让出生就是小财迷的她知道可以挣钱而不需要吝啬；让有了两块钱就觉得自己很富有，想给所有朋友都买礼物的她也知道挣钱不易，学着做规划。更重要的是合同替我们说话，让我们做了好人。还有，培养了孩子的契约精神。培养契约精神这个好处又是我们事后发现的，不是我们事先就计划的。

当然年年订合同，一年比一年难，讨价还价一年比一年多。到大女儿自己有收入不再和我们签合同了，我们松了一口气，转身集中力量对付小女儿去了。

大女儿15岁时，拿了一张表叫我们签字，签了以后才发现这是让我们教她开车的合同，而本来我们打算安排让她去驾驶学校学车。好吧，又有了提心吊胆着练习控制自己心跳血压的机会了，但是我们很高兴陪她开了一年的车。她16岁拿到驾照，我们对她的信任感又上了一个层次。她会开车后，我们会想知道她去哪里了，什么时候回来，有没有带同学，带了几个，问题太多了。好在这时候女儿已经知道理解、信任和尊重是双向的，知道怎么取得我们的信任，她主动汇报，还开始表扬我们，鼓励我们对她的信任。

课外活动

高中10年级时，大女儿参加了鼎石学校（Keystone Academy）年书（yearbook）的编辑工作。年书是美国各个学校每年的纪念册，每个学校编得不一样，有彩色的有黑白的，有薄薄的小册子，也有厚厚的精装书。有一点是共同的，那就是这一年在学校的所有老师同学每人都有对照着名字的照片在里面，以后多少年都可以拿出来看当初的自己和同学老师是什么样子的。鼎石的年书除了老师照片和以每个班级为单位的学生个人照片外，还有学校各俱乐部的集体照和活动照片，小学初中高中各个年级的学生校园活动和校外活动的照片，以及毕业班家长们为学生专门设计购买的毕业纪念页。每年都是一本一厘米多厚的精装书。

当时年书由高年级的同学做主编，女儿只是做小编。但高年级的同学学习太忙，对年书不够重视，快到期限了还没有完成任务，开会时又吵得一塌糊涂，互相推诿责任，年书指导老师也没有办法。大女儿在搞清了年书编辑过程以后在会议上制止了大家的争吵，考虑到各人的能力和时间，把工作分成了几块分给大家做，而且给大家解释了她的分派理由，受到大家一致赞成。大女儿这个人是完美主义者，手脚又快，她担了大头。会后大家很快就按先后次序把工作完成，当年年书得以顺利及时付印。11年级后她当仁不让地成了主编，年书工作从此井井有条，指导老师轻松愉快，不再需要在截止期前赶工。因为做一本精致而又有代表意义的年书需要大量的照片，大女儿制定了一个规则，主编必须保证初高中每个球队都有集体照，还要有练习时和比赛时的照片；每个年级的活动也必须有足够的照片以供选择。在安排了年书摄影师们的工作之后，大女儿自己也背着照相机，在学校内外记录学生生动的学习生活，放到年册里去。因为她付出的大量时间和精力，她做主编以后的年书与前几年的有很大不同，非常受学生和家长欢迎，好评如潮。后来在大女儿申请大学的时候年书指导老师还专门主动为她写了推荐信，其中举了不少实例，相当有说服力。

做年书主编还有个好处，就是年书里有很多妹妹和她的好朋友的照片，大女儿假公济私了。这些年书我们翻看起来格外亲切。小女儿在进高中以后也被她拉进年书编辑组，好继承传统，继续出版优质的年书纪念册。

初中起大女儿就参加各种各样的义工劳动，为社会做贡献。因为有爱心，她做起这些事情来非常有热情。比如在得州历史博物馆做了六年讲解员。第一年装扮成印第安土著，穿上皮制衣服带上羽毛头饰，回来说她是博物馆最像印第安人的讲解员。当年她的皮肤晒得有点红，跟白人和黑人装扮的印第安人一比，还真有点"真实"的味道。所以就得意洋洋地做了六年，积累了近200个小时的义工时间。

因为一直想养狗而没有时间精力，我们寻找了一个宠物收容所去做义工，来满足孩子们对养宠物的需求。一开始我们带着孩子们一起去，也就是做做遛遛狗玩玩猫的事情。等到大女儿到16岁有了驾照可以自己开车后，她就把很多空余的时间都用在了宠物收容所里了，尤其是16岁那年暑假。

从小到大，大女儿坚持寒假暑假是她的休息时间，坚决不要再去学校上课，所以她没有上过一次那种大学举办的暑期课或者培训班，那一年当然也不例外。暑假里她几乎隔一天就去宠物收容所。当时她对收容所里兽医做的事情感兴趣，就自告奋勇要求帮助清理手术室。几次以后，她的精益求精和工作效率得到兽医的大大赞赏，她的工作范围也扩大到整个收容所，而她最喜欢干的事情是把收容来的又脏又丑又瘦又病的小狗小猫们洗刷得干干净净，修剪得整整齐齐，喂得胖嘟嘟，帮着兽医治好病，然后让喜欢猫狗的人来领养。那个时候，几乎每天都会收到她发回家的照片，还跟我说，"妈妈你瞧它多可爱，我们领养了好不好？"。

第二个月，大女儿得了"当月最佳义工"的称号，她抱着小狗的照片被放在了宠物收养所的网页上面。这时她做义工的小时数已经是数以百计了。收养所负责人也写了推荐信给她的高中，介绍她的贡献，同时告诉大女儿，她一到18岁就可以在这里工作，挣一份工资，岗位随便她挑。

18岁的夏天，大女儿找到了工作，不是跟小猫小狗，而是跟男女老少打交道。要去哈佛上大学了，上司对她说，你留着你的半职工作，想转去剑桥（哈佛所在的城市）也成，想什么时候回来做也成，回来时间长多做，时间短少做。

申请大学

正式开始了解美国大学的申请过程，是大女儿在 8 年级的时候。那天学校开家长会，高中的高申指导老师粗略地说明了美国精英大学对学生的要求，申请的步骤和包括的内容，以及在高中四年中学生应该怎么样为申请大学做准备。记得那个老师说，就像每个交响乐团需要有吹长笛的、打鼓的、拉小提琴的等各种乐手一样，美国大多精英大学招生也需要各种人才，爱好写作的新生为学生校报做记者编辑，专长数学的去参加校际数学竞赛，有强大组织能力的学生运作各种学生俱乐部，等等，以让学校充满活力与吸引力，有能力招最优秀的学生。而更重要的是大学为了自己在社会上的长远影响，要招收有抱负的、有毅力的、有热情的、有责任心的、有能力的、成熟的学生，高中四年，就是让孩子成长为这样的人的时间。学习成绩很重要，但学习成绩不是唯一。

大学不用单一的成绩标准，意味着学生可以拼命做自己喜欢的事，而不必跟着高申的指挥棒疲于奔命。大女儿就是这样兴致勃勃地热情奔放地做着她那一堆平凡琐碎的事，而且把好几件事做到了大部分学生做不到的高度。

2012 年大女儿被录取以后，我写过一篇题为《哈佛大学录取的学生是什么样的》的博文，这里引用一部分："老大成绩不是年级第一，但是一向对自己高标准严要求，课选最难的上，课题选最难的做。高三高四的时候，都比别的同学多选一门 AP 课。因为 AP 课是大学水平的课，作业很多，课题很多，考试测验很多。多了一门 AP 课要多花很多时间。除了这个以外，老大还自学音乐理论，参加了音乐理论的 AP 考试，达到了大学及格的水平……这些老师都知道，他们写的推荐信里不可能不反映出来。

"老大的课外活动极多，罗列如下。第一，高二在西班牙语俱乐部任主席、高三任副主席，经常组织卖小甜点，集资搞活动，包括给贫困孩子募捐圣诞礼物。第二，国家荣誉学生俱乐部学校分部成员，曾义卖牛肉浆汤午饭，集资给世界贫困地区的农民买牛。牛肉浆汤当然是在家里做的。那次，荣誉学生俱乐部成员带来了大量的牛肉、洋葱、素菜、西红柿酱，也借来了学校的巨大的锅，在我的厨房里又切又炒，又拌又搅，忙了一个整晚上。临走时把我的厨房收拾得干干净净，像没有用过一样，所以我也不在乎他们经常做。老大不是领导，但指挥绝对有她的份。第三，学生会成员，每年几次在学校卖意大利通心面午饭，集资给一个儿童慈善机构捐款，当然面条也都是前一天在家里做好的，我也学会了大规模生产通心面午饭的操作流程。第四，学校有个叫"石头灵魂"的学生自我组织表演社团，老大做了该社团的秘书，参与组织活动。第五，学校年书资深编辑。

"还有年级的学生活动，包括万圣节的各年级的表演，情人节组织卖花卖气球卖糖果，集资办高中舞会，她都积极参与，一般是组织领导者。"

我当时没有写大女儿 11 年级后还参加了校垒球队，赛季时每周花至少十几个小时训练和比赛。尽管球打得实在不怎么样，上场的机会不多，但是她的热情有目共睹。有她领着大喊大叫鼓励士气，旁观的家长也摇旗呐喊，球员们凝聚力强，拼搏得更厉害，更有机会赢球赛，而大女儿也在赛季结束后得到教练的特殊贡献奖。

11 年级的冬天，高中里申请大学的活动正式启动。高申指导老师在 11 年级家长学生的大会上详细说明了申请的过程，然后一家给一个文件夹，里面有学生个人申请网页的信息。说老实话，女儿们的申请网页我们都没有进去过，她们不让，我们也信任与尊重她们。我们仅仅提供写文书的建议，以及参与讨论去哪个大学，要不要申请奖学金这些无关痛痒的问题。她们坐在驾驶座上了，我们在后排放心让她们开车。

大女儿幸运地得到了她最心仪的学校青睐。但是我们相信，她进任何一个学校也会发展得很好，也会为她的学校做出贡献的。

小女儿参与团队体育运动的启发

说起热情能干，不能不说团队体育运动给小女儿的启发。刚进高四时，小女儿对我说，"妈妈，要是我小时候你就送我参加球队就好了。"其实，小女儿虽然速度快反应快，但小时候的身高体重一直在最低的 5%—10%，在球队打气球吗？！小女儿今年是第四年在校垒球队了。她高一拿了学校教练的进步最快奖，高二高三得到过地区第二队（All District Second Team）队员的荣誉。这就是说，十几个校队以赛季成绩为标准选球员，最好的是第一队，她进了第二个队。小女儿大约觉得从小锻炼可能会让她进地区第一队甚至州队了。

美国学生热衷于团队体育。校园里最受欢迎的男生往往是打橄榄球的；女球员也会得到尊重和羡慕。学校球队赢球往往是最激动人心、最鼓舞学校士气、最张扬学校精神的事情。那美国教育主流社会为什么要崇尚团队体育呢？一个简单的回答是：因为运动，特别是团队体

小女儿参与团队体育活动

育运动，是锻炼意志品质的！我这里分析如下：

第一，勇气和胆量（courage and bravery）。打球容易受伤，强度大的有碰撞的运动更加容易导致受伤，就是科学再发达，训练技术再先进，保护装置再优异，也不能完全防止受伤的发生。大女儿曾被垒球打中脸部，好几个星期眼球血红，低年级学生看到她都绕道走。打球时腿上皮开肉绽，肌肉韧带拉伤，一块块乌青是女儿们的常态；好在没有断过骨头，也没有受到过需要急症手术的伤害。不那么幸运的同学有受伤需要用轮椅的，甚至有受伤严重需休学半年的。每年打球前，我都要签一大堆文件，保证万一孩子受伤，我不能哭闹着揪住学校不放。我每次都问女儿，你想好了还是要去？她知难而进，练的是勇气和胆量。当有些孩子为纸片割破手指的小口子喋喋不休的时候，打球的孩子们把他们的运动伤疤当作勇气和胆量的勋章，骄傲地戴在身上。打球的对手有强有弱。以弱对强需要勇气和胆量。有时候大胆做了平时不敢做的，战胜了强队，这种快乐是自信的源泉。至于不怕苦不怕累不怕日晒雨淋，那只是小菜一碟。

第二，正直和诚实（honesty）。球队练习是诚实的活儿。流汗多学得快，偷懒没有用。因为是全民运动而不是专业球队，好教练看重的是每个人自己的进步，而不光是天赋。比赛有规则，相对公平。众目睽睽之下很难欺瞒。当然不会完全没有裁判偏判的问题。偏了自己的高兴是抵不了偏了人家的愤怒的。孩子们很快学会认真打球，公平对待自己和对方。

第三，团队精神（team spirit）。有队就有队长有队员，分工合作，取长补短。打过团体球类运动的学生知道，即使是球星，一个人也不能赢一场球，分工合作、默契配合是赢球的关键因素之一。所以他们的团队精神是根深蒂固的，就是有能力的领导也会寻找合适人员组队，来完成复杂的高要求的工作。小女高三时安排年级活动，回来跟我说起，她把细致的麦蒂放在这个位置管这一片，让认真的凯林负责那一片，她自己就可以腾出手来管理另外的几片了。麦蒂和凯林是她的队友，她们从体育场内合作到体育场外了。

第四，毅力（perseverance）和不怕输、不服输的韧劲（endurance）。打球比赛没有人想输，大家都想赢的。为了这个目标在训练时和在比赛中，球员需要尽全力拼搏。一个赛季几十场球，有输有赢。输了没关系，关键是怎么改善自己，加强训练，争取下次赢。球队运动培养球员这种不服输、跌倒就爬起来的精神是其他任何比赛不能重复的。小女儿高二高三两年参加美国世界地理时事比赛（World Quest）赢得过全国第二，这也是需要练习和费很多时间准备的团队竞赛，但每年只有学校、地区和全国三个层次的三次比赛，赢的继续，输了就回家，只有明年重新来过了。因比赛频率的关系，得到的对于韧劲的训练绝对不能与球赛比。值得一提的是，女儿的球队经常打败球员素质比她们好得多的球队。学习上的不服输和打球时的不服输说不上是哪边影响了哪边。申请大学的个人自叙作文（essay）题目有一个如何对付失败（how to deal with failures）的，就是想看看学生有没有这样的精神。打球的孩子的这种精神经常被延伸到日常生活学习中去，以后升学找工作都是被看好的长处。

第五，高情商交友（social skills）。在一起训练流汗，一起比赛，一起赢，一起输，一起挨骂和拼搏，一起欢欣鼓舞之后，不是朋友是不可能的。更何况高中的球队还经常有一起吃饭一起派对一起夜宿（Sleepover）的经历。这样交朋友交得多了，学会了待人接物，在其他场合交朋友相对容易，与人交谈也多一个话题。女儿和她的队友在自己同伴击出好球送人上垒的时候为队友喝彩，全垒打时更是全队拥抱跳跃着庆祝。她们衷心欣赏队友的成就，学会了为别人的成功鼓掌。这也是社交能力中很重要的一部分。试想，双方都为对方的故事惊叹赞赏，或双方都使劲说自己优秀而咬牙切齿听不得别人成功，哪一对更容易合作愉快？而欣赏别人的这种能力不是天生的，球队运动是学习这个能力的最好机会。小女儿天生内向，很多年里不会主动跟人打交道，高四时却坦然面对包括地区议员在内的大学面试官们，从环保选举说到社会多元化，从个人经历说到总统初选，应付自如，谈笑风生，还约了以后有机会继续对话。参加球队对她的社交活动能力有重大影响。

第六，高效率做事（effectiveness）。刚才说过，每周打球十几二十几个小时对高中学生来说负担很重，他们用来学习的时间极度减少了。如何继续保持全A成绩呢？好在女儿学校有一个非常好的传统，无论是在主场还是在客场，只要自己的队没有上场，不少队员就会席地而坐打开书本、笔记本做作业学习，没有人浪费时间。就这样，女儿学会了利用一切可以利用的时间，最有效率地学习，最有效率地安排工作。高三那年，小女儿是年级学生会主席，统管高三活动，同时主编学校年书，担任全国荣誉学生组织（NHS）的校分部秘书管理会员做义工的事项，做西班牙语俱乐部副主席，还要参加市里青少年交响乐团排练演出，等等，活动非常多，她还有5门AP课加一门功课多的选修课。高四也是这样。但赛季还没有开始的时候，她可以天天九点半上床睡觉，因为功课都见缝插针地做完了。

第七，塑形。打球的孩子不会瘦得像芦柴杆，也不会胖得浑身肥肉。他们肤色健康，体态匀称，穿衣有样子，走路有精神，对异性有强大的吸引力！网上有文章说，"竞技体育是以娱乐为主，健身为辅，地位本不应该高于其他学科"，反映了很多华人家长和学生对团队体育的困惑。在我看来，家长学生应该把团队体育的地位提高到和文化学习同等的高度才对。我们不是人人在工作岗位上都用得上几何和代数，但高中都学数学，因为数学让我们学到逻辑推理能力，学会抽象思维。同样，我们不是人人都会成为职业球员，但是学生时代的球队经历会让我们拥有相对完善的人格，从而走得更高更远。

今年，热情能干的小女儿就要去阿默赫斯特学院上学了，这也得益于她参与团队运动的经历。

结语

能干的孩子相对独立，虽说谋事在人，成事在天，但是因为不需要依赖别人，个性独立的人便多了一种控制权，多一些快乐。

能干的孩子相对勇敢，在干这么多事的过程中肯定经历过挫折，经历过失败，他们知道怎么对付挫折和失败，在面对挑战的时候，也就少一些畏惧了。

能干的孩子从小受到表扬、关注比较多，他们相对自信，碰到小事情自己三下五除二处理了，碰到大事情也有主意，最多问问家长，征得同意。读书好的孩子也会得到很多赞赏，在学生时期也会很自信。但是在社会上，总会看见怀才不遇的书呆子，而能干的人就是不被赏识也不会抱怨，他们总会自己找到出路的。

能干的孩子进可以服务世界，退可以自己生活得很好，人生有宽广的发展余地。

我们很庆幸，理解、鼓励、信任、尊重女儿们，在孩子们成长的过程中陪伴了一路，自己也学习了一路，惊喜了一路，成长了一路。